鎌倉街道中道・下道

高橋修
宇留野主税 編

高志書院刊

目次

第2部　資料編

鎌倉街道下道現況調査報告

序論　中世大道の成立と鎌倉街道

――常陸・北下総の事例から――

高橋　修

はじめに

本書の序論としての本稿では、まず鎌倉街道に象徴される中世の「大道」とは何か、考えてみたい。近年の議論を整理しつつ、その担い手を明らかにし、「大道」の成立背景を追究する。ついでそれを前提としながら、比較的史料に恵まれている常陸や北下総の事例に即して、「大道」の成立史をうかがう。北関東における「大道」形成の端緒を史料の中に探り、幕府により鎌倉街道中道・下道が整備される経緯とその意義について考察したい。

本書の第1部論考編には、北関東の鎌倉街道中道・下道にかかわる歴史学・考古学的な研究成果が収められ、第2部資料編には、同下道の道筋についての現況調査成果が収録される。以下、各論稿にかかわる論点についても指摘しながら論述を進めていきたい。

1　中世前期の大道について

ここでは中世の主要道「大道」とは、どのような規模をもち、いかなる機能を果たしていたのかを概観する。鎌倉街道が成立・展開した中世前期の一次史料から、主要交通路の姿と役割について復元・整理し、次章以下での具体的な論考の前提として提示したい。

古代国家が建造した駅路や伝路(官道)、近世の宿駅伝馬を備えた街道の場合とは異なり、中世の主要道の外観や役割については、中世史研究者の間でも定見を得るに至っていないのが現状である。そこで、まず古代の官道との対比を行い、次に先行研究を検討しながら、中世の主要道「大道」の特質について考察する。しかる後に、それを踏まえて、鎌倉幕府の交通政策にも言及したい。

(1) 古代の大規模計画道路

七世紀に成立した律令国家は、駅制・伝制という交通政策をとった。中央と地方の国府等の公的施設を結ぶ七道を整備して(駅路)、駅家を置き駅馬を配し、早馬、公文書の逓送、公使の旅行等に当たらせた。一方郡家は必ずしも駅路に沿うわけではないため、郡家間を結ぶ伝路も同時に整備された。

かつてはこうした駅路・伝路の全国的な敷設は疑問視されてきたが、近年、発掘調査により、一〇メートルを超える規模をもち、しかも直線的に引かれた古代計画道路の遺構が次々に発見され、律令国家の交通政策が列島規模で実現されていた事実が確定的となった。古代のローマや中国で知られていた大規模計画道路は、古代の中央集権国家に共通する特徴的な交通政策だったのである(1)。

こうした駅制・伝制は、律令国家が、隋唐の交通政策に学び、公的通信と軍事を目的として、上から強圧的に実施した政策である。地方の政情を素早く政府が把握して命令を下し、必要とあれば列島の隅々にまで追討軍を派遣できることを、社会に示す政治的なモニュメントであった。そこに地方社会の道路に対する欲求はほとんど反映されていない。地域住民の交通や流通のために役立てられることは、まったく配慮されていなかっただろう。この点が、後述する中世や近世以降の主要道との決定的な違いである。

そのため律令国家がこの道路に関心を失えば、こうした大規模な直線道をそのまま維持しようとする者はいなかった。やはり発掘調査により、駅路・伝路の遺構において、八世紀にはすでに道路幅の縮小が確認され、十世紀までには多くが廃絶しているようである。

常陸国においては『常陸国風土記』をはじめとする史料から判明する駅家の配置により、駅路・伝路の復元研究が進められてきた。同国内には、板来、曾尼、安侯、河内、石橋、助川、藻嶋、棚嶋等の諸駅が配置され、東海道が内海から国府に至り那珂川を越えて海沿いに出て北上していた。その後、弘仁二年(八一一)以降、海道ルートは廃され、東山道に接続するルートに駅路が付け替えられている。近年の発掘調査により、東平遺跡(現茨城県笠間市)や長者山遺跡(同日立市)等から、駅家にかかわる施設が発見され、五万堀古道(同笠間市)のような一〇メートル規模をもつ古代の直線道路が確認されており、常陸国内における駅路・伝路の具体的な姿が、少しずつ明らかにされている。(2)

(2) 中世大道の規模

計画的直線道路を基本とする古代の駅路・伝路と対比すると、「大道」と呼ばれた中世の主要道は、対照的な相貌を持つ。中世の大道について先駆的な考察を行った岡陽一郎は、その特質について、次のように指摘している。(3)

a大道の道幅は一貫せず貧弱だった。人や物の往来が活発なら大道と認められていた。

b大道は、人の往来により自然に発生するものであり、地域密着型、等身大である。鎌倉幕府は、広く全国の大道の把握に努めた。

このうちaについては、江田郁夫の明快な批判がある。(4)岡が狭小な大道も存在する根拠として示した『真名本曾我物語』の「大道狭き処にては馬の頭を犄形に立てなして」という記述について、「犄形」とは一騎駆けを意味しないことを指摘して、岡説に疑問を呈する。また同じく岡が小道であっても大道と認識されることがあった事例として取り上げた正和五年(一三一六)十一月三日付沙弥蓮正打渡状案の「深小路大道」については、「小路」なのではなく、「深小路」という場所に向かう大道を意味するものとして、岡の解釈を退けた。さらに江田は、発掘調査により確認された荷車の轍の幅、『信長公記』やフロイス『日本史』の記述などを検討し、天正十八年(一五九〇)、秀吉が東国諸大名に命じた小田原~会津間の「横三間の海道」の前提となる、三間の道幅をもつ大道の存在を推測している。

大道の規模については、江田の批判はほぼそのまま承認されるべきものと思う。中世の大道は、蛇行し狭小な個所もあったが、それなりの道幅は確保され、軍勢の移動にも対応していたものと考えるべきであろう。

(3)中世大道の成立背景

ではbについてはどうか。これは、大道の成立や管理にかかわる問題である。岡は地域社会における人々の往来から自然に成立する流れを想定し、幕府による全国均質な管理を指摘するが、この点についても、江田が、次のように批判している。①大道には地域の政治権力(在地領主)も強い関心を示していた。②奥大道のような大動脈としての大道と支道的な大道の結合により交通体系は成り立っており、鎌倉幕府が支道レベルの大道まで把握していたとはいえない。

このbについての江田の反論もおおむね正鵠を射たものだが、江田の論文が②にかかわる論証に主眼を置いているため、①については、在地領主の拠点と奥大道ルートとの地理的関係を指摘するにとどまっている。中世の一次史料の内容から、大道の成立や管理への在地領主の関与を読み取っているわけではない。そこで以下、大道と在地領主との関係について、史料を読み直す作業を行いながら具体的な考察を行い、私見を提示したいと思う。

正嘉二年(一二五八)九月二十一日付建部親綱和与状[6]のうち次の引用箇所は、岡が「重要幹線道路であるはずの大道が、踏み通して生まれたと表現されていることは、計画に基づいた工事ではなく、人の往来によって自然と道路が誕生したという印象が滲む」と解釈し、大道が「地域密着型」「等身大の幹線道路」であったとみなす論拠となった史料である。

一、打止古道、踏通宗親領内新道由事
件道事、以絵図朱被定大道畢、仍御判明白之上、不及別子細矣、

兄の建部親綱がそれまでの大道を「打止」め、弟の同宗親の領内に新たな大道を「踏通」したことにより相論となり、守護が絵図に朱線を引いて、親綱が「踏通」した「新道」を「大道」と認定したのである。この史料には、大道の付け替えを、在地領主が強力に推し進める姿を確認すべきであり、「人の往来によって自然と道路が誕生したという印象」を感じ取ることはできないだろう。

次の正安二年（一三〇〇）五月二十一日付浄妙（留守家政）譲状(7)も、岡が検討した史料である。そのうちの一ヶ条を次に引用する。

一、余部村浄妙知行分除女子分田子大道西在家等者、祖父行妙被譲孫子新左衛門尉家継家明親父事者、弘安九年也、道於被立替事者、弘安二年也、而何子孫毛、本大道於堺与申事不可有、仍亡母平氏死去之時、家継下向之間、此等子細書載譲状之上者、不可有不審也、

弘安二年（一二七九）に、留守氏の所領陸奥国余部村を通る田子大道の付け替えが行われた。大道は所領の境界として認識される場合が多かったので、被譲与者である家明とその子孫を含め、大道の変更により財産の拡大を目論む動きが現れることを警戒して、浄妙は、このように一族を戒めたのであろう。こうした在地領主一族の所領内の、権利関係が錯綜する地域の大道を付け替えた主体は、この留守氏を措いて他には考えがたい。

熊谷直時と弟祐直との相論の中で、文永元年（一二六四）に下された関東下知状(8)では、武蔵国熊谷郷について争った

事項の中に「一、堀《掘カ》大道否事」という箇条がある。詳細はわからないが、これは「大道を掘るや否やの事」と読むのであろう。在地領主にとって、大道を維持・管理せず掘り崩すことは、非難されるべき行為なのである。

以上、大道の特質は、「人の往来により自然に発生する」ものと規定すべきではなく、むしろそうした自然発生的な交通体系の中の特定の道筋が、在地領主により政治的に編成されたところにあると認めるべきなのである。

(4)大道と鎌倉幕府

ではbに含まれるもう一つの特質、鎌倉幕府の関与については、どのように考えるべきか。川合康は、鎌倉幕府による軍用道路でもある大道の掌握について、文治五年(一一八九)に奥州藤原氏を攻めた奥州合戦での進軍や、建久四年(一一九三)に挙行された入間野・三原・那須野の巻狩や、伊豆山・箱根山・三島社・善光寺などへの参詣にともなう廻国の際に、頼朝が大道や沿道の武士を政治的に編成したことに、その契機を求める。(9) 幕府による大道掌握の過程については、北関東を通過する鎌倉街道の事例に即して、後に具体的に考察する。

『東関紀行』には、北条泰時が東海道を往反する人々のために、三河国本野原で沿道に柳を植えたという記事がみえる。幕府が大道の管理に直接関与した実例として、しばしば取り上げられるが、これは鎌倉と京を結ぶ主要な街道に即した、むしろ例外的な事例であろう。通常の場合、幕府は、地頭・御家人を媒介とすることで、鎌倉街道をはじめとする大道の警固・整備を実現していたようである。すでに諸氏が検討している『吾妻鏡』建長八年(一二五六)六月二日条(一部改行を変更している)の方が、より一般的な幕府による大道管理のあり方を表わしているように思われる。

二日辛酉、奥大道夜討強盗蜂起、成往反旅人之煩、仍此間度々有其沙汰、可致警固之旨、今日被仰付于彼路次地頭等、所謂、小山出羽前司・宇都宮下野前司・阿波前司・周防五郎兵衛尉・氏家余三跡・壱岐六郎左衛門尉・同七郎左衛門尉・出羽四郎左衛門尉・陸奥留守兵衛尉・宮城右衛門尉・和賀三郎兵衛尉・同五郎右衛門尉・葦野地頭・福原小太郎・渋江太郎兵衛尉・伊古宇又二郎・平間郷地頭・清久右衛門二郎・鳩井兵衛尉跡・那須肥前前司・宇都宮五郎兵衛尉・岩手左衛門太郎・岩手二郎・矢古宇右衛門次郎已上廿四人、御教書云、奥大道夜討強盗事、近年為蜂起之由有其聞、是偏地頭沙汰人等無沙汰之所致也、早所領内宿々、居置宿直人可警固、且有如然之輩者、不嫌自他領、不可見隠之由、被召住人等起請文、可被致其沙汰、若尚背御下知之旨、令緩怠者、殊可有御沙汰之状、依仰執達如件、建長八年六月二日　某殿

奥大道(鎌倉街道中道)に夜討・強盗が跋扈する事態に対し、幕府は、地頭等に「領内宿々」において「宿直人」を置いて警固することを命じている。「御教書」を受けた地頭等は奥大道の沿道に所領をもつ御家人たちであることがすでに指摘されている。(10) 列島交通の大動脈である奥大道についても、幕府は、日常的には、所領として大道の管理に当たる地頭(在地領主層)を媒介として治安回復に当たっていたことになる。幕府は、在地領主、御家人等が所領に即して支配してきた地域社会の主要道を鎌倉街道と認定し、その管理を彼らに委任していたのである。

(5) 小　括

以上、限られた史料から見通しを示したにすぎないが、最後にここまでの論述を小括し、中世の大道について規定しておこう。

中世の大道は、古代の駅路・伝路のような、計画的な直線道路ではない。人と物との交流により生み出された地域社会の交通体系を在地領主が政治的に編成した道筋が大道と呼ばれ、主要なルートは軍勢の移動に不便のない三間程度の道幅が維持されていた。そして鎌倉街道についても、鎌倉幕府が、地頭御家人となった在地領主の管理する大道の一部を、鎌倉初期の軍事的緊張の中で広域にわたって軍用道路として把握しなおしたものと把握すべきであろう。

2 常陸・北下総の中世道

中世の主要道としての大道について、以上のように規定した上で、古代や中世前期に遡る史料に比較的恵まれている常陸・北下総の事例に注目して論じることにする。まずは『将門記』の記述から中世的な交通体系の成立の萌芽をうかがい、続いて鎌倉街道下道・中道の成立過程を整理し、その機能について考察する。そして最後に、一次史料により確認することができる、この地域のその他の中世道についても紹介したい。

(1)『将門記』の道と宿

①官道と「少道」

駅路・伝路といった古代官道は、平安時代に入ると、規模が縮小され、十世紀、駅伝制の衰退とともに埋没する場合が多かったようである。例えば東山道武蔵路(埼玉県吉見町)の遺構である可能性の高い西吉見古代道路跡では、七世紀末に作られた大規模道路が九世紀後半には廃絶している。五万堀古道(笠間市)も、出土遺物から十世紀前半以降の存続を確認することはできない。

十世紀以降の新しい交通体系、すなわち成立期の中世道について考えようとする場合、『将門記』が好個の素材を提供してくれる。『将門記』は、承平五年(九三五)から天慶三年(九四〇)に至る平将門の乱を題材とする、最古の軍記物語である。十一世紀後半までに京の文人貴族の手で完成されたものと推測されている。だがその草稿は、十世紀後半には坂東の事情に精通した知識人の手でまとめられていたことが確実であり(11)、古代官道が廃絶し、新しい公用交通体系が成立する時期の史料として用いることが可能である。

まず引用するのは、承平六年六月二十六日に、上総に本拠を置く平良兼が、将門を攻めるべく軍勢を常陸・下総に進める場面である。

而間介良兼、調兵張陣、以承平六年六月廿六日、指常陸国、如雲涌出上下之国、雖加禁遏、称問因縁、如遁飛者、不就所々関、自上総国武射郡之少道、到着於下総国香取郡之神前、自厥渡、着常陸国志太郡蒋前津、以其明日早朝、着於同国水守営所、(真福寺本)

良兼は、私的な軍事活動として規制されることの無いよう、上総国武射郡の辺りでは関所が構えられた官道(伝路か)を避け、「少道」を通って軍勢を進めている。「少道」とは、軍勢が移動するわけだから、決して小規模な道を意味するわけではない。この頃、官道の他にも成立していた主要道を表わしているのであろう。次いで良兼は、常総の内海に至り、下総国香取郡神前(神崎)の渡から舟で常陸国信太郡蒋前津(江戸崎か)に上陸した。その後、桜川沿いに水守営所まで進軍したのであろう。水上交通を用いた区間はわずかな距離だが、蒋前津から陸路をとったのは戦闘部隊で、輜重部隊は、そのまま舟に武器や食料などの物資を積んで遡上したとも考えられる。内海の水上交通との接続も、「少道」の特質といえよう。

このように、『将門記』の記述から、十世紀には、軍勢の移動に堪えるほどの規模をもち、水上交通と接続する、官道以外の主要道が成立していたことがわかる。[12] こうした新たな幹線道路の成立背景には、兵(つわもの)と呼ばれた初期武士の働きかけがあったものと想像することができる。

②陸路と水上交通との交差点

水上交通の内実については、やはり『将門記』の次の記述が具体的である。

以登時、将門為労身病、妻子共宿於辛嶋郡葦津江辺、依有非常之疑、妻子載船、泛於広丈之江、将門帯山、居陸閑奥之岸、経一両日之後、件敵以十八日、各分散之比、以十九日、敵介取辛嶋道、渡於上総国、其日将門婦、乗船指寄於彼方之岸、于時彼敵等、得注人約、尋取件船七八之(衍カ)艘之内、所被虜領雑物資具三千余端、妻子同共被討取也、即以廿日、渡於上総国、(楊守敬本)

承平七年(九三七)、子飼渡の戦い・崛越渡の戦いで連敗した将門が、本拠地でもある下総国猿島郡の湖沼地帯に逃げ込み、逃避行を続ける場面である。病に侵され戦いにも敗れた将門は、葦津江の辺から、妻子を船に乗せて広丈之江に避難させて、自身は陸閑奥之岸に逃れた。実父でもある良兼が上総に引き上げるのを見た将門の妻は、船で夫の許へと移動しようとするが、船団は良兼方に拿捕されてしまう。その船団は、七、八艘からなり、「雑物資具三千余端」を積載していたという。将門の本隊はこれとは別に、さらに多くの船を連ねていた可能性もある。

以上の『将門記』の記事から、兵たちが軍勢を移動するため用いることができる幹線道が古代官道の他に成立していたこと、それは水上交通と接続することで、物資の輸送も含めた交通体系を構成していたことなどが、明らかになった。さらに『将門記』からは、将門たち関東の桓武平氏一族の拠点が、水陸交通とかかわりの深い場所に形成されていたこともうかがえる。

先の引用箇所で、将門と妻の船団は、葦津江、広丈之江、陸閑奥之岸へと逃避していた。「江」は沼沢が陸地に入り込んだ場所を表わすので、船を停泊できる川湊に将門たちは逃げ込んだのである。「岸」は単なる自然地形ではなく、後世の河岸のような、物資の積み下ろしを可能にする施設を含むものと考えられる。

子飼渡の戦いで、良兼軍はこの渡に将門軍を攻囲している。将門の拠点が子飼渡に構築されていたからであろう。崛越渡の戦いでは、将門はここで陣を固めた。いうまでもなく渡とは、河川の渡場のことで、陸路と水上交通の交差点でもある。将門は、こうした場所を拠点として押さえていたことになる。

『将門記』の中では、将門たち兵の本拠地が「宿」と表記される場合もある。良兼の服織(羽鳥)宿、将門の石井宿や鎌輪宿等である。「宿」は、後世には街道沿いの交通集落を表わし、この時代の宿も、その性格を共有するものと思う。このうち石井宿に関しては、石井営所も併設されていた。営所は、私営田領主であった兵たちの営田経営の拠点施設であり、周囲には、彼らに従う従類も集められていた。『将門記』は、石井営所が「其兵具之置所、将門之夜之遁所、及東西之馬打、南北出入」（楊守敬本）を備えていたと記す。後世の城館に通じるような軍事施設としての性格をもっていたのである。良兼軍の焼打ちにあった常羽御厩という施設も、将門の重要拠点の一つであろう。陸上交通と不可分の関係にある馬の生産に、将門がかかわっていたことを示唆している。

将門たち兵（初期の武士）は、物流や交通にかかわることから資財を蓄え、勢力基盤を形成していた。そのために必要な交通体系を整え、その結節点に拠点を構えたのである。将門の乱の背景にも、そうした交通体系の掌握をめぐる、兵たちの競合があった。(13)

関東の水系は、太日川—「武総内海」水系と常陸川—「常総内海」水系とに分類することができる。この二大水系が最も近接し、陸路（後の奥大道に繋がる通）で繋ぐことができる場所が将門の本拠地となる下総国猿島郡であった。(14)もともとこの地は、関東の物流を総括して兵員や武器等を奥州に送る、蝦夷攻略の前線基地としての前史をもつ。

結果的に、この将門の地盤は、高望王から上総の本拠地を族長としての地位とともに受け継ぎ、下総介となりさらに下野にまで影響力を及ぼす良兼の勢力圏を分断することになった。両者の争いのきっかけとなる「女論」とは、妻となった良兼女を通じて猿島郡や豊田郡の権益を下総介でもある義父から継承しようと狙う将門と、それを阻止しようとする良兼との紛争だったのであろう。本拠とした猿島郡の、関東における地理的重要性が、将門に関東独立まで構想させたということもできよう。

『将門記』にあらわれる水陸の路線からは、現代の地図上に具体的に復元することはできないが、十世紀の常陸や北下総において、政治的緊張を伴いながら、水上交通とも交差する新しい陸上交通体系が成立しつつあった状況をうかがうことができる。

(2)鎌倉街道下道

①鎌倉街道とは

先述の通り、中世の大道は、自然発生的な多様な道の中から、在地領主等の地域権力により政治的に編成された主要な路線と考えるべきである。鎌倉幕府は、そうした大道の体系を、主として軍事的な必要から把握し、臨時的・局所的に管理・整備したのである。

幕府にとって、関東におけるもっとも主要な大道の体系が、鎌倉街道である。鎌倉街道に直接かかわる唯一の一次史料である元亨元年(一三二一)八月□日付山川暁尊譲状には、「鎌倉大道」と記されている。[15] 鎌倉街道の個別の路線については、『吾妻鏡』や『太平記』『梅松論』等に所見する。

上道は、鎌倉から武蔵国へ入り、ここを北西に進み、上野・信濃に入る。中道は、東京湾岸を北上して、武蔵・下総・下野から陸奥へと進む。下道は、中道から北東に分かれて常陸府中へ向かい、海沿いを北上し陸奥国に至る。

先行研究としては、まず芳賀善次郎や阿部正道等の古典的な成果があげられる。[16] その後、関東各県の歴史の道調査事業等で、路線の復元が進んだ。近年の研究成果としては、齋藤慎一の精力的な仕事がある。[17] 齋藤は、鎌倉街道上道の支線「下野線」から奥大道(鎌倉街道中道)に入る路線こそが、中世における東日本の陸上交通の大動脈であり、古河までの中道は、副次的な機能しか果たしていないと主張した。この齋藤の見解に対しては、江田郁夫・内山俊身の批判がある。[18] 両者は、中世を通じて鎌倉街道中道が大道として重要な機能を果たし続けたことを、史料に即して論じている。第1部論考編の内山論文・江田論文もあわせて参照いただきたい。

また川合康は、平安後期に、鎌倉街道上道となる路線沿いの武士団(秩父氏、児玉氏、三浦氏等)による軍事的ネットワークが成立しており、鎌倉幕府はそれを直属軍に取り込み、権力基盤としたことなどを論じている。[19] 清水亮が、金澤文庫に伝わる中世絵図の断簡に描かれた道筋を、山川暁尊譲状に「鎌倉大道」と記載された下総国結城郡毛呂郷を通過する中道の支道に比定した論考も重要である[20]。清水の所説は、第1部論考編の清水論文において一層明確に提示されている。

ただしこうした近年の鎌倉街道に関する研究は、すべて上道か中道にかかわるものであり、議論も両路線の理解をめぐって交わされている。鎌倉街道下道については、議論の俎上にものっていないのが現状である。下道に研究者が注目しないのは、この路線が、常陸南部の内海地域を跨ぐ上に、常陸北部から陸奥に至る海岸線を通過し、いくつもの大河の河口部を徒渉しなければならないため、軍勢の移動に適さず軍事的重要度は高くないとみる先入観によるものだろう[21]。

では鎌倉幕府体制における下道の位置づけは、本当に低かったのだろうか。鎌倉に誕生した頼朝の政権が、初めて北関東に軍勢を進めた金砂合戦の行軍から考えてみたい。

②金砂合戦への道

治承四年(一一八〇)十月二十七日、頼朝は自ら全軍を率いて鎌倉を出陣した[22]。この日は「衰日」であり、周囲は反対したが、これを押し切っての進発であった。十一月四日、頼朝は常陸国府に到着するが、この間の進軍経路は不明である。ここで頼朝は上総広常に命じて、出頭してきた佐竹義政を謀殺している。頼朝は常陸国府に本陣を置いて留まり、鎌倉軍は、その日のうちに佐竹秀義が籠る金砂城に攻め寄せた。険阻な地形に遮られ、鎌倉軍は苦戦するが、翌五日、内通した秀義の伯父佐竹義季の手引きにより、上総広常が城の背後に通じる間道から奇襲を敢行、これが功を奏して、秀義等は城を棄てて没落した。

七日には、金砂城を攻めた将兵が常陸国府に帰還し、頼朝に戦勝を報告した。そこから頼朝軍は鎌倉への帰路につくことになるが、進軍路とは異なる道筋を通っている。八日、「便路」から小栗重成の小栗御厨八田館に入り、十日

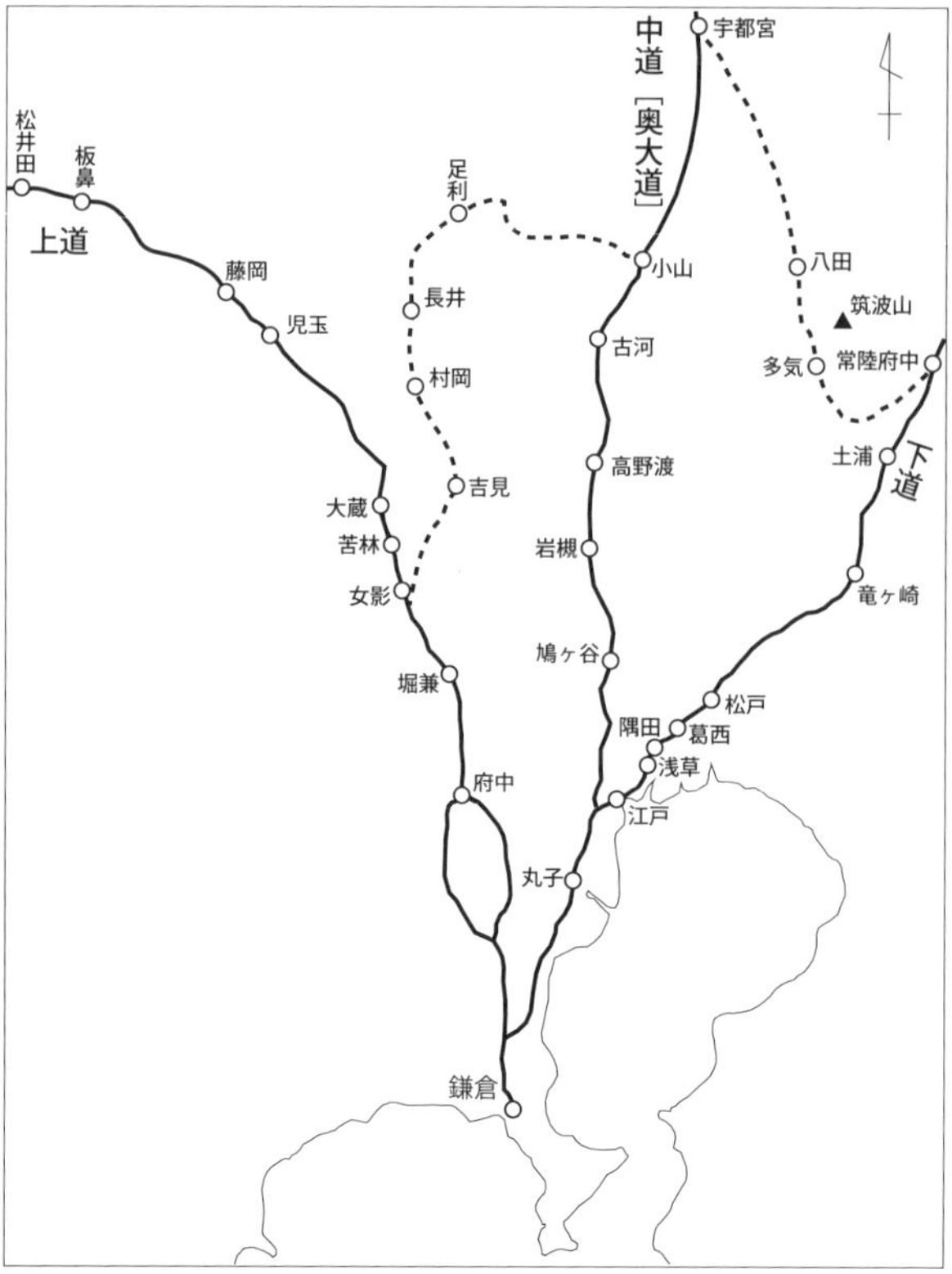

図１　鎌倉街道等概念図

には、葛西御厨の葛西清重の「宅」に止宿している。ここから武蔵国内を進み、十四日、「武蔵国内寺社」の狼藉停止を土肥実平に命じ、十五日、「武蔵国威光寺」の僧坊寺領を院主僧増円に安堵している。鎌倉に帰還したのは十七日のことであった。

ここで出陣から凱旋に至る頼朝率いる鎌倉軍の行軍ルートについて、具体的に考察してみよう。出陣した頼朝軍は、鎌倉から常陸国府に向かっているので、鎌倉街道下道かそれに近いルートをとったはずである。終戦後、そこからはおそらく筑波山を南西に迂回する「便路」（便宜のよい道という意味か）を使って小栗御厨の八田館に向かっている。その後は、下総・武蔵の国境にまたがる葛西御厨を通過しているので、中道に入るのではなく下道に戻って鎌倉を目指していることがわかる。つまり頼朝は鎌倉軍を率いて、往復とも鎌倉街道下道となる道筋を通っているのである。

金砂合戦は、鎌倉入りの後初めての、しかも頼朝自ら全軍を率いた本格的な戦闘であった。戦略的には奥州藤原氏と結ぶ佐竹氏を叩き、西国の平家に対する作戦展開を可能とする重要な意味をもっていた(23)。また小山や宇都宮と連絡する八田館まで進軍することによって八田氏・宇都宮氏・小山氏といった、北関東の親鎌倉派の豪族武士（挙兵後すぐに頼朝の許に参じた乳母・寒川尼を媒介に結ばれていた）との連絡経路を確保し、初期鎌倉政権の勢力圏の北辺を頼朝自ら確認する意味を持つ進軍でもあった。(24)

このように、鎌倉に入った頼朝軍が初めて北関東に進軍した軍用道路が、鎌倉街道下道となるルートだったのである。それは、鎌倉に本拠を定めた、南関東を地盤とする頼朝政権が、北関東に軍勢を派遣しうる大道として、まず把握・認識した道筋であった。この下道の掌握を皮切りに、奥州合戦、上野三原や下野那須の巻狩を経て、中道・上道のルートが頼朝自らの足で確かめられ、三道から成る鎌倉幕府の軍事交通体系が確立するのである。

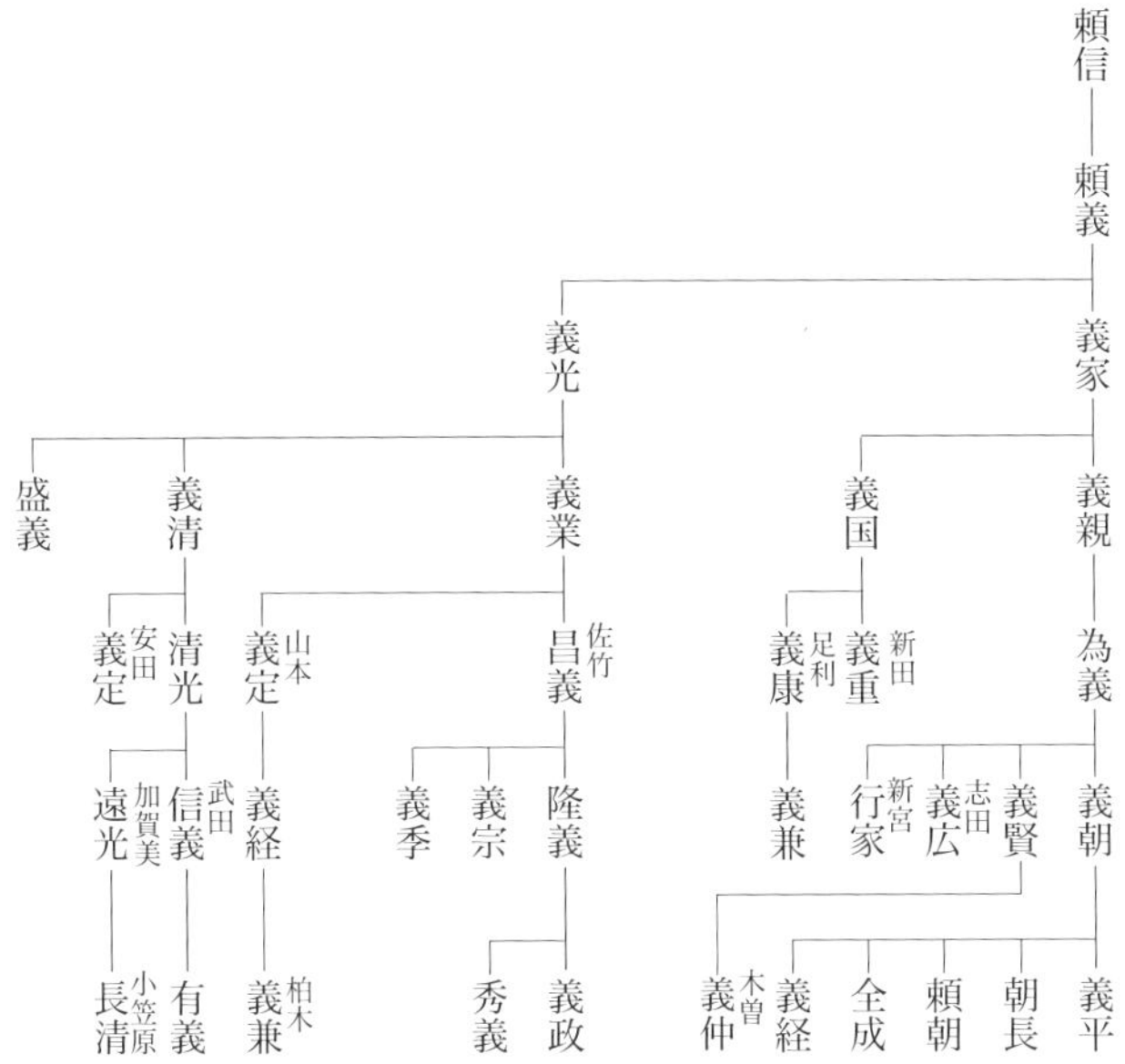

図２　河内源氏系図

③もう一つの意味

②で述べたように、鎌倉街道下道の原形となった金砂合戦の際の頼朝軍の進軍・凱旋経路には、もう一つ別の意味があった。東国を支配する清和源氏（河内源氏）の嫡流、嚢祖将軍・頼義の正統であることを東国社会に明示する効果を、頼朝はこの進軍に期待したのではないかと思われるのである（図２）。

頼朝が金砂合戦を仕掛けた時点において、東国では、木曽義仲が勢力を拡大し、志田義広（義憲）・新宮行家といった頼朝の伯父たちや新田義重等が独自の活動を展開していた。また近江の山本義経・柏木義兼父子、甲斐の甲斐源氏による、独自の反平氏の動きも広がっていた。金砂合戦以前の時点で、頼朝の傘下に入っていた河内源氏の一族は、従兄弟の足利義兼や弟の全成・義経くらいのものであった。

そうした情勢下で、東国の支配者としての清和源氏の正統であることを主張しようとすれば、頼義まで系譜を遡ってその正嫡を受け継ぐことを示さなければならない。義家の嫡流であることを示すだけでは、木曽義仲や新田氏、そして伯父たちに対する牽制にはなっても、義家と同じく頼義男子である義光に起源をもつ佐竹氏や甲斐源氏、近江の源氏に対する優越を主張することにはならない。嚢祖将軍頼義まで遡って、その正嫡にふさわしい実力を証明する必要が、頼朝にはあったのである。義光嫡流としての佐竹氏を、東国における緒戦で叩くことには、こうした象徴的な意味があった。

金砂合戦の後、十一月七日、義広・行家は早々に頼朝の傘下に入り、十二月十日に山本義経、十二月二十二日には新田義重も鎌倉に参向している。上野国大胡まで進出した木曽義仲は、十二月二十四日に信濃へと退いた。金砂合戦の成果として、頼朝は、嚢祖将軍頼義の正嫡、清和源氏の正統としての地位を、名実ともに手中に収めたわけである。そしてこの合戦の前後の行軍において、頼朝が選んだのは、前九年合戦における頼義の伝説を、従う武士たちに想起させる道筋であった。

前九年の戦い(一〇五一―六二)における頼義の進軍経路は、必ずしも明らかではない。父頼信が常陸介時代に平忠常の乱(一〇二八―三一)を平定した後、舅となった平直方(平貞盛流平氏)から、東国の拠点として鎌倉を受け継いでいる。[25] 前九年合戦の段階で、ここが河内源氏の東国における本拠地と考えられるので、行軍の起点も鎌倉とみるべきであろう。

そもそも永承六年(一〇五一)、陸奥国の俘囚安倍頼時の反乱への対処としての頼義の陸奥守補任は、父頼信の忠常追討の実績によるものと考えられる。常陸国府には、常陸介在任中の頼信が忠常を攻めた合戦、それに続く忠常の乱を経て形成された軍事的な基盤が遺されていたはずで、頼義は、これに依存して、鎌倉進発後、ここを目指したのではなかろうか。その一つの根拠となるのが次の『奥州後三年記』の記事である。

常陸国に多気権守宗基といふ猛者あり、そのむすめ《娘》をのづから頼義朝臣の子をうめる《産》ことあり、頼義むかし《昔》貞任をうたん《討》とてみちの国《陸奥》へくだり《下》し時、旅のかり《仮》屋のうち《内》にて、彼女にあひ《会》てけり、すなはちはじめて女子一人をうめり《産》、

奥州に向かう頼義は、進軍の途次、筑波山西麓の多気氏の館に逗留していたことがわかる。常陸府中から、筑波山南西麓を迂回し、ここに至ったと考えるのが自然であろう。さらに多気村から奥大道に入り奥州へと進むのであれば、そのまま北上して宇都宮に入るべきであろう。これは室町時代に『廻国雑記』の道興が辿った道筋とも重なり、途中に小栗御厨の八田を通過することになる[26]。

つまり頼義の奥州進軍ルートは、まず鎌倉から常陸府中に入り、筑波山麓を迂回して多気氏の館に入る。そこから北上して宇都宮から奥大道に入るため、途中で小栗御厨・八田を通ったものと考える。この間の経路は、頼朝本隊の金砂合戦の行軍ルートと、重なるのではないか。頼朝は、嚢祖将軍・頼義の正統な後継者であることを示すための戦争において、前九年の戦いにおける頼義の行軍ルートをたどり、東国の武士たちに頼義の足跡を想起させつつ進軍・凱旋したのではなかったか。

しかしながらこの金砂合戦における頼朝のパフォーマンスは、その後に語り継がれることはなかった。それは、九年後の奥州合戦の行軍において、より完成されたかたちで、頼義の「嚢時之佳例」が再現されたためであろう[27]。頼朝は、前九年合戦の古戦場において、日時まで調整して軍勢を進め、全国から動員した武士たちに頼義故実を追体験させることになる。それにより、頼義の正統たることを示した金砂合戦の象徴的意味は語る必要はなくなり、少なくと

も幕府正史の上で、そのことは意識されなくなったのではなかろうか。

このように、鎌倉街道下道の原形は、前九年合戦の源頼義の行軍ルートに起源するものと考えられる。内乱初期、嚢祖将軍・頼義の記憶を呼び起こす装置としてこのルートを利用し、以後、幕府はこれを軍用道路として把握することになったものと考えたい。

④現況調査から

茨城県歴史の道調査事業における鎌倉街道下道の調査により、下道本道に直接かかわる可能性の高い「鎌倉街道」伝承ルートが検出されている。詳細は第2部資料編に譲るが、土浦市、かすみがうら市、石岡市の伝承路がそれであり、笠間市の五万堀古道に連なる道筋も、下道本道ルートと考えられる。

また同調査事業では、必ずしも下道ルートに重ならない可能性の高い「鎌倉街道」伝承路も確認されている。そのうち阿見町から牛久市に向かうルートは、おそらく下道本道から分岐し、牛久市岡見町の辺りからは、乙戸川と小野川に挟まれた台地の中央を一直線に南東に進み、島田町で突然断絶している。

第2部資料編で、この道筋について調査・分析した額賀大輔は、島田町には近世の小野川御用河岸があり、鎌倉街道も小野川水運に接続していた可能性が高いこと、小野川水運は、河口の中世以来の宿・古渡宿・浦渡宿を経て内海交通に連なっていたこと、内海(霞ケ浦)周辺には、古渡の「鎌倉河岸」をはじめ、頼朝・政子にかかわる伝承が多く、これらは得宗領や祈願寺の配置等、鎌倉幕府との直接的なつながりを反映したものであることなどを指摘し、網野善彦の提言を継承・発展させ(28)、この伝承路を下道の本道と内海交通とを結ぶ「水の鎌倉街道」と規定している。前川辰徳が報告する利根町の伝承路も、これと同様の性格をもつ路線である可能性があるだろう。

阿見町・牛久市の鎌倉街道は、下道を本線とする常総地域の交通体系の本質をよく表わしている。下総から常陸南部の内海世界を越えて進む鎌倉街道下道は、内海やこれに流れ込む河川や湖沼を通じた水上交通と交わりながら進む幹線だったのだろう。

(3)鎌倉街道中道

①奥大道と鎌倉街道中道の成立

鎌倉街道中道は、すでに成立していた奥州を縦断する街道である奥大道に、鎌倉政権成立の後、鎌倉から関東を抜けて接続する大道である。奥大道の成立については、『吾妻鏡』に引用される、文治五年(一一八九)の奥州合戦の後に中尊寺の衆徒が幕府にその由緒を注進した寺塔已下注文の「関山中尊寺事」の中に関連する記述がある。

清衡管領六郡之最初草創之、先自白河関至于外浜、廿余ヶ日行程也、其路一町別立笠卒都婆、其面図絵金色阿弥陀像、計当国中心、於山頂上、立一基塔、又寺院中央有多宝寺、安置釈迦多宝像於左右、其中間開関路、為旅人往還之道、

奥州藤原氏の初代清衡は、白河関から外ヶ浜に至る街道を開き、一町ごとに金色の阿弥陀像を描いた笠卒塔婆を建てた。さらに陸奥国の中心として寺内に多宝寺を開基し、釈迦多宝像を左右に配した中央を「関路」が通過するように設えたという。中尊寺は天仁元年(一一〇八)に造営が始まり、大治元年(一一二六)に落慶供養されているので、奥大道が整備されたのも、この時期ということになる。(29)

鎌倉に頼朝の政権が誕生すると、鎌倉から関東を北に抜けて、この奥大道にアクセスする道筋が、鎌倉街道中道と位置づけられる。奥州合戦の際、頼朝自ら率いる本隊は、この中道を通って奥州に進出している。

もちろん関東から奥大道にアクセスする道筋は、この時突然開削されたわけではない。平将門の乱は、鎮守府将軍であった父良持以来奥州と深い結びつきをもつ将門が、関東の二大水系(常陸川水系と利根川水系)を集約して、陸路を奥州に結び付けることのできる要衝・猿島郡に勢力圏を形成したため、競合する平良兼ら伯父たちとの間に起こっ

た紛争に端を発する。将門を倒した平貞盛は、戦後、関東と奥州を結ぶ将門の基盤を継承したものと思われ、鎮守府将軍や陸奥守を歴任して、朝廷の征夷事業に決着をつけている。(30) 彼の後、奥州から都にもたらされるようになった情報や産物は、格段に増加したという。(31) 十世紀以来、関東の内水面を通じた交通が陸路を通じて奥州に到達していたことを推測させる。

頼朝の鎌倉政権による中道ルートの掌握は、野木宮合戦が重要な契機となった。『吾妻鏡』は、関連する記事を養和元年(一一八一)に収めているが、本来は寿永二年(一一八三)に収録されるべき事件とされている。(32) 金砂合戦の後、一旦は頼朝の傘下に入った伯父志田義広は、閏二月二十日、常陸に反頼朝の兵を挙げた。義広は、まず下野の秀郷流藤原氏の有力豪族・足利忠綱を味方に引き入れる。足利氏が義広に味方した背景には、競合する同じ秀郷流の大田一族の有力豪族・小山氏を退けようとする狙いがあった。小山政光の妻寒河尼は頼朝の乳母であり、小山氏は挙兵当初から頼朝に味方していた。

そのため戦闘は、義広と小山氏との間で展開する。『吾妻鏡』によると、味方につくと偽って義広を自らの館に誘い出した小山朝政は、野木宮に籠って義広に奇襲攻撃を仕掛け、激しい戦闘となった。小山政光の弟下河辺行義の子行平・政義は、渡良瀬川の古河渡と利根川の高野渡を固めた。小山氏の軍勢は、小手指原や小堤などに陣を構え、処々で合戦したという。小山氏の館のあった小山荘から野木宮を通るのは、第1部論考編の内山論文が復元する鎌倉街道中道のAルートである。古河渡もこれにかかわる渡場であろう。小山荘から小堤・小手指を経て高野で利根川を渡河するのは、同じくDルートにあたる。

そもそも秀郷流藤原氏において小山氏につながる大田一族は、鎌倉街道中道となる道筋の沿道に、主な所領を配置しており、この道筋そのものを勢力基盤に組み込んでいた。中道の原形となった路線を媒介とする領主連合(武士団結合)を形成していたのである。中道の上で戦闘が展開したのも、志田義広・足利忠綱が、大田一族による中道ルートの封鎖を開こうとしたためとみることも可能であろう。いずれにせよ、頼朝政権は、この戦いに勝利を収めた小山氏を介して、この道筋を鎌倉街道中道として掌握することができたのである。

以上、ここでは鎌倉街道中道成立の前提として、十世紀には、関東の内水面を奥州に結び付ける陸路が想定できること、十二世紀には、中道となる道筋の沿道に秀郷流の大田一族が所領を形成して武士団結合を形成していたこと、野木宮合戦を契機に、頼朝は小山氏を介して、このルートを公用・軍用道路として掌握したことなどを明らかにした。

②鎌倉街道中道の機能

先述の通り、齋藤慎一は、鎌倉街道上道から支道(下野線、利根川の長井渡~小玉塚を経て小山に至るルート)を経由して鎌倉街道中道(奥大道)に入る道筋が、中世前期東日本の陸上交通の大動脈であったと主張した。それに対して江田郁夫は、頼朝の時代から豊臣秀吉の時代に至るまで、中道(奥大道)が一貫して奥州へ向かう主要道であり続けたことを論証し、内山俊身も同様の理解を示している。[33]

鎌倉期における鎌倉街道中道に関しては、寿永二年(一一八三、『吾妻鏡』では養和元年〔一一八一〕)の野木宮合戦における志田義広と小山朝政らとの戦闘がこの道の争奪戦であったことを前節で指摘した。小山氏を通じてこの路線を体制下に収めた頼朝は、文治五年(一一八九)の奥州合戦において、自ら率いる本隊の進軍に、この道筋を選んでいる。

建長八年(一二五六)、鎌倉幕府は、奥大道に跳梁する「夜討・強盗」に対処するため、二四名の御家人に関東御教書を発し、所領内の宿に宿直人をおいて警固することを命じている。1の(4)に引用した『吾妻鏡』同年六月二日条を参照いただきたい。

幕府は、中道がその所領内を通過する御家人たちに沿道の宿を宿直警固させることで、治安の回復を図ったのである。鎌倉幕府は、列島の大動脈でもある中道(奥大道)の治安の悪化という事態に、沿道の御家人を媒介に対処して、その安定を回復するシステムを構築していたのである。

室町期以降について、齋藤は、十五世紀後半を画期として「山の辺の道」や「川越街道―下野線」に関東の主要道が変遷することを論じているが、江田や内山は、豊富な史料を上げて、齋藤説を批判しつつ、中世を通じて鎌倉街道中道（奥大道）が関東の主要道として機能し続けたことを論じている。天正十八年（一五九〇）、小田原攻めの陣中にあった豊臣秀吉は、奥州仕置のため小田原・会津間に横三間の海道を敷設することを命じており、江田は、中道の一貫した機能の上に、この秀吉の命を位置づけるのである。

やはり鎌倉街道上道「下野線」やその他の新たな主要道の軍事的・公的機能を承認するとしても、鎌倉街道中道（奥大道）が、中世を通して関東の主要道として機能し続けたことは、間違いないだろう。

③「鎌倉大道」をめぐって

鎌倉街道中道の道筋については、第1部論考編で内山俊身が、古道伝承や地誌の検討、現地調査等の成果として、七本の道筋を析出し、その変遷について推定している。そのうちの一本については、同じく清水亮が検討し、現地における比定も試みている。

清水は、金澤文庫に残されている荘園絵図の断簡が下総国毛呂郷絵図であると推定し、図像として表わされた景観と、元亨元年（一三二一）八月□日付山川暁尊寄進状の茂呂郷（現茨城県結城市）の四至の記載との整合性を確認する。また図像の中の二条線を、同寄進状の南の境界の中に現われる「鎌倉大道」と認識し、現在の結城野田線（近世の関宿通多功道〔日光東往還〕）に近い道筋を現地に比定している。

中世史料に「鎌倉街道」に近い表現（「鎌倉大道」）が現われるのは、同寄進状が唯一の事例であり、それを現地に比定できた意義は大きい。ただしこの路線は、地域で「鎌倉街道」と伝承されている路線とは異なっており、路線の変遷などを含め、今後のさらなる検討が必要である。

このように、北関東の鎌倉街道中道の道筋については、現地比定が進められており、一部については、一次史料での確定も行われている。

(5)その他の中世道

①依上道

常陸から南奥に通じる中世道として、依上道も取り上げなければならない。[34]幕藩体制下において陸奥国高野郡南部(南郷と通称される)と水戸城下とを結んだ脇往還を南郷道というが、これは南奥から那珂郡辺りまでの間は、中世の依上道の道筋を継承するものと思われる。なお南郷道の道筋の現況については、最近、高村恵美による詳細な現地調査の成果がまとめられたことを特記しておきたい。[35]

沿道の部垂城(現茨城県常陸大宮市北町・下町)や山方城(同山方)といった佐竹氏関係の拠点的城郭は、南郷道をその構成要素として縄張りに取り込んでいたことが報告されているので、[36]南郷道の主要道としての起源が室町・戦国期以前に遡ることは間違いない。さらに南北朝期の一次史料の中にも依上道は所見するので、以下に追究しよう。

南北朝時代、常陸に留まり南朝勢力の糾合を図った北畠親房関係の文書の中に、「依上道」という文言や、白河(現福島県白河市)から依上保(現茨城県大子町等)を通り南下する街道に関する記述が散見される。

北畠親房が、義良親王や結城宗広らとともに伊勢大湊を出帆したのは、延元三年(暦応元、一三三八)九月のことである。一行は、暴風のため散り散りになり、親房は常陸国東条荘(現茨城県稲敷市)に漂着した。神宮寺城(同)から小田治久の小田城(現茨城県つくば市)に入り、ここで白河の結城親朝と結んで、東国の南朝勢力を結集し、勢力を挽回することを画策する。

小田城の親房は、白河の結城親朝に対して、奥大道(鎌倉街道中道)・東海道(鎌倉街道下道)とともに、もう一本別の幹線を確保することや、この道を通じて軍事活動を活性化することなどを要請している。これらの幹線について、輿

国二年(一三四一)に比定される十月十六日付法眼宣宗書状(結城古文書写)は、以下のように表現する。(37)

縦是迄の発向、猶雖令延引、先東海道辺にても、矢槻辺ニても、那須方にても、三ヶ所之間、従便宜、被出置勢候て、已被示進発之躰候へかし、

また同年のものと思われる十月二十六日付法眼宣宗書状(「相楽結城文書」)にも次のようにみえる。

一、此条猶可遅々者、且出軍勢於東海道歟、矢槻辺歟、那須辺、可被示進発之躰事

同じく北畠親房事書(相楽結城文書)からも引用しておこう。

其状猶可延引者、東海道ニても、高野辺ニても、又那須界へニても、被出懸勢候者、暫相支候、

白河から、都々古別神社のある矢槻宿(現福島県棚倉町)、それを含む陸奥国高野郡を通過する道は、複数の道筋ではなく同一の路線と考えるべきである。なお「那須」は、奥大道を陸奥から下野に入る境界地域を指している。親房とともに伊勢を出帆しながら、暴風に阻まれ、途中で病没した結城宗広(親朝の父)も、延元二年(一三三七)の十二月二日付書状(「結城家文書」)の中で、この幹線を「依上道」と呼び、親房と同様の認識を示している。

今者奥道も塞候ぬと存候由申て候、此事治定候ハさらんニハ、福原凶徒対治無益候哉、依上道ハ、何にもしてあけらるへし歟、

福原(現栃木県大田原市)は奥大道の要衝である。史料に現われる道筋が、ここでは陸奥国高野郡の依上保を通過するという意味で、「依上道」と呼ばれている。北畠親房と白河結城氏の双方とも、奥大道や東海道とともに、常陸へと南下する幹線の一本として、「依上道」を認識しているのである。

「矢槻辺」「高野辺」「依上」を通過するこの路線は、近世の南郷道のルートに重なることが予想されるが、延元五年に比定される四月九日付北畠親房御教書(「結城家文書」)の文言において、それは決定的となる。

所詮自東海道、菎連辺までにても、那須辺へにても、奥勢競臨候者、兇徒退散不可廻時刻之由、面々申候、

ここで親房が指摘する三本の幹線が、前引史料と同様に、奥大道・東海道と依上道であるとすれば、「苽連辺までにても」は依上道の目的地の一つを示すことになる。すなわち依上道は、白河から、矢槻・高野郡(依上保)を経て瓜連(那珂市瓜連)に至るルートということになり、近世の南郷道にほぼ一致する道筋を、これに比定することができるのである。(38)

これらの史料から、南北朝時代には、軍勢を進めることができるほどの、奥大道・東海道に次ぐ幹線として、近世の南郷道に近い路線が成立し、依上道と認識されていたことが確認できた。

② 『廻国雑記』の道

筆者の道興(一四三〇〜一五〇一)は、関白太政大臣となった近衛房嗣の子で、聖護院門跡・新熊野検校などに任じられ、准三后となった。文明十八年(一四八六)六月から十九年にかけての東国旅行に関する紀行文が、『廻国雑記』である。その中には、常陸国から下総国に至る道筋に関する詳しい記述があるので、以下に紹介したい。

京を出て北陸に遊んだ道興は、上野から関東に入り日光を経て、文明十八年九月中頃に宇都宮に至る。ここから鬼怒川を越えて南東に向かい、常陸国に入って小栗に到着している。ここで熊野社に参詣してから真壁の方向に南下し、桜川を越えて、「山田慶城といへる山伏の坊」に宿泊している。

九月二十三日には筑波山に向けて出立し、翌日、これに参詣している。筑波山からは「他国にうつりける道」をとって、下総へ向かっている。この時、「いさゝのはし」を渡っているのは、山田慶城の坊に立ち寄ったためであろう。ここから南西に進路をとり、小貝川を渡って、下総国に至り「稲穂の別当が坊」に入って湖水の眺望を愛でている。「稲穂」は境町の稲尾に比定され、ここには熊野社が鎮座するので、これは同社の別当の坊を指すのだろう。熊野社の南方には、かつて長井戸沼が広がっていた(一九二四年までに干拓)。道興はここに十月朔日まで留まり、船遊びなどを楽しんだ。

この後の行程は、省略されているが、浅草に到達しているので、鎌倉街道中道に従って南下したのであろう。以上のように、常陸・下総における行程の記述は詳しく、この地域を行き過ぎる旅人の辿った道筋を確かめることができる貴重な文献資料となっている。道興が通った道筋のうち、小栗から筑波山麓に至るルートは、その後、「小栗道」「真壁道」と呼ばれた路線と、部分的に重なるようであり、その現況については、真壁伝承館歴史資料館編『歴史の道 鎌倉街道と小栗道』にまとめられている。第1部論考編の宇留野主税論文とともに参照いただきたい。また宇都宮から筑波山西麓を通り常陸国府に至る経路の重要幹線としての機能が中世前期に遡る可能性が高いことについては、すでに別稿で指摘している。(39)

③鹿島大道

静嘉堂文庫蔵「行方郡諸家文書」所収の元徳三年(一三三一)二月五日付法阿和与状写の中に、若舎人村孫三郎の北方在家一宇の四至南境として「鹿島大道」が所見する。(40)この道は、『常陸国風土記』「行方郡」条の曽尼駅について「香島に向かう陸の駅道なり」とみえる道筋を継承する中世道とみてよいだろう。

この路線は、現在の県道50号水戸神栖線に重なる、行方台地の鞍部に沿う南北直線道と考えられる。さらに常陸国府と鹿島社との間を結ぶ経路にも接続し、常陸国の政治や経済、あるいは信仰を支える主要道として、中世を通じて機能したものと推測される。

この道筋も含めて、中世の行方郡にかかわる中世文書の中には、「大道」やそれにかかわる記載が散見され貴重である。そのうち建武三年(一三三六)六月二十日付行方信崇譲状案(「烟田文書」)には、所領の四至として、「成田大道」の名もみえる。(41)

その他、こうした大道の支道とみるべき路線も史料の中に散見される。現況も合わせて考えると、公用交通としての大道と、より地域に密着した支道との体系を復元できる事例とみることができるかもしれない。飛田英世等の成果

をあわせて参照いただきたい。(42)

おわりに

最後に、若干の補足説明を含めたまとめを行い、稿を閉じたい。

古代官道を中心とする交通体系が、地域の実情に合わせて大きく変容するのは、十世紀のことと考える。それには兵と呼ばれる軍事貴族の活発な活動が一つの要因となっていた。十一世紀後半以降の中世、この兵たちに系譜的に繋がる在地領主層の主導により、「大道」と呼ばれる新たな主要道が形成されていく。

中世の主要道は、生活に根差した地域の交通路を、在地領主等の地域権力が公用道路として再編成したものである。大道と呼ばれた主要道全般に国家権力が直接関与するわけではなく、その意味で古代官道とは大きく性格を異にする。特に常陸国北部では、道路を敷設するのに適した地形が限定されていたため、古代官道の道筋を中世の大道が踏襲している場合は、もちろんあるだろう。しかしながらそれは、生活の必要とはかけ離れた大規模計画道路としての古代官道をそのまま維持したものではない。

中世の国家権力を構成する鎌倉幕府が、東国における軍用(公用)道路として直接関与したのが、鎌倉街道である。こうした国家権力による上からの敷設のようにみえる道筋も、平安後期、地域社会の中で政治的に形成された既存の主要道が前提となっている。幕府は、在地領主を中心とする地域権力が関与する大道を繋いで公用交通の体系として把握したのである。幕府の直接関与は非常時に限定され、また支道レベルの道筋になれば、その管理はさらに沿道の御家人たちに負うところが大きかった。

こうした大道に対して、『廻国雑記』の道は、典型的な旅人が辿る道筋の表現といえる。そこには軍勢が駆け抜けるには適さないルートも含まれていただろう。常陸国行方郡の事例は、こうした地域社会の生活に根差した交通体系が複数の大道によって成り立っていたことを示す一例である。

以上、文献史料にもとづきながら常陸・北下総の主要道を柱とした交通体系を復元してきた。ここで取り上げた事例は、東国における中世道の成立と展開を、政治史的・社会史的に考えることができる貴重な素材となる。そしてその道筋のいくつかは、現地に今も辿ることができる。この地域の中世道をめぐる議論が活発になり、今回確認された中世道の伝承ルートが、今後、歴史的景観とともに保全され、生涯学習や町づくりの中で積極的に活用されることを期待したい。

註

（1）木下良『日本古代道路の復原的研究』（吉川弘文館、二〇一三年）、『日本古代道路事典』（八木書店、二〇〇四年）等を参照した。

（2）上高津貝塚ふるさと歴史の広場編『古代の道—常陸を通る東海道駅路—』（図録、二〇一三年）に、近年の調査・研究成果が概括されている。

（3）岡「中世大道とその周辺」（藤原良章・村井章介編『中世のみちと物流』山川出版社、一九九九年）。

（4）江田「奥大道と下野—中世大道の特質—」（『中世東国の街道と武士団』岩田書院、二〇〇一年初出）・「中世東国の大道」（同書、二〇〇七年初出）。

（5）『鎌倉遺文』二六〇一一号。

（6）『鎌倉遺文』八二八二号。

（7）『鎌倉遺文』二〇四四七号。

（8）『鎌倉遺文』九〇九九号。

（9）川合「鎌倉幕府の成立と『鎌倉街道』—その政治史的検討—」（『「鎌倉街道」の政治史的研究』科学研究費補助金研

究成果報告書、二〇〇五年）・「鎌倉街道上道と東国武士団」（『府中市郷土の森博物館紀要』二三、二〇一〇年）。

(10)　江田「奥大道と下野」。

(11)　川尻秋生『平将門の乱』（吉川弘文館、二〇〇七年）。

(12)　鈴木哲雄『中世関東の内海世界』（岩田書院、二〇〇五年）。

(13)　同前。

(14)　内山俊身「鎮守副将軍安倍猿嶋臣墨縄の故地をめぐって―猿嶋郡衙の所在地問題から―」（『そうわ町史研究』三、一九九七年）・「征夷事業における軍事物資輸送について―関東の二大河川水系の問題から―」（『茨城県立歴史館報』二五、一九九九年）、高橋修「再考 平将門の乱」（入間田宣夫編『兵たちの登場』高志書院、二〇一〇年）。

(15)　『鎌倉遺文』二七八五一号。

(16)　芳賀『旧鎌倉街道 探索の旅』上道編・中道編・下道編・山ノ道編（さきたま出版会、一九七八年・一九八一年・一九八二年・一九八八年）、阿部「『鎌倉』の古道」（鎌倉市教育委員会・鎌倉国宝館、一九五八年）。

(17)　齋藤慎一『中世東国の道と城館』（東京大学出版会、二〇一〇年）・『中世を道から読む』（講談社、二〇一〇年）。

(18)　江田「奥大道と下野」、内山「下総西部の『中世の道』について―鎌倉街道中道の様相―」（『常総の歴史』四三、二〇一一年）。

(19)　(9)に同。

(20)　清水「金沢文庫所蔵『下総国毛呂郷絵図断簡』に関する一考察」（『荘園絵図史料のデジタル化と画像解析的研究』科学研究費補助金研究成果報告書、二〇〇二年）。

(21)　『吾妻鏡』文治五年（一一八九）九月十七日条所収の平泉寺塔已下注文の毛越寺の項に、鳥羽院の時代、藤原基衡が京の仏師・雲慶に莫大な「功物」を運ぶルートとして、海路の他に「山道・海道」とみえる。下道のルートが、平安期に、関東を経て都と奥州とを結ぶ幹線として機能していたことをうかがわせる。

(22)　以下、金砂城での合戦の経過については、すべて『吾妻鏡』（新訂増補国史大系）に拠る。

(23)　高橋修「内海世界をめぐる武士勢力の連携と競合」（茨城県立歴史館編『中世東国の内海世界―霞ヶ浦・筑波山・利根川―』高志書院、二〇〇七年）、宮内教男「金砂合戦と常陸佐竹氏」（高橋修編『実像の中世武士団―北関東のもののふたち―』高志書院、二〇一〇年)。
(24) 最近、木村茂光が、金砂合戦時の頼朝の進軍ルートとその政治史的な意味について論稿を発表している(「金砂合戦と初期頼朝政権の政治史」〔『帝京史学』二九、二〇一四年〕・『頼朝と街道―鎌倉政権の東国支配―』〔吉川弘文館、二〇一六年〕)。頼朝が、帰路、鎌倉街道中道を通って帰還したとみるなど、本稿とは認識を異としている。本書第1部論考編の木村論文とともに参照いただきたい。
(25) 野口実『坂東武士団と鎌倉』(戎光祥出版、原形初出一九八三年)。
(26) 高橋修「常陸守護・八田氏再考―地域間交流と領主的秩序の形成―」(地方史研究協議会編『茨城の歴史的環境と地域社会』雄山閣、二〇〇九年)。
(27) 川合康「奥州合戦ノート―鎌倉幕府成立史上における頼義故実の意義―」(川合『鎌倉幕府成立史の研究』校倉書房、初出一九八九年)。
(28) 網野『里の国の中世』(平凡社、原形初出一九八六年)等。
(29) 奥大道の成立については、入間田宣夫「平泉藤原氏と奥大道の開発」(渡辺信夫編『東北の交流史』無明舎出版、一九九九年)。
(30) 高橋修「再考 平将門の乱」、内山俊身「『将門記』に見える古代東国の物流と陸奥―平将門の東国独立国家構想の背景について―」(古河歴史シンポジウム実行委員会編『古河の歴史を歩く―古代・中世史に学ぶ―』高志書院、二〇一二年)。
(31) 渕原智幸「古代末期の東北支配と軍事力編成―国衙軍制成立史の一断面―」(渕原『平安期東北支配の研究』塙書房、原形初出二〇〇八年)。
(32) 石井進「志太義広の蜂起は果して養和元年の事実か」(石井『鎌倉武士の実像―合戦と暮しのおきて―』〈初出一九六二年〉)。近年、菱沼一憲が、石井説に異を唱え、志太義広の乱は、『吾妻鏡』の記述が正しく、養和元年(一一八一)であったとする説を提起している(「総論 章立てと先行研究・人物史」菱沼編『源範頼』戎光祥出版、二〇一五年)。両説の正否については、機会を改めて検討したい。
(33) 江田前掲諸論文、内山「下総西部の『中世の道』について」。

(34) この路線については、江田「奥大道と下野」に言及がある。
(35) 常陸大宮市歴史民俗資料館編『南郷道―水戸と奥州をつなぐもうひとつの道―』(図録、二〇一四年)。
(36) 高橋裕文「山方城跡とその周辺」(『茨城大学中世史研究』七、二〇一〇年)、牡丹健一「部垂城跡とその周辺」(『茨城大学中世史研究』八、二〇一一年)。
(37) 以下、①に関する史料は、すべて『白河市史』五を参考に引用した。
(38) 中世都市としての瓜連宿と依上道との関係については、高橋修「中世都市瓜連を考える」(『常総中世史研究』四、二〇一六年)参照。
(39) 高橋「常陸守護・八田氏再考」、越田真太郎「常陸南部の古代・中世交通路」(『茨城県考古学協会誌』二五、二〇一三年)。
(40) 翻刻は、前川辰徳「鎌倉後期の若舎人氏に関する未翻刻史料の紹介と検討―「常陸国行方郡諸家文書」所収の中世文書について―」(阿部猛編『中世政治史の研究』日本史史料研究会、二〇一〇年)。
(41) 『鉾田町史』中世史料編。
(42) 『麻生町史』通史編(二〇〇二年)。

第1部 論考編

茶臼岳
白河
芦野
八溝山
黒羽（余瀬）
福原
男体山
喜連川
西金砂神社
（金砂城）
氏家
常陸太田
宇都宮
笠間
上野国府
下野国府
下古館
小栗
岩瀬
水戸
足利
佐野
太田
小山
結城
真壁
涸沼
藤岡
野木宮
本庄
館林
筑波山
児玉
古河
常陸国府
熊谷
水海
小田
村岡
土浦
高野
霞ケ浦
大蔵
信太古渡
苦林
岩付
鹿嶋
川越
龍ケ崎
入間川
布川
雲取山
松戸
王子
葛西
久米川
下総国府
浅草
武蔵国府
品川
丸子
小野路
上総国府
丹沢山
瀬谷
足柄峠
相模国府
鎌倉
箱根山
黄瀬川宿
韮山
安房国府

金砂合戦と鎌倉街道

木村茂光

はじめに

治承四年(一一八〇)十月二十七日から十一月十七日にかけて行われた初期源頼朝政権による佐竹秀義攻め＝金砂合戦[1]は以下のような理由から頼朝政権の東国支配の過程でも「特異な戦争[2]」といわれる。

①平家追討軍を武田氏らの活躍で追い返した富士川の合戦後、わずか七・八日あまりという短期間の後に出兵していること。

②出兵の日が頼朝の「御衰日」であったにもかかわらず、「去る四月二十七日は(以仁王の)令旨が届いた日である」ことなどを理由に出発していること。

③この時期、頼朝の傘下に入らない関東の武士団は新田氏を始め複数存在したにもかかわらず、佐竹攻めが突然行われたこと。

したがって、この金砂合戦の原因をめぐっては諸説が出されてきた。これまでは、富士川の合戦後、平氏軍を追いかけて上洛しようとした頼朝に対して、千葉常胤・三浦義澄・上総広常らが「東国には、頼朝に服従しない佐竹一族らがいるので、まず東国を平定してから西国に到るべきだ」と諫言したことに象徴されるように[3]、相馬御厨など房総半島の利権をめぐって佐竹氏と千葉氏・上総氏らとの対立があったため、彼ら東国の在地領主の主導で佐竹攻めが行われた、と評価されてきた。[4]

しかし、最近は、その逆で、頼朝自身の主導で行われた合戦であるという評価に傾いてきている。その代表的な論者である高橋修は次のように説明する。

開戦に向けて頼朝が積極的な決断をしている点は、どう考えたらよいのだろうか。自ら常陸国府まで軍勢を進め、出頭してきた佐竹義政の殺害を命じたのは、他ならぬ頼朝自身であった。そして何よりも富士川合戦から常陸進発まで中六日、開戦から終戦まで十日余りという軍勢の迅速な行動は、頼朝が消極的であったならば実現できないであろう。特に十月二十七日の出陣の際には、この日が頼朝にとって衰日であるにもかかわらず軍勢を進発させている。

すなわち、高橋は先に指摘した「特異な戦争」の要因が頼朝の積極性を示していると考えているのである。[5] 金砂合戦を再考した宮内教男も高橋の説をほぼ全面的に受け入れ、この合戦における頼朝の積極性を指摘している。[6]

私は、なによりも初期頼朝政権の政治史という視点に立つならば、富士川の合戦の直後に、それも「御衰日」であることを押して出兵していることなどを考え合わせると、高橋・宮内のように、金砂合戦は頼朝の主導権のもとで行われたと評価すべきであると考える。

しかし、高橋・宮内は金砂合戦を頼朝の「特異な戦争」であると認めながらも、その「特異」性の究明には向かわず、どちらかというと、その「特異な戦争」の対象となった佐竹氏の存在形態、在地領主としての勢力基盤の分析に向かってしまう。

例えば、高橋は、金砂合戦後も常陸国内で佐竹氏が依然勢力を保っていたことを指摘した上で、その要因を佐竹氏の背後に奥州藤原氏が存在していたことを、血縁関係や佐竹氏の支配領域である奥七郡と奥州との交通関係の緊密さなどから説明し、さらに論文名にもあるように、内海世界における佐竹氏の勢力基盤と豪族的領主間の連携と競合の分析に向かっている。

一方、宮内は、高橋の「在地武士団が自己の現実的な利権確保のために各所で厳しい競合関係におかれていたこと、在地領主が水陸幹線ルートの掌握を志向」していたという指摘を「異論はない」としながらも、「こうした問題は多かれ少なかれ中世武士の属性として、他の地域でも事情は共通しているのであって、金砂合戦の特異性を説明することにはならないのではなかろうか」と批判し、金砂合戦の背景には、佐竹氏と奥州藤原氏との間に成立していた文化交流を含めた密接な関係があったことを強調する。

私は、高橋・宮内が指摘する佐竹氏と奥州藤原氏との密接な関係、および高橋が指摘する内海世界をめぐる在地領主間の連携と競合についても否定するつもりはまったくないが、しかし、これらの要因はなぜこの時期に佐竹攻めが行われたのか、という問いに対する説明としては不十分であると考える。

また、この金砂合戦によって佐竹秀義を「奥州花園城」に追い出し、その領地「奥七郡と太田・糠田・酒出等」を有力御家人に配分することによって、奥七郡を含めて常陸国は頼朝の支配下に入った、と評価されることが多い。しかし、高橋がすでに指摘しているように、この合戦後も佐竹氏の軍勢による常陸国内の抵抗は収まっていない。とすると頼朝政権の佐竹攻めはなにを目的としたものであったのか、なぜせめて常陸国内の佐竹氏を完全に討滅しなかったのか、という疑問が湧くのは私だけではあるまい。

これらの理由から、金砂合戦は「佐竹氏追討」という側面からだけでは捉えきれず、やはり初期頼朝政権の政権確立に向けた政治史全体のなかで捉え直す必要があると私は考える。以上のような問題関心から、本稿では金砂合戦における頼朝の意図とその過程における鎌倉街道を始めとする街道のもつ意味について考えてみることにしたい。

1　金砂合戦の経過と問題点

まず、金砂合戦の経過をまとめておこう（表1）。

この経過からもわかるとおり、金砂合戦は単に金砂城に籠もる佐竹氏を討つだけのものではなかった。佐竹氏の残党岩瀬与一太郎の処遇から始まって武蔵国の寺社への安堵まで、頼朝が鎌倉への帰路で行った施策には無視できないものがある。やはりこれらを含めて評価しなければ頼朝の佐竹攻めの本質は理解できないように思う。

このような問題意識から注目すべき点を列記してみよう。

まず第一は、先にも指摘したが、佐竹氏を攻めたものの完全に滅ぼしたわけではなく、「奥州花園城」に追いやるという不十分な追討策であったことである。そしてその結果、金砂合戦後も常陸国・上野国らで佐竹氏の残党やそれに与する武士団の抵抗を生み出すことになったことは高橋の指摘するとおりであるし、略年表からも明らかである。

第二は、佐竹氏の残党十余名を捕らえたものの、

　閣平氏追討之計、被亡御一族之条、太不可也、於国敵者、天下勇士可奉合一揆之力、而被誅無誤一門者、御身之上讎(仇)敵、仰誰人可被対治哉、

と頼朝の佐竹攻めを批判した岩瀬与一太郎を、上総広常らの「謀叛の疑いがあるので早く誅されるべきである」という進言にもかかわらず、それを許し、御家人に取り立てていることである[7]。

第三は、合戦後、鎌倉への帰路の際、「便路」という理由で、常陸国府から筑波山麓を経由して小栗重成の八田館に入御していることである。後でも述べるが、この行程は「便路」とはどうしてもいうことができず、頼朝の何らかの政治的意図が働いていたと考えるべきであろう。

表1　金砂合戦略年表

治承4年	10.20	富士川の合戦。
	10.21	頼朝、千葉常胤・上総広常らの意見により、上洛せず佐竹義政・秀義を討つことを聞き入れる。
	10.27	佐竹追討軍、鎌倉を出発。
	11.4	頼朝、常陸国府に到着する。
	11.5	佐竹秀義は金砂城に籠もるが、兄の義政は頼朝のもとに参向し、頼朝の命を受けた上総広常によって大矢橋で討ち取られる。
	11.6	佐竹義季の手引きによる上総広常の奇襲により、金砂城が陥落する。
	11.7	広常が金砂城を焼く。佐竹秀義は奥州花園城に逃れたとの風聞あり。
	11.8	鎌倉軍、頼朝のもとに戦果を報告する。佐竹秀義の旧領奥七郡ならびに太田・額田・酒出等が収公される。 岩瀬与一太郎等、佐竹氏の家人10余名が捕えられ、頼朝に尋問される。佐竹追討に異を唱えた岩瀬与一太郎は許され、御家人に取り立てられる。鎌倉への帰途、頼朝は小栗重成の小栗御厨の八田館に入る。
	11.10	葛西清重に武蔵国丸子荘を与え、今夜清重宅に止宿する。清重は妻女に頼朝の御膳を備えさせた。
	11.12	頼朝軍は武蔵国に到着した。
	11.14	土肥実平が武蔵国の寺社に向かい、寺社への狼藉を停止するように命じる。
	11.15	武蔵国威光寺は源氏数代の御祈祷所であるので、院主増円伝領の僧坊・寺領の年貢を免除する。
	11.17	頼朝が鎌倉に帰る。
	11.19	武蔵国長尾寺（威光寺）を頼朝の弟禅師全成に譲渡する。
	12.3	上野・常陸で頼朝に叛く輩が現れているという（『玉葉』）。
治承5年	2.2	「常陸国勇士等」が頼朝に叛き、追討軍を退けるという（同上）
	2.3	頼朝が常陸国を攻め、再び追い返されるが、ついに平定したという（同上）。
	4.20	佐竹隆義のもとに頼朝追討の院庁下文が下り、合わせて「常陸守」に任じられる。その後、隆義は頼朝軍と戦うが敗れて奥州に逃れる（『延慶本平家物語』）。
	4.21	「佐竹之一党三千余騎」が常陸国に籠もるという（『玉葉』）。

注：高橋注1論文の「金砂合戦とその後の経過」を元に、一部を削除・補訂して作成した。出典の注記のない事項はすべて『吾妻鏡』による。

第四は、その帰路、今度は葛西御厨に本拠をもつ葛西清重に武蔵国丸子荘を与えるとともにその宅に止宿していることである。

第五は、頼朝はまだ帰鎌せず、さらに武蔵国府に向かい、土肥実平を派遣して国内の寺社への狼藉の停止を命じている。その後の同国威光寺の安堵、さらにこれは鎌倉に戻ってからであるが、その威光寺(長尾寺)を頼朝の弟禅師全成に与えていることである。

以上、整理しただけでも、頼朝が金砂合戦の後にさまざまな施策を実施していることが理解できよう。第一で指摘した佐竹氏討滅のための軍事行動の不徹底さに比べて、第二以下に列記した帰路の政策は非常に配慮が行き届いており、頼朝の意図をよく反映していると評価することができる。

次節以下では、これらの諸政策のうち、第二・第三・第四を中心に、(8)頼朝の金砂合戦の目的とこの間における鎌倉街道を始めとする街道の占める位置について考えることにしたい。

2　小栗御厨への入御と岩瀬与一太郎の処遇

金砂合戦およびその後の頼朝の施策としてまず検討しなければならないのは、前節で指摘した第一の「金砂合戦の不徹底性」についてであるが、これは金砂合戦およびこれに関連する頼朝の佐竹攻めの意図全体に関わる問題なので、本稿の最後で検討したい。

とするとまず問題になるのは第二の岩瀬与一太郎に対する処遇であるが、これを考えるためには、順序は逆になるが、第三の小栗重成の小栗御厨八田館への入御を先に考えた方がわかりやすいのでこの問題から始めよう。

小栗氏の本拠八田館が所在した小栗御厨は伊勢神宮領で、茨城県西部の小貝川東岸の筑西市小栗近辺に比定されている。現在も小貝川流域の小高い丘陵の南麓には鎌倉時代に勧請されたと考えられる内外大神宮が鎮座している。

問題は、常陸国府(現在の石岡市)に陣を張っていた頼朝が、金砂合戦終了後、筑波山の西側に所在した小栗御厨をわざわざ訪れたのはなぜかということである。この理由を、先にも記したように、『吾妻鏡』は「武衛赴鎌倉給、以便路入御小栗十郎重成小栗御厨八田館」と「便路」であるとしか記さないが、私はその理由は小栗御厨の地理的・政治的な位置にあるのではないかと考える。

小栗御厨は、茨城県西部といっても栃木県との県境に近く、同県小山市とは直線距離で二〇キロほどの距離である。

改めていうまでもないが、小山は、碓氷峠を越えた東山道が関東平野の北側を経由して東進しいわゆる鎌倉街道中道と合流する地点であり、合流した街道はここからさらに北上して白河の関を経由して奥州に至る奥大道となるというように、北関東・奥羽における交通上の重要な結節点であった。

ということは、小栗御厨はこの北関東の交通上の重要地点小山のすぐ近辺、東隣に位置していたのである。そして、小栗御厨は、この時点でまだ頼朝に与同しない新田氏・足利氏そしてやや距離はあるが宇都宮氏など、北関東の豪族的武士団が盤踞する地帯との境界に位置したことにもなる(以下、図1参照)。

すなわち、その結果はともかくも金砂合戦で佐竹氏を北に追いやり、少なくとも金砂城が所在した那珂川流域の南一帯の海岸地帯を手中に収めた頼朝にとっては、その延長線上にある常陸国の西端で東山道と鎌倉街道中道との結節点で、さらに奥大道に接続する小山に近い小栗地域を確保することは、常陸国南半分を支配下におくためにも必須の課題であったと考える。そして、この地域を押さえることができれば、北関東の東山道沿いに盤踞する豪族的武士団らの動向も掌握することができるし、彼らと奥州藤原氏との連携もまた遮断できるのである。頼朝が小栗重成の館に入御したのはこのような政治的な意図があったためだと考える。

このような理解が可能であれば、第二に指摘した岩瀬与一太郎に対する処遇も理解することができよう。なぜなら、この岩瀬氏が本拠としたと考えられる岩瀬は小栗御厨の東隣に所在する蓮華王院領中郡荘の中心地帯であったからである(現、桜川市岩瀬)。私は、頼朝は隣接する中郡荘岩瀬と小栗御厨、いい換えれば岩瀬氏と小栗氏を傘下におさめることによって、下野国との国境でかつ交通上の要衝であった常陸国西部を掌握するという政治的意図をより確実にしようとしたのではないかと考える。

ところで、近年、この岩瀬氏を「神代千葉系図」に見られる常陸平氏一族の「岩世太郎幹景」に比定する見解が強くなっている。その系図を紹介した野口実はさらに突っ込んで、この岩瀬氏は房総の内海世界に勢力をもった海上氏

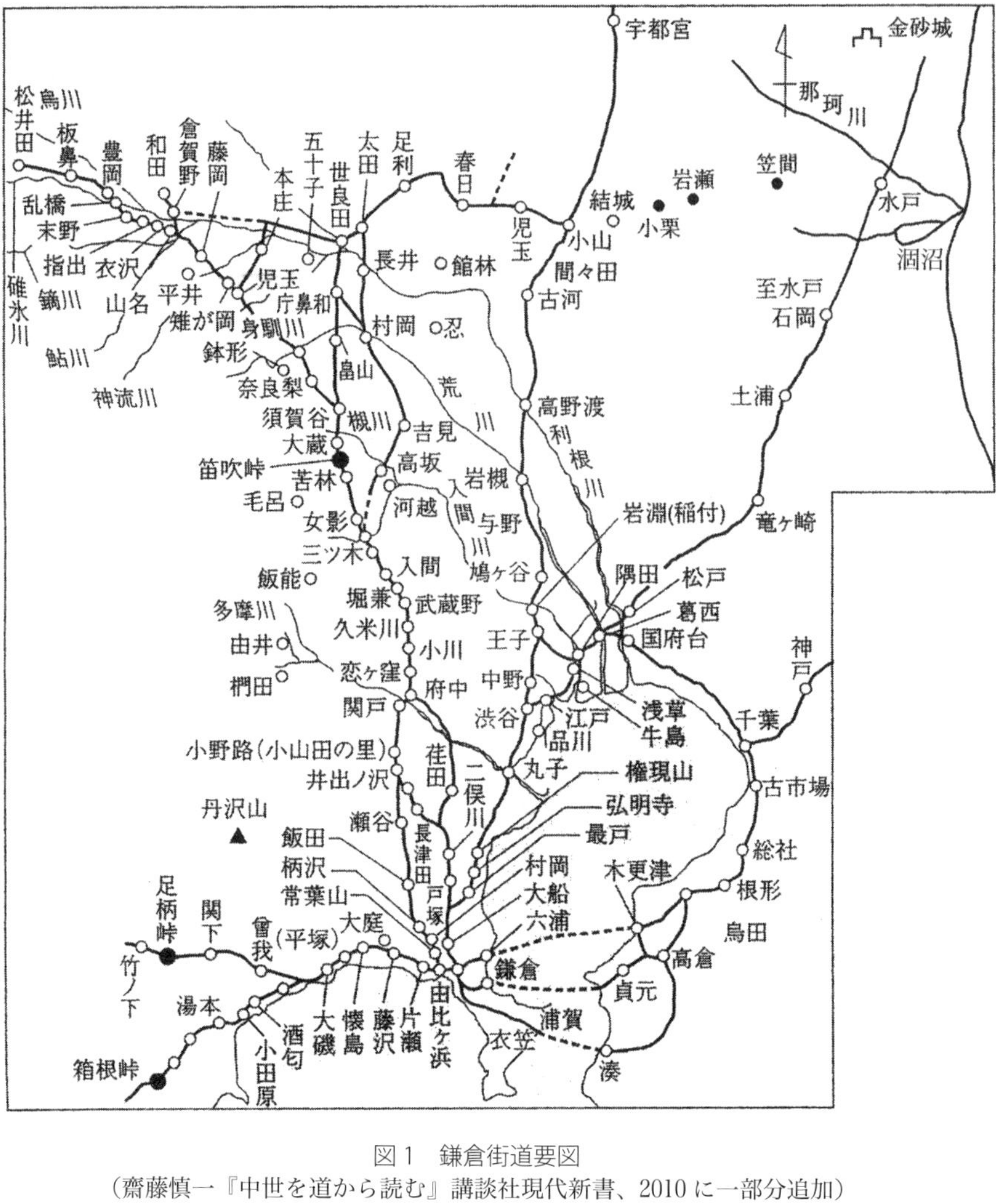

図1　鎌倉街道要図
（齋藤慎一『中世を道から読む』講談社現代新書、2010 に一部分追加）

の一族と考えている。(9)

しかし、小栗御厨と中郡荘岩瀬が隣接していること、そして先にも述べたように、岩瀬与一太郎を許して御家人にしていることと、「便路」とはいえ筑波山麓を経由して小栗御厨に入ったことと が『吾妻鏡』のわずか一日違いの記事として掲載されていることなどを考え合わせるならば、私は岩瀬与一太郎は小栗御厨の東隣に所在する中郡荘岩瀬を本拠とした武士＝御家人であると考えたい。

小栗氏・岩瀬氏に対する頼朝の処遇をこのように考えることが可能であれば、前節の第一で指摘した佐竹攻め＝金砂合戦の不徹底さも理解できるように思う。もちろん、頼朝やこの合戦を主導した上総広常および千葉常胤らは佐竹氏を徹底的に壊滅させたかったのかもしれないが、実際は秀義を「奥州花園城」に逃がしてしまっただけでなく、彼らを追って討滅するという計画すら確認できない。その上、合戦終了後も常陸国内で佐竹氏やそれに与する武士団の抵抗が収まらなかったことを考えるならば、佐竹攻めの第一の目的が金砂城を破壊して佐竹氏を追い出し、金砂城より南部＝那珂川より南部の常陸国を支配下に組み込むことにあったように思えてならない。

実は、図1をみると明らかなように、那珂川の河口から笠間・岩瀬・小栗そして小山はほぼ一直線にならび、それらは八溝山地の最南端に位置したのである(現在のJR水戸線の経路、国道50号線の経路とほぼ一致する)。そしてこのラインの北側は佐竹氏の勢力が強かった「奥七郡」そのものであった。

このような理解を補強してくれるのが鈴木哲雄の平将門の乱に関する研究である。(10) そこでは、親王将門が構想した「国家」が南は相模川＝相模湾地域、北は平貞盛や藤原為憲などを討つために常陸国那珂郡・久慈郡、すなわち那珂川＝涸沼地域へ発向することによって確定した、と述べるとともに、「那珂川＝涸沼地域は、奥羽と坂東の境界領域でもあった」と評価している。私は、佐竹攻め＝金砂合戦の際の頼朝の政治的意図の背景には、将門と同じような境界認識があったと思うのである。

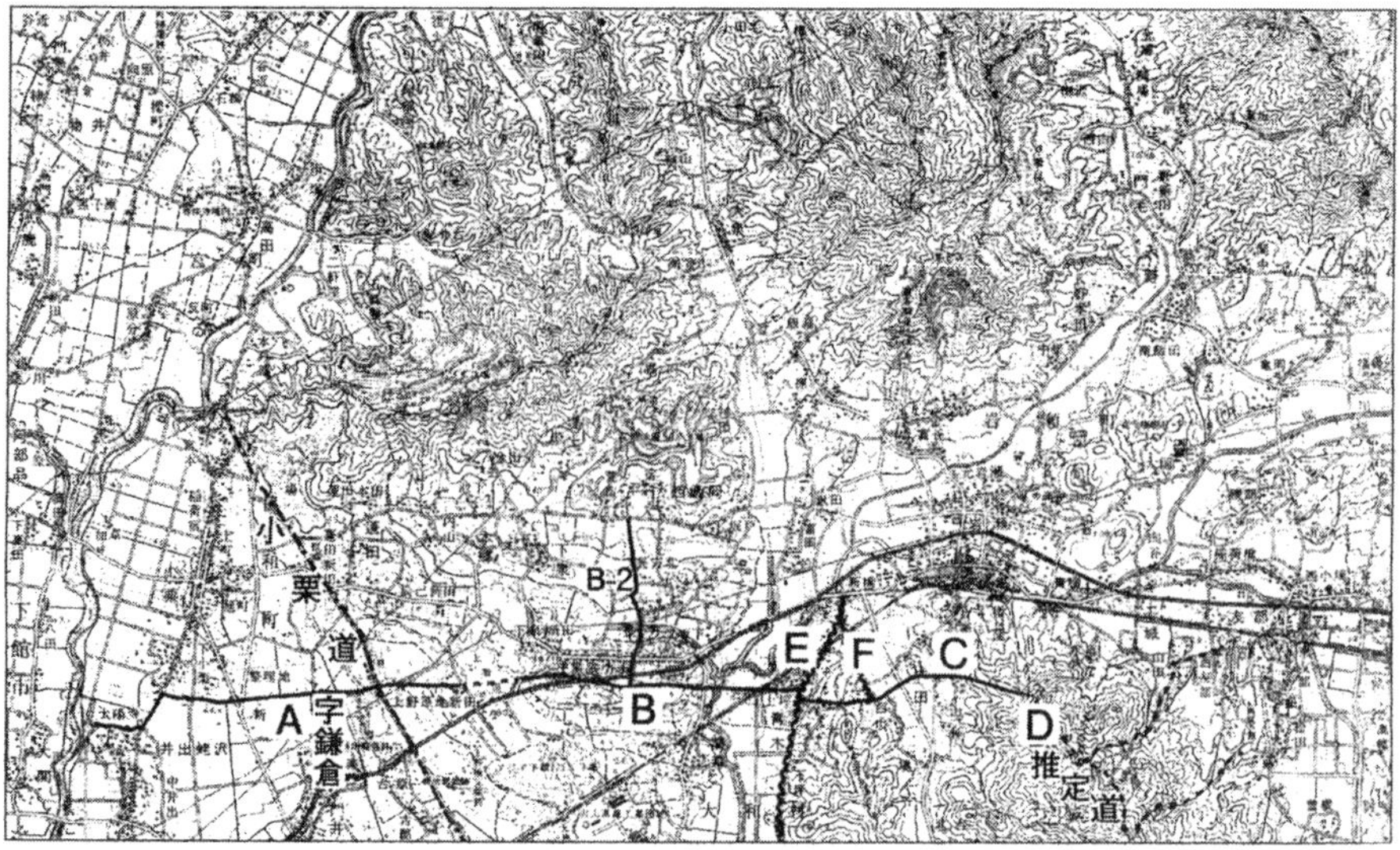

図2　小栗・岩瀬地域の「鎌倉街道」（木村 2014）

というのは、結論めいたことになってしまうが、富士川の合戦で、頼朝軍が活躍したか否かは別として、頼朝は坂東の西の境界＝黄瀬川を確保していたからである。[11] それと対比して考えれば、頼朝が主体的に佐竹攻めを実行し坂東の東の境界を画定しようとしたことは、富士川の合戦で戦果を武田氏らに取られてしまった頼朝にとっては「権威」を回復するための必然的な行動であったのではなかろうか。ここに、頼朝が佐竹攻めを急ぐ政治的意図があったのである。このような政治的意図をもった合戦が、千葉氏、上総氏らの意図に引きずられて遂行されるはずがない。この合戦は明らかに頼朝の主体性・積極性によって実行されたのである。

3　小栗・岩瀬地域の鎌倉街道

いま、金砂合戦における小栗・岩瀬地域の重要性を指摘したが、実は最近この地域の重要性を示す新たな発見があった。それはこの地域に「鎌倉街道」の地名と街道の遺構および伝承が複数確認されたことである。「第八回　茨城大学人文学部　地域史シンポジウム　茨城の鎌倉街道—その歴史と沿道の文化遺産—」で「桜川市・筑西市の鎌倉街道」を報告した桜川市教育委員会の宇留野

主税の報告レジュメに基づいて、その概要を示すと以下のとおりである。(12)

現在二市で確認される鎌倉街道は以下の三路線で、ともに鎌倉街道中道、下道へとアクセスする支道であると想定されている(本書第2部資料編・宇留野論考参照、図2)。

一本は「小栗犬田線」(路線名は仮称)で、小貝川東岸の太陽寺跡から長方の南側を通過し岩瀬の南の御嶽神社まで、東西に延びる道筋で確認できる。図2のA~Cに相当する。御嶽神社の東側につづく山越えのD路線も検討中であるという。小栗地区を南北に走る「小栗道」と交差する地点には字名「鎌倉」が存在している。根拠の史料としては正徳四年(一七一四)の「古郡久地楽村裁許絵図」(塚田家)、明治時代以降の「妙法寺由緒書」、明治二十七年の「杉山私記」が挙げられている。

二本目は「青木羽田線」で、略図のEである。岩瀬西部の足利橋から桜川市役所大和庁舎付近まで続く南北の道である。史料としては嘉永元年(一八四八)の「犬田村と真壁郡青木村と村境議定書」(仙波家文書)、前掲の「杉山私記」がある。

三本目は「青木犬田線」で、前記の足利橋南の追分石から南下しC路線に接続する道である。略図のFである。史料としては前掲の「犬田村と真壁郡青木村と村境議定書」と「杉山私記」が挙げられている。この路線は、旧西茨城郡と旧真壁郡の郡境ともなっていたという。

これらを確認した上で、宇留野は桜川・筑西両市の鎌倉街道の特徴および現況として、次の六点を指摘している。
(1) 直線的な路線が中心で、道幅は三~六メートル前後。正確な幅・年代は発掘しないとわからない。
(2) 路線近くに町場(宿)、城館、寺社が確認できる。
例:小栗城と宿、坂戸城と宿、青木宿、橋本城、太陽寺跡、犬田神社、法蔵院　等。
(3) 古代・中世遺跡が点在し、古代・中世道と推定される小栗道と交差する。

(4) 東西道と南北道とがあり、両者は青木・犬田の地境付近で接続する。

(5) 低湿地を避けた路線設定となっており、移動も早く、荷物を載せた馬や牛も通りやすい設定。雨天などの自然条件の影響を受けにくい路線ともいえる。

(6) 平安~中世の源氏伝承、鎌倉権五郎伝承が、両市内に比べて集中する地域といえる。
例：多田満仲(長徳寺跡)、源頼義・佐竹義宣(鴨大神御子神主玉神社)、源義家・佐竹氏(犬田神社)、源頼義・義家(羽黒神社)、鎌倉権五郎伝承(上城地区の御霊様)、足利橋　等

最後に宇留野は、犬田神社前遺跡では十一世紀に武士の住居と思われる竪穴住居が出現し、十二~十三世紀以降、中世集落として充実していく様子がうかがえることなどから、「小栗犬田線」(A~C)は中世前期に設置されていた可能性があると推定している。またB路線の北側にある金谷遺跡は中世前期の金属製品の生産工房を備えており、小栗犬田線を利用した人の移動、物流の展開もまた想定されると評価している。さらに、結城合戦では足利持氏の遺子が中郡荘木所城で挙兵し、小栗・伊佐(桜川市)を経由して結城城に入城していることから、この地域の「鎌倉街道」と結城合戦との関係の重要性も指摘している。

以上、宇留野の報告レジュメの紹介に終始したが、この紹介からでも、中世における小栗・岩瀬地域の重要性を理解していただけるのではないだろうか。と同時に、この地域における鎌倉街道の地名・遺構などの存在は、下野国まで東下してきた東山道と小山付近で接続する街道、すなわち小山からそのまま東に向かい、小栗・岩瀬さらに笠間を経由して現在の水戸付近で鎌倉街道下道と合流するという、常陸国を東西に貫通する街道の存在を十分予測させてくれる。

4　頼朝の帰路と古代の復元道路

十一月八日に小栗氏の八田館に入御した頼朝は、十日、葛西清重に武蔵国丸子荘を与えるとともに清重の宅に止宿した。その時、清重は妻に頼朝の夜伽をさせたが、偽って他所の「青女」を召し招いたといったという。このようなエピソードが『吾妻鏡』に挿入された意味も興味深いが、ここでは頼朝と清重との密接な関係性を示すためであったと理解しておきたい。(13)

ところで、小栗氏の宅から葛西清重の宅へはどのような経路を用いたのであろうか。高橋修は茨城県教育委員会編『茨城県歴史の道調査事業報告書中世編「鎌倉街道と中世の道」』(14)の総論「茨城の鎌倉街道と中世の道」のなかで、金砂合戦において頼朝は「往復とも(鎌倉街道)下道」を用いたと指摘しているが、私は頼朝が小栗御厨に赴く際、

今日、武衛赴鎌倉給、以便路入御小栗十郎重成小栗御厨八田館、

と『吾妻鏡』に記されているのが気にかかる。「鎌倉に帰る」といっておきながら、「便路なので」という理由で小栗重成の館に入御したにもかかわらず、帰路はふたたび常陸国府に戻り鎌倉街道下道を下る、というのはどうしても理解しにくい。そして、前述のように、小栗御厨の位置が常陸国と下野国の国境に近く、かつ東山道といわゆる鎌倉街道中道との結節点である小山にも近かったことを考えると、小山からまっすぐ南下して江戸に至る鎌倉街道中道を使用した可能性も残されていると、前稿で記したが(15)、当該期の中道の利用については齋藤慎一から疑義が呈せられていることを知った(16)。

齋藤は豊富な史料を博捜して、鎌倉幕府などの努力にもかかわらず高野と古河間の治水は実現できず、「鎌倉街道中道の高野・古河間を通過する主要街道は維持できなかった」ことを明らかにしている。中世後期・戦国時代の状況

について検討する能力はないが、齋藤の指摘に従って鎌倉時代初期の状況について再検討してみたい。

まず、取り上げなければならないのは、文治五年(一一八九)、奥州合戦に赴く際、頼朝が指揮する鎌倉幕府軍本隊(大手軍)が鎌倉街道中道を用いていることである。[17] しかし、これも齋藤が指摘するように、他の二軍は「東海道」と「北陸道」を使用したと明記されているにもかかわらず、大手軍の場合は「中路」とあるだけで具体的な名称が記されていない。また、前述の二軍も東海道・北陸道という古代以来の名称が用いられていることも気になる。果たして「中路」は鎌倉街道中道のことであろうか。

この記事以前の鎌倉街道中道に関係する史料として注目されるのが、寿永二年(一一八三)に下総・下野両国の国境で起きた野木宮合戦に関する史料である。野木宮合戦とは、寿永二年二月に、源為義の子、頼朝の叔父である志田(太)義広が頼朝に反旗を翻して、下野国小山の南、下総国古河の北に位置する下野国野木宮(栃木県下都賀郡野木町)で小山朝政や下河辺行平らと戦った合戦のことである。『吾妻鏡』はその発端を次のように記している。[18]

廿日丙寅、武衛伯父志田三郎先生義広、忘骨肉之好、忽率数万騎逆党、欲度鎌倉、綍已発覚、出常陸国到于下野国、

志田義広が頼朝に反旗を翻し鎌倉を攻めようとしたが、それが発覚してしまったために、下野国に向かったというのである。

ところで、この合戦を寿永二年のことと記したが、先に引用した『吾妻鏡』の日付が養和元年であったように、この合戦が起こった年次をめぐっては、養和元年説と寿永二年説が併存している。[19] 政治史分析としてはどちらの説を採るかは重要だが、ここでは当時の鎌倉街道中道の状況を知ることに目的があるので、合戦の年次については別に検討することにして話を進める。

さて、話を戻して『吾妻鏡』に従って事件の経過を追ってみよう。

志田義広は本拠地の常陸国信太荘(現茨城県稲敷市―霞ヶ浦の南岸)を出て下野国を目ざしたのだが、この間、平氏の追討軍への対応を優先せざるを得なかった頼朝は、出陣していなかった小山朝政と下河辺行平に義広の追討を命じた。一方、義広は平家方であった足利忠綱を頼るとともに、朝政にも味方になるよう働きかけた。朝政は「老軍」の計略に従い味方すると返事した上で、本宅を出て野木宮辺に籠もって義広軍を待ち伏せし、登々呂木沢・地獄谷らで合戦となった。朝政は矢に当たり落馬したが弟の宗政の参戦によって助かり、義広を退かせた。一方、下河辺行平らは古河・高野らの渡しを固め、足利有綱らは小手指原・小堤らで義広軍と戦って敗北させた[20]。

以上が野木宮合戦の概略であるが、この経緯から問題にしなければならないのは、義広が下野国を目指した意図と野木宮合戦の舞台についてである。義広が下野国に向かったのは、前述のように足利忠綱や小山朝政を味方につけるためだったが、彼らを味方にして鎌倉を攻めるのであればわざわざ下野まで出向かなくても、常陸と下野の間の下総国のどこかで合流すればすむ話ではないだろうか。

そこでまず、合戦の具体的な状況を確認することにし、そのうえで義広の意図について考えてみることにしたい。合戦の具体的な状況として注目されるのが、合戦が行われた場所として小堤・小手指原があげられていること、義広軍と対峙した下河辺行平らが義広軍の残党を禦ぐために古河の渡しと高野の渡しを固めたことである。これまでは、高野の渡し―古河―野木宮―小山へと続く鎌倉街道中道がすでに整備されていたことを前提に、古河の渡し、高野の渡し、小堤、小手指原そして野木宮がその中道上の地点であるとして、合戦の舞台は中道であると理解されてきた(図1参照)。

しかし、古河の渡しは現在の古河市と鬼怒川・思川の対岸にある向古河を繋ぐ地点に推定されているから[21]、中道上の地点とはいえないし、小堤も上記の中道の道筋からは外れてしまう。すなわち、少々検討するだけでも、野木宮合戦が鎌倉街道中道を舞台に行われたと簡単にはいえないことが判明する。

そこで、この前提を抜きにしてこの地域の交通事情について考えると、復元された古代道路の存在が注目される。これも宇留野の成果であるが、その推定によれば、この地域の古代道路は大きく分けて下総国猿島郡家推定地（古河市水海）から下野国寒川郡家推定地（小山市間々田、千駄塚浅間遺跡）を結ぶ南北道路と、その道路と小堤のやや北で交差し下総国結城郡家と古河とを結ぶ東西道路の二本があるという[22]（図3）。

この二本の道路を前提に先の合戦に関する地点を落としてみると、小堤は南北道路上に、小手指原・高野の渡しは南北道路を南に延ばした地点に位置するし、古河の渡しは東西道路が鬼怒川・思川を渡河する地点に相当することが

図3　古河市周辺の古代道路復元図
（注21宇留野論考所載の図の一部を改変して利用。小手指原から高野までの復元は木村によるものである）

わかる。野木宮はこの二本の道路からやや外れるが、小山朝政が小山から出張ってきて、南北道路・東西道路に目を配りながら陣を張るには格好の地点であったと評価することができよう。

以上のような理解が可能であれば、野木宮合戦は鎌倉街道中道を主な舞台として行われたのではなく、二本の古代道路を舞台に行われたと評価することができよう。すなわち、野木宮合戦はこれまでのように中道の存在を前提にしなくても理解できるのである。そして、このことは、当該期、鎌倉街道中道はまだ整備されておらず、この地域の主要な道路は二本の古代道路、なかでも南北道路であったという評価が可能になる。

これでよいとするならば、奥州合戦の際の頼朝軍が用いた大手軍の進路の「中路」も鎌倉街道中道と解釈するのではなく、復元された二本の古代道路のうちの南北道路を指していると考えた方がよいのではないだろうか。『吾妻鏡』が他の二軍の進路を「東海道」と「北陸道」と記して、鎌倉街道下道・同上道と表現していないこととも符合しよう。

ところで、最後に残してきた志田義広の下野下向の意図について触れておこう。その際、野木宮の合戦に敗北した志田義広がその後京都に上って源義仲軍に加わり活躍していることは重要である(23)。このことを踏まえると義広の計画は次の二つのうちどれかであったと考えられる。一つは、古代の南北道路を北上し小山で小山氏を味方につけ、その後東山道を利用して足利氏の元に行ってこれも糾合して京都に上る。二つ目は、小堤辺りで小山軍と合流し、東西道路を用いて古河の渡しを経由して上野国に出て足利軍と合流し、京都へ上る、というものである。どちらにせよこれが義広の下野行きの目的であって、鎌倉に渡ろう(攻めよう)とした、というのは『吾妻鏡』の潤色であろう。

しかし、小山朝政の計略と反撃に遭い、かつ下河辺行平らに高野の渡しと古河の渡しを押さえられて逃げ場を失い敗北を喫してしまったのである。その後の経過は不明だが、前述のように、数年後、義広は確かに義仲軍に加わり活躍をしていることは間違いない。

以上、齋藤の鎌倉街道中道に関する評価に基づいて、野木宮合戦を素材に中道の存在・利用状況について再検討した。その結果、鎌倉街道中道はまだ整備されておらず、この地域の主要道路は古代以来の南北道路と東西道路の二本であったことが判明した。したがって、頼朝が金砂合戦の後、小栗御厨を経由して葛西清重の邸宅に赴く際に利用したのは、高橋のいうような鎌倉街道下道ではなく、また私が以前主張した中道でもなく、小山から小堤・小手指原・高野の渡しを通過する古代の南北道路であった可能性が高いという結論に至った。前稿の理解をここで改めておきたい。

最近刊行された『茨城県歴史の道調査事業報告書中世編「鎌倉街道と中世の道」』の「8 結城市・古河市周辺の鎌倉街道[24]」には複数の鎌倉街道中道の遺称・遺構の存在が報告されているが、この報告を前提にした今後の調査・研究によって、野木宮合戦の実態もいっそう明確になることを期待したい。

むすびにかえて

四節にわたって治承四年の「佐竹攻め」=金砂合戦における初期頼朝政権の政治史を検討してきた。関係史料も『吾妻鏡』ぐらいしかなく、推測に推測を重ねる結果になってしまったが、以下の諸点を指摘することができたように思う。

①金砂合戦は、富士川の合戦で甲斐源氏に遅れをとった頼朝が源氏の棟梁としての地位を確定すべく、積極的に展開した合戦であった。

②その目的は、佐竹秀義を滅ぼすことにあったが、それだけでなく、富士川の合戦で政権の支配領域である関東の西の境界(=黄瀬川)を確定したことを踏まえて、佐竹氏を常陸国の「奥七郡」に追いやることによって、那珂川河口・涸沼地域を東の境界として確保することにあったと思われる。

③また、これは金砂合戦を開始する時期からの政治的意図であったかどうかは確定できないが、小栗氏・岩瀬氏を味方に付けることによって、小栗御厨と中郡荘岩瀬地域をも掌握し、那珂川河口・涸沼と反対側の常陸国西部の政治的・交通的な重要拠点を押さえることに成功した。

④小栗・岩瀬地域の獲得によって、常陸国南部の支配を万全にするとともに、東山道沿いの北関東に盤踞する新田氏・足利氏・小山氏の動向に圧力をかけ、彼らと奥州藤原氏との連携を牽制することが可能になった。

⑤小栗御厨からの頼朝の帰路については、野木宮合戦が古代の南北道路と東西道路上の諸地点を舞台にしており、とくに南北道路が当時それなりに利用されていたと考えられるから、ふたたび常陸国府に戻って鎌倉街道下道を利用したと考えるよりも、小栗御厨から小山を経由して古代の南北道路を利用して葛西氏の本宅に入った、と考えた方が無理がないと思う。

以上のまとめからも明らかなように、金砂合戦は佐竹秀義追討にとどまらない、初期頼朝政権が政権として自立していくための重要な政治的意図を実現するための戦争であった。とりわけ北関東の豪族的武士団が頼朝政権に帰順していないこの段階において、自らの政権の基本的な支配領域を確定することは喫緊の課題であったと思われる。頼朝は富士川の合戦とこの佐竹攻めの過程でその実現を意図したのである。その結果、繰り返しになるが、黄瀬川と那珂川河口・涸沼そして小栗・岩瀬という関東の西と東を掌握することに成功したのである。

この小栗・岩瀬地域については、宇留野主税の調査・研究成果によって「鎌倉街道」の存在が明らかになり、東海道・鎌倉街道下道と東山道・奥大道とを東西に繋ぐ交通の要衝としての重要性が一層明確になった。また、頼朝の帰路について、古代の南北道路を利用した可能性が高いことを指摘したが、これによっても小栗・岩瀬地域の政治的重要性を示すことができたと考える。このように、小栗・岩瀬そして小山を含む地域は、初期の頼朝政権にとって、平泉政権と対峙しつつ、関東を支配する上での重要な地域であったということができよう。

註

（1）佐竹秀義の本拠が常陸国金砂城であったことから、宮内教男・高橋修はこの合戦を「金砂合戦」と呼んでいる（宮内「鎌倉初期の佐竹氏をめぐって―『金砂合戦』の再検討―」『茨城史学』第二九号、一九九三年。同「金砂合戦と常陸佐竹氏」高橋修編『実像の中世武士団―北関東のもののふたち―』高志書院、二〇一〇年。高橋「内海世界をめぐる武士勢力の連携と競合―金砂合戦（佐竹攻め）の評価をめぐって―」茨城県立歴史館編『中世東国の内海世界』高志書院、二〇〇七年）。宮内が指摘するように「征伐」などという名称は偏った価値観を伴っていることは十分承知しているが、本稿では、本文で展開するように、この合戦は源頼朝のある種の政治的意図のもとで遂行されたと考えているので、その意味がでるように「佐竹攻め」という名称を用いていることを最初にお断りしておきたい。

（2）高橋註1「内海世界をめぐる武士勢力の連携と競合」。

（3）『吾妻鏡』治承四年十月二十一日条。

（4）野口実「平家打倒に起ちあがった上総広常」（初出一九九二年、『中世東国武士団の研究』高科書店、一九九四年）。岡田清一「佐竹合戦と侍所の創設」（初出一九九四年、『鎌倉幕府と東国』続群書類従完成会、二〇〇六年）など。

（5）高橋註1「内海世界をめぐる武士勢力の連携と競合」。

（6）宮内註1「金砂合戦と常陸佐竹氏」。

（7）『吾妻鏡』治承四年十一月八日条。

（8）第五点については、前稿「金砂合戦と初期頼朝政権の政治史」（『帝京史学』第二九号、二〇一四年）で検討したので参照願いたい。

（9）「稲荷社を造営した二人の東国武士」（『朱』第四三号、二〇〇〇年）。なお、岩瀬氏が現在の常陸太田市上岩瀬を本拠とする武士の可能性が高いことを、宇留野主税・高橋修両氏よりご教示いただいた。両氏に感謝するとともに、野口氏の見解も含め、今後の検討課題としたいと思う。

（10）「香取内海の歴史風景」（初出一九九四年、『中世関東の内海世界』岩田書院、二〇〇五年）。

（11）木村「黄瀬川と流人頼朝―初期頼朝政権の一齣―」（初出二〇〇二年、『初期鎌倉政権の政治史』同成社、二〇一一年）。

（12）このシンポジウムは、二〇一二年十二月一日、茨城大学人文学部講義棟一〇番教室で開催された。宇留野のこれまでの研究成果は、茨城県真壁伝承館歴史資料館第三回企画展『歴史の道　鎌倉街道と小栗道』（会期平成二十四年十二月一日〜同二十五年三月十七日）「図録」に要領よくまとめられている。本稿をまとめるにあたって本図録も参照させていただいた。なお、宇留野の研究成果を含めた「茨城県歴史の道調査事業」は、茨城県教育委員会編『茨城県歴史の道調査事業報告書　中世編「鎌倉街道と中世の道」』（二〇一五年）として刊行されている。

（13）長年にわたり葛西御厨と葛西氏の研究に携わってきた谷口榮は、「貴種頼朝との関係を強くするための行為であろう」と評価している（「葛西清重の軌跡」埼玉県立嵐山史跡の博物館・葛飾区郷土と天文の博物館編『秩父平氏の盛衰』勉誠出版、二〇一二年）。

（14）註12。

（15）拙稿「金砂合戦と初期頼朝政権の政治史」（註8）、拙著『頼朝と街道―鎌倉政権の東国支配』（吉川弘文館、二〇一六年）。

（16）齋藤「鎌倉街道中道と下野国」（栃木県立文書館編『戦国期下野の地域権力』岩田書院、二〇一〇年）。

（17）『吾妻鏡』文治五年七月十七日条。

（18）『吾妻鏡』養和元年閏二月二十日条。

（19）寿永二年説：石井進「志太義広の蜂起は果たして養和元年の事実か」（初出一九六二年、『鎌倉武士の実像』平凡社、一九八七年）。養和元年説：菱沼一憲『中世関東武士の研究　源範頼』総論（戎光祥出版、二〇一五年）、同「野木宮の合戦再考」（『地方史研究』第三七九号、二〇一六年）。

（20）『吾妻鏡』養和元年閏二月二十日条〜二十八日条など。

（21）「8　下総猿島郡・結城郡の道」（宇留野主税執筆、茨城県教育委員会編『茨城県歴史の道調査事業報告書　古代編』二〇一五年）。

（22）註21に同じ。

（23）『吾妻鏡』元暦元年五月十五日条には、「此義広者、年来含反逆之志、去々年、率軍勢、擬参鎌倉之刻、小山四郎朝政

依相禦之、不成而逐電、令属義仲訖、義仲滅亡之後、又逃亡」と記されている。

（24） 本書「第1部論考編」内山俊身論考参照。

〔補註〕 本稿は、先に発表した「金砂合戦と初期頼朝政権の政治史」（註8）を元にしているが、前稿の「3 葛西清重への丸子荘給与と武蔵国府の善政」を削除し、それに代えて「4 頼朝の帰路と古代の復元道路」を書き加えた上、それにあわせて全体的に文章を調整していることをお断りしたい。

鎌倉街道と町場
——常陸国中郡の宿と町——

宇留野 主税

はじめに

常陸、北下総の鎌倉街道では、道沿いに中世の集落跡があった。それらは、鎌倉街道の分岐点、交差点、河川や水路等に近い交通の要地にあって、「宿」「町」の名を今に伝える「町場」と思われる。町場は、古代・中世の伝承を持つ寺社や中世城館との関係を想定でき、近世史料に「市場」や「市神」を記すところもあった。[1]
茨城県歴史の道調査事業報告書(以下、県報告と略記)に収録された中世の町場は、利根町の布川城下の「宿」、土浦市の佐野子町字「宿町」ほか三カ所、稲敷市の「古渡津」と「浦戸宿」、古河市内では古河城下の宿町、女沼宿、関戸の町屋等がある。桜川市と筑西市では、青木の上宿ほか四カ所と犬田神社前遺跡、金谷遺跡があり、未報告の富谷、岩瀬、鍬田を含めた町場は一〇カ所を数え、多くの町場の痕跡が見出されている。[2]
東国では、町場と武家の拠点とが深く関わる傾向にあって、本書序論の高橋論文でも指摘されているように、天慶三年(九四〇)成立の『将門記』に見られる平将門の「営所」と「宿」の記載は、いわば武家拠点と町場との関係を示す原型の一つとなろう。本稿の対象となる中世においても、武家の拠点に都市・交通・物流を支える「街道と町場」が営まれていた。最近では武家による在地支配を考える上で、耕地・水利開発とともに、街道・町場の機能に注目が

集まり、その類型化も図られるなど、歴史的意義が追求されつつある。(3)

関東地方の鎌倉街道と関わる町場の構造は、発掘例から知ることができ、十三世紀を中心とする下古館遺跡(栃木県下野市)、十四世紀前半から十六世紀初頭の堂山下遺跡(埼玉県毛呂山町)が代表的事例である。(4) 前者は集落の中央を走る奥大道を軸に、内外を方形に区画するのが特徴で、区画内には方形竪穴遺構、地下式坑、宗教施設などを配置する。後者は、街道に面する短冊状地割と、背後の大規模な区画が並ぶ町場で、方形に内と外を囲い込まず、街道に面した町場であった。

下古館・堂山下の両遺跡のように、街道と町場の構造と変遷がわかる発掘調査は数も限られ、現状では考古学だけでなく、文献史料・地名・地籍などをもとにした歴史地理学的な考察が重要になってくる。筆者もかつて歴史の道調査事業報告書刊行前に茨城県桜川市の犬田神社前遺跡と金谷遺跡を検討したことがあるが、(5) 再検討の結果、この二遺跡は鎌倉街道に関わる集落跡であることが明らかになった。そこで本稿では、この結果に新たな所見を加えて再論し、歴史地理学的な考察を富谷と岩瀬で試み、常陸国中郡における「街道と町場」の歴史的意義を考えたい。

1 歴史・地理的位置

中世の中郡地方は、桜川市北部の旧岩瀬町が概ねその範囲である(図1、資料編地形図)。旧国名では常陸国西部にあって、下野国(栃木県)との国境に位置した。資料編と論考編の地形図を見ればわかるように、関東平野の北辺にあたり、茨城県北部の八溝山系が筑波山塊へと延びる山並みの山麓地域でもある。平地と山地の境目にあるのが、中郡地方の大きな特徴であった。

中郡地方で町場が成立した要因は、下野国や奥羽と接していたことが大きいと思われる。東国の大道脈の古代東山

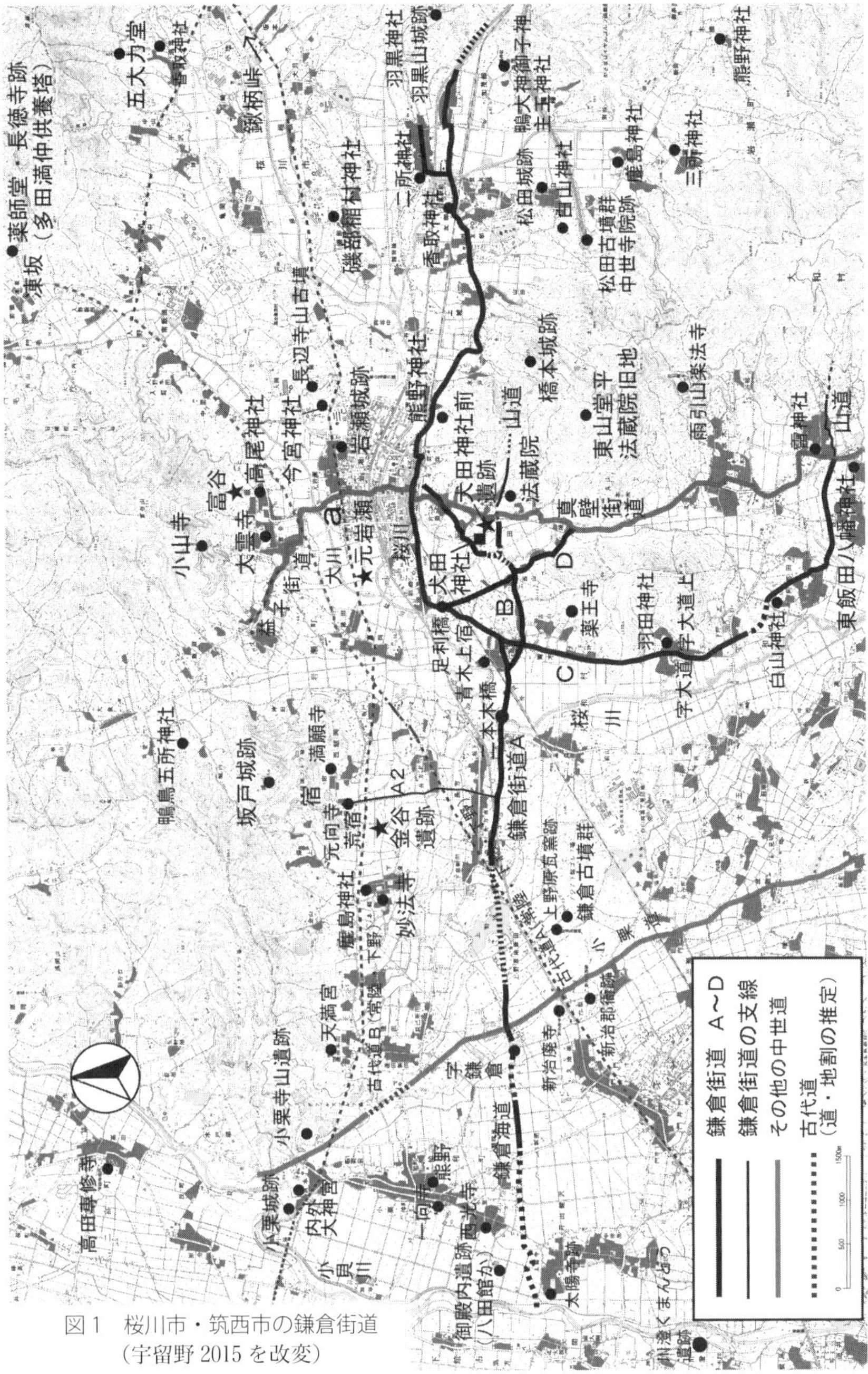

図1　桜川市・筑西市の鎌倉街道
（宇留野 2015 を改変）

道は下野国を東西に横断し、平安京と関東、奥羽を結んでいて、中世には鎌倉街道中道(奥大道)が整備され、宇都宮、小山等の都市が成立した。その物流や交流は、隣接する中郡地方にも及んだであろう。

資料編拙稿にあるように、中郡地方の鎌倉街道は、東は東郡、西は小栗御厨、南は真壁郡に達するが、伝承として北の「奥羽への道筋」も伝えられている。桜川市本郷の「妙法寺由緒記」に登場する「鎌倉街道」の記述をはじめ、前九年・後三年合戦の源頼義、義家の神社参拝伝承があり、奥羽への道筋が強く意識された地域でもあった。

中郡地方の武家は、源義家や源義朝の家人の中郡氏(大中臣氏)が勢力を築き[(6)]、平氏政権下の長寛二年(一一六四)、京都蓮華王院の院領として中郡荘を立荘するなど、中央政権と関わる要地でもあった。『吾妻鏡』によれば、治承四年(一一八〇)十一月の金砂合戦後、源頼朝は鎌倉への帰路、小栗御厨の小栗十郎重成の八田の館を訪れている。頼朝の行程は不明だが、常陸国府から中郡地方の鎌倉街道を通るか、真壁郡の「小栗道」を利用して小栗に向かったと想定され、中郡地方を含めた筑波山北西麓地域の掌握を目的とした行動と考えられる[(7)]。

2　平地と山地の鎌倉街道

中郡地方の鎌倉街道は、東西道と南北道がある。東西道は「小栗・羽黒線」(以下A道)、A道の支道「青木・犬田字大坪線」(以下B道)がある。南北道は青木の足利橋から真壁郡北部への「青木・東飯田線」(以下C道)、青木足利橋から本木への「青木・本木線」(以下D道)である。

A道は平地から、最終的に山道の鍬柄峠を越え東郡(笠間)へ向かうという。B道は犬田から法蔵院(真言宗)北の山道へ続く。中世以前の法蔵院は、山内の「東山堂平」にあった(図1)。

C道・D道は青木から真壁郡の本木、東飯田の真壁八幡付近に達する。C道とD道も山道へと続き、本木から雨引山へ、東飯田から加波山への道筋となる。山道は加波山、足尾山などにあった山岳霊場への登山道でもあった。中郡地方の山道で鎌倉街道とされるのは鍬柄峠のみだが、「雨引道」、「真壁道」などの名称を伝える山道もある。中郡地方では平地に続く「山地の鎌倉街道」や、それに準じた山地の幹線道の存在を想定しておきたい。

長野県等の山地の鎌倉街道は、峠越えや尾根道が多いという。山地の道は雨水の影響が少なく、橋も最小限で済み、維持管理が容易な軍道であった。牛も怖がらず、日常的な交易・流通の道として「牛道」の名称もあるという(8)。

平地の鎌倉街道につながる筑波山塊の山道は、永享十二年(一四四〇)の結城合戦の軍道となった可能性もある。結城合戦の挙兵地は中郡地方であった。常陸小田氏一族で筑波山中禅寺別当の筑波玄朝は、足利春王丸、安王丸が挙兵した中郡木所城(橋本城跡・桜川市上城)に馳せ参じた(9)。筑波玄朝の拠点・筑波城は、筑波山の南山腹、標高二五〇メートル付近(現・つくば市筑波字東山付近、筑波山神社の南東)にあり(『筑波町史上巻』)、そこから筑波山塊の「山地の鎌倉街道」を利用して、山塊最北端の木所城に達した後、平地の鎌倉街道を使って結城へ向かったと思われる。中郡地方の鎌倉街道の特徴は、平地と山地の道を組み合わせた交通体系にあった。

3　犬田神社前遺跡

犬田神社前遺跡は中郡地方の中央南寄りに位置する桜川市犬田にあり、南は真壁郡との郡境である(図2)。室町時代の犬田は幕府御料所「犬田郷」と呼ばれたが(10)、遺跡の場所は、東に山並みを望む平地にあり、平地と山地の境目にあった。鎌倉街道B道が集落南辺を東西に走る。

遺跡の存続期間は、古代以前の遺構群と、十三～十六世紀代にまたがっており、古代から中世にかけての遺跡である。検出された遺構には、鉄鏃が多数出土した十一世紀代の竪穴住居(48号住居・武人住居)や、十二世紀末頃の銅造

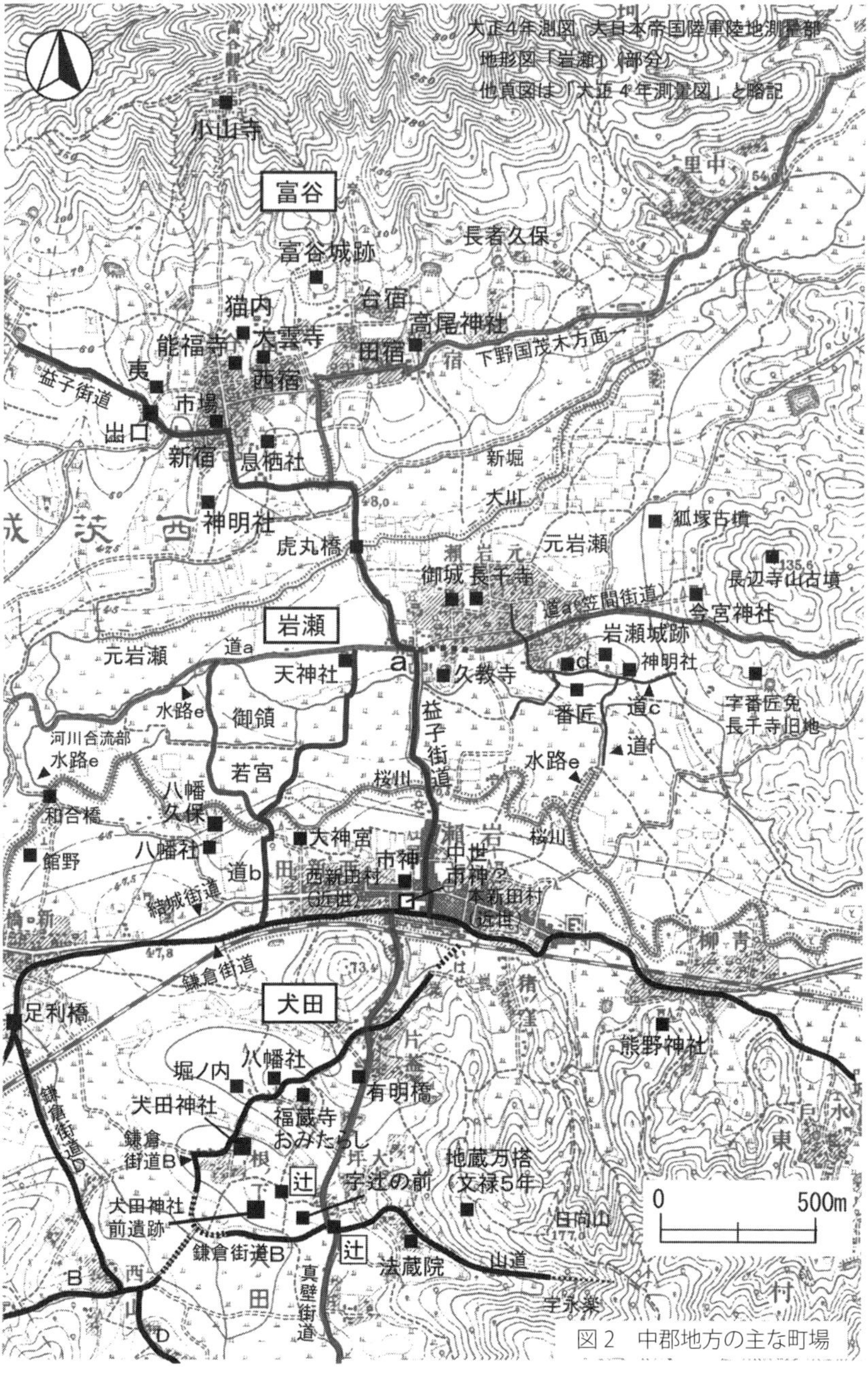

図2　中郡地方の主な町場

観世音菩薩立像出土土坑(SK838)、さらには、かわらけの一括廃棄に似た出土遺構として、十二世紀後半から十三世紀前半の土器皿の一括出土土坑(SK2642)がある(図3)。

なお、以下の「地名」表記は字名、道や水路等の英語表記は仮称である。

(1) 二つの「辻」と方形区画

鎌倉街道は、中世前期のB古道(出土した道路跡)と中世後期のB新道があり、遺構群はB新道の北側にあった。

中世前期のB古道は幅五~六メートルほどで、北辺に長さ約一〇〇メートルの側溝(SD15)がある。道筋は東方の字「辻ノ前」を経て、真壁街道に達する。真壁街道は真壁郡の山麓地域を南北に貫く道で、現在も幹線道路の一部となっているが、中世道の可能性が高い道である。辻となる十字路(以下、辻と仮称)は集落の高所にあり、中心的な位置にあった。先述の武人住居(48号住居)と観音像出土土坑は、ともに「辻ノ前」で出土した。この「辻」からやや離れた、集落の北西域には、通称地名の「堀ノ内」「おみたらし」のほか、八幡社(伝・文正元年〔一四六六〕創建)と、その別当寺で本山修験の有力寺院であった福蔵寺(廃寺)などがあり、武家拠点と寺社からなる町場は辻とはやや距離を置いて存在していたことがうかがえる。

B古道沿いの遺構群は、十三~十五世紀である。道の北側に延びた南北方向の区画溝をもとに街区を推定すると、方八〇メートルほどの二つの方形区画が、東西に並ぶ構造と考えられる(区画①、区画②)。

中世後期のB新道は、低地と平地の間をぬうように幅四メートルほどの道が東西に走る。年代は十五世紀後半から十六世紀代である。B新道沿いも、二つの方形区画が東西に並ぶ(区画③、区画④)。B新道には、真壁街道との交差点があり、「真壁街道の辻」を形成している。道筋は、東の山道へ続き、法蔵院旧地「東山堂平」方面へ延びる。

犬田神社前遺跡で注目される遺構は、小さな柱穴状の「ピット群」である。これを前稿では、仮設的な市場の商業

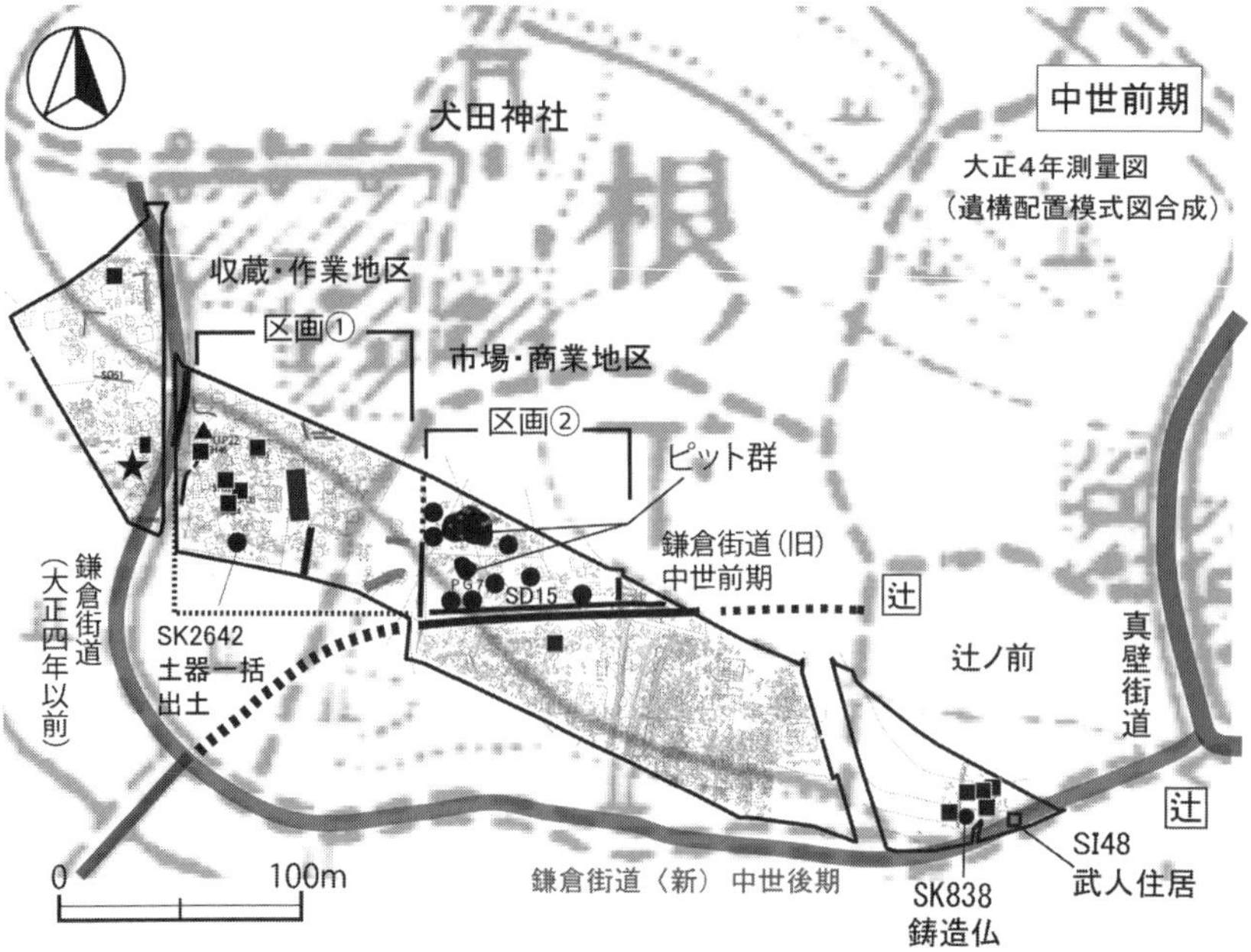
中世前期
犬田神社
大正4年測量図
（遺構配置模式図合成）
収蔵・作業地区
区画①
市場・商業地区
区画②
ピット群
鎌倉街道（旧）
中世前期
辻
SD15
SK2642
土器一括
出土
鎌倉街道（大正四年以前）
辻ノ前
真壁街道
辻
SI48
武人住居
SK838
鋳造仏
鎌倉街道〈新〉 中世後期
0
100m

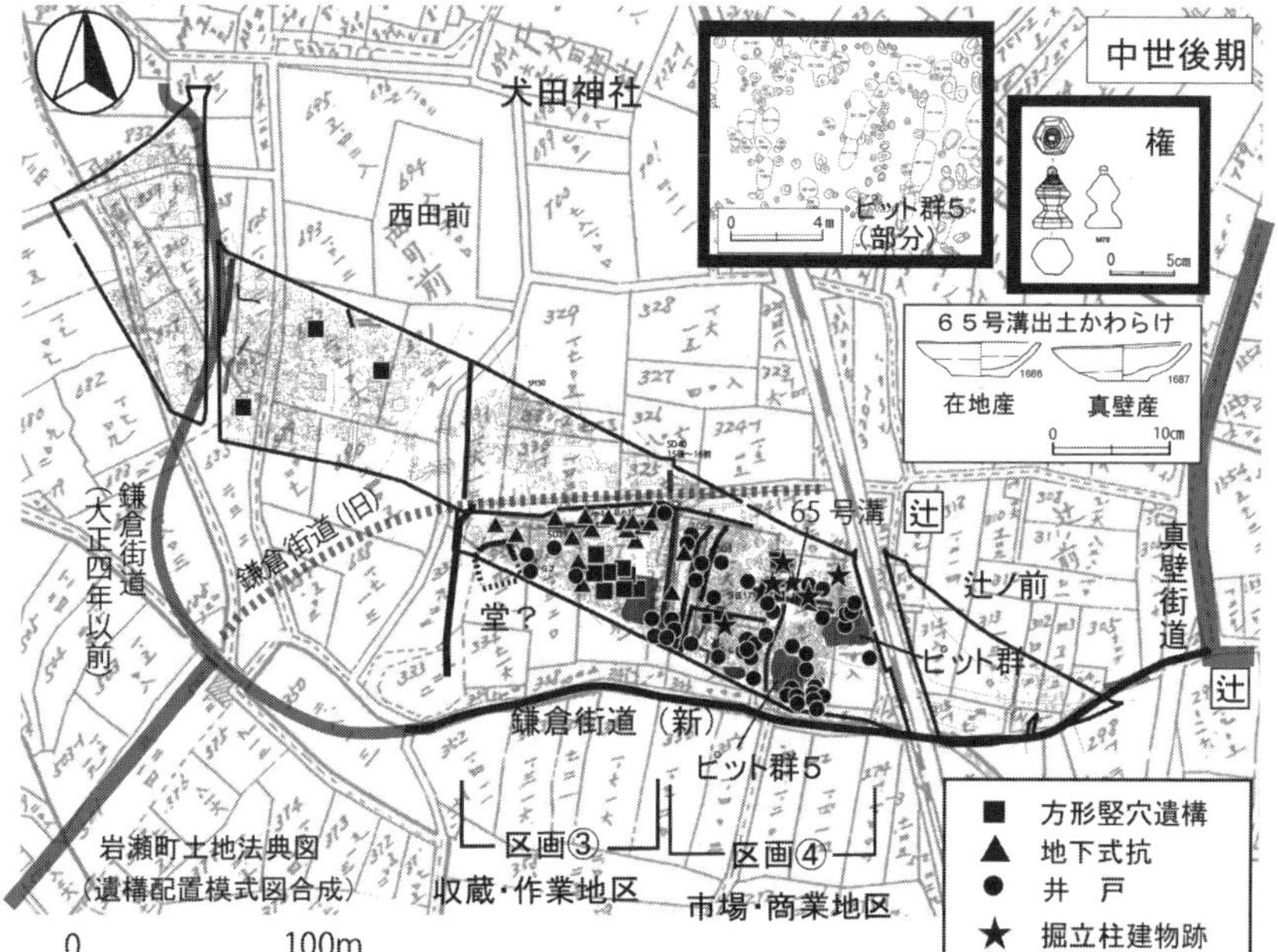
中世後期
犬田神社
西田前
ピット群5
（部分）
0
4m
権
0
5cm
65号溝出土かわらけ
在地産
真壁産
0
10cm
65号溝
辻
辻ノ前
真壁街道
辻
鎌倉街道（旧）
鎌倉街道（大正四年以前）
堂？
ピット群
鎌倉街道（新）
ピット群5
岩瀬町土地法典図
（遺構配置模式図合成）
区画③
収蔵・作業地区
区画④
市場・商業地区
方形竪穴遺構
地下式抗
井　戸
掘立柱建物跡
溝・堀
0
100m

図3　犬田神社前遺跡

施設と考えたが、「ピット群5」から出土した中世後期の「権」は、重さを測る度量衡の道具であるから、仮設の施設には不似合いな遺物である。仮設施設とともに、常設の交易管理の施設も近くにあったのかもしれない。

時代は下がるが、犬田神社前遺跡の北にある犬田神社には、宝永三年（一七〇六）、香取明神（犬田神社前身）の棟札に「禰宜市大夫秀定」との記述があり、また延享四年（一七四七）の「犬田村差出帳」にも香取明神禰宜「市大夫」とある。これらの由来は不明だが、「市場」や市の祭礼を想像させる史料であり、近世以前における遺跡周辺の場の性格を語っている可能性があろう。

(2) 町場の変遷―方形区画の維持、配置の変更―

鎌倉街道B道と出土遺構は、B道の新旧とも、方八〇メートルほどの二つの方形区画が東西に並ぶ構造であった。中世前期は区画①と②、中世後期は区画③と④である。年代を経ても基本構造は維持される一方で、犬田神社と「辻ノ前」の「辻」付近から、南東の「真壁街道の辻」側へと、その位置を移している点に注目しておきたい。

方形区画の内部は、新旧とも、西側の区画①（方形竪穴遺構群）と区画③（方形竪穴遺構群・地下式坑群）が、収蔵施設や職能民の作業区域と思われる。一方、東側の区画②（井戸とピット群）と区画④（井戸、ピット群、掘立柱建物群）は、市場や商業区域と考えられる。町場は、中世前期・後期ともに城館やその関連する町場と距離を置いた、市場集落と考えられる。では、市場集落の移設には、どのような歴史的背景が考えられるのであろうか。

そこで注目したいのは、犬田神社前遺跡から出土する十六世紀の真壁地域産の「かわらけ」（土器皿）である。十六世紀代のかわらけは、寺社等で使用される宗教的な器であると同時に、地域支配の拠点となる武家の城館で多数出土する傾向があり、武家の威勢を示す接待道具としても利用される。真壁地域産のかわらけは、真壁氏の領域にだけ分布するが(11)、犬田神社前遺跡でこのかわらけが出土するのは、真壁氏の市場集落への影響と捉えておきたい。

その影響は、中世後期のB新道と方形区画が、前期の市場集落の構造を維持しつつ、犬田神社に近い「辻」から「真壁街道の辻」近くに移り、東方の山道への道筋も整備されるという一連の動きに読み取ることができる。すなわち、武家勢力の真壁氏が鎌倉街道と真壁街道という二つの幹線道を接続し、さらに山道への導線も整備するなかで、町場の発展を促したのであろう。

4 金谷遺跡

金谷遺跡は桜川市西飯岡にあった古代以前の遺構群と十三世紀半ば〜十六世紀に断絶と再開発を繰り返す集落跡である。古代の坂戸郷の官衙的な掘立柱建物跡や古代道もみつかっており（県報告拙稿）、古代の土器には「八俣」「道」「牛」など、交通との関わりを示す銘が記されている。ここは古代の交通路を扼する官衙関連の集落跡だが、中世の町場に生まれ変わった遺跡であった。

(1) 工人集落と坂戸城下の町場

遺構群は、中世前期と後期に分けられる（図4）。中世前期は十三世紀半ば頃の鉄製品生産に関わる工人集落で、遺跡東部に延びた鎌倉街道A道の支道「南北道A2道」を中心に形成された。主な遺構には、方四〇メートル前後の範囲を溝で囲う方形区画が複数あり、区画内に作業場や物資の収蔵施設と思われる方形竪穴遺構がある。区画周囲は、炉跡、鋳造関連土坑、鉄滓の廃棄場、粘土の加工場などが出土した。

この時期の中郡地方は、①貞永元年（一二三二）、所領内騒動で中郡氏が地頭職を没収され、②安達氏が領主となるが、③弘安八年（一二八五）の霜月騒動で安達氏が滅ぶと北条家得宗領となり、④鎌倉幕府滅亡、南北朝内乱と続く。(12)

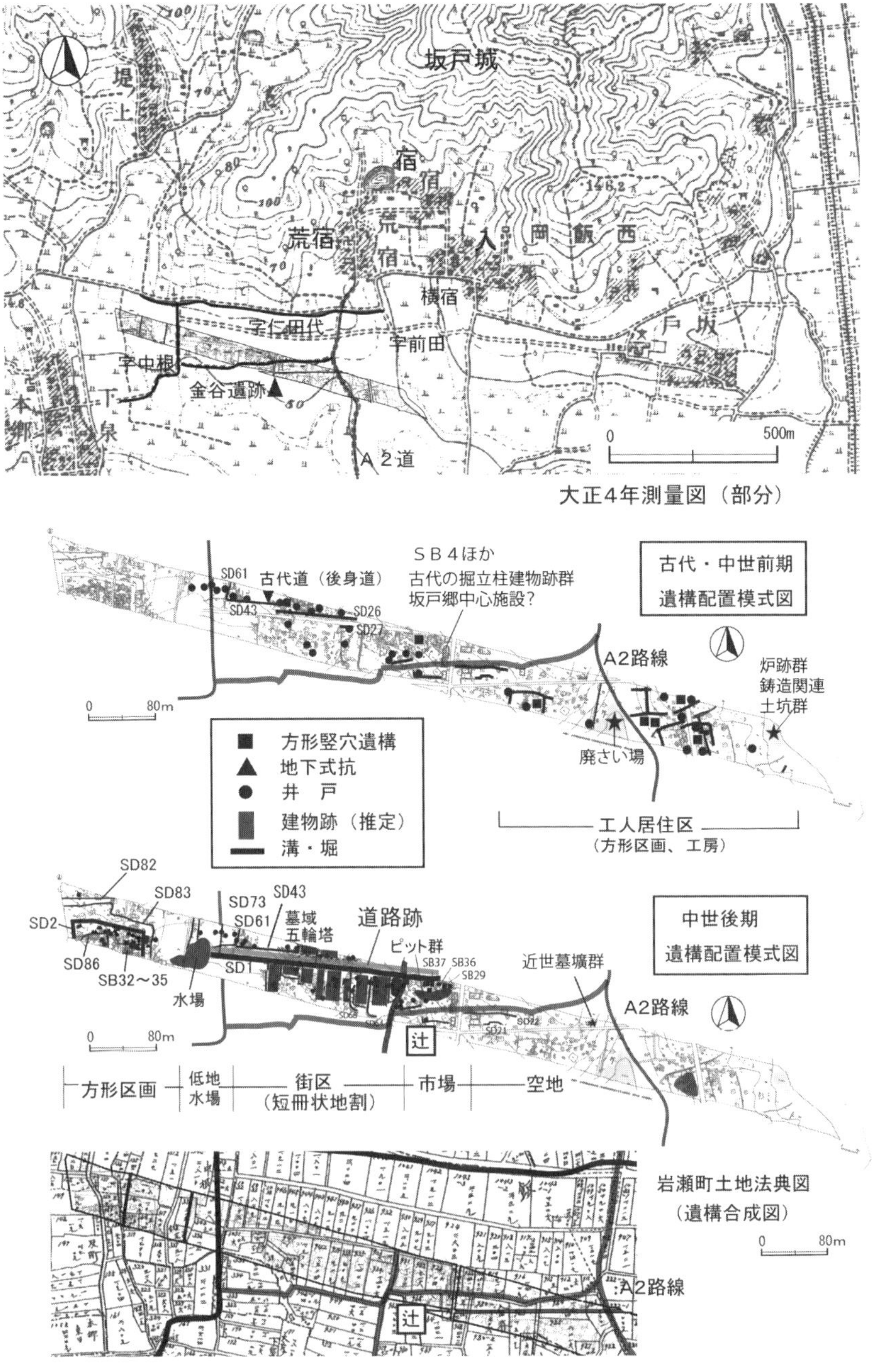
坂戸城
堤上
宿
宿
荒宿
荒
宿
入
岡
飯
西
横宿
字仁田代
字前田
字中根
金谷遺跡
本郷
下泉
A2道
0
500m
大正4年測量図（部分）
ＳＢ４ほか
古代の掘立柱建物跡群
坂戸郷中心施設？
古代道（後身道）
SD61
SD43
SD26
SD27
古代・中世前期
遺構配置模式図
A2路線
炉跡群
鋳造関連
土坑群
廃さい場
0
80m
方形竪穴遺構
地下式抗
井戸
建物跡（推定）
溝・堀
工人居住区
（方形区画、工房）
SD82
SD83
SD73
SD43
SD61
墓域
五輪塔
道路跡
SD2
SD86
SB32～35
SD1
水場
ピット群
SB37
SB36
SB29
近世墓壙群
中世後期
遺構配置模式図
A2路線
SD22
SD21
辻
0
80m
方形区画
低地
水場
街区
（短冊状地割）
市場
空地
岩瀬町土地法典図
（遺構合成図）
0
80m
A2路線
辻

図4　金谷遺跡

工人集落は十四世紀半ば頃廃絶し、十四世紀末まで空白期間となるため、A２道と工人集落は③の北条得宗家の関与で成立し、鎌倉幕府滅亡により廃絶したのであろう。遺跡の空白期間は、概ね南北朝内乱期にあたり、中郡地方は足利氏直轄領であったから、南朝軍との戦場にもなっていた。

中世後期は、十四世紀末頃、方形区画、街路、短冊状地割、市場遺構等からなる、町場が成立する。遺跡の北は字「城山」(通称坂戸山)で坂戸城が築かれているが、『新編常陸国誌』によると、応永年間(一三九四〜一四二七)、宇都宮氏一族の小宅高国の構築といい、応永三十年(一四二三)、足利持氏に反した小宅氏が坂戸で宍戸持朝と合戦に及んだという(一木文書『茨城県史料中世編Ⅲ』四号)。十五世紀初頭の坂戸周辺は宇都宮氏領であった。

この坂戸城の山下には、「宿」「横宿」「荒宿」と宿地名がならんでいて(図４)、ここに弘法大師の高弟、真雅の開山という満願寺(真言宗)や、一向俊聖上人が弘安年間(一二七八—一二八八)開山した元向寺がある(近世に城内の伊勢代から荒宿へ移転)。いずれも伝承にすぎないが、坂戸城は「聖なる山」を城に取り立てたものだったのかもしれない。

そのほか坂戸に関する史料をみると、貞治二年(一三六三)の結城直光による中郡庄押領事件(上杉家文書『結城市史』史料編一一二号)や、弘治二年(一五五六)に結城政勝が富屋郷(富谷)、飯岡郷、坂戸郷の坂戸周辺をはじめ、中郡西部の八郷を自領の高橋神社(小山市)に寄進する史料があって(高橋神社文書『結城市史』史料編八号)、坂戸周辺は宇都宮氏と結城氏の争奪地となっていたことがわかる。

その後、天正八年(一五八〇)、結城晴朝は小栗の関と坂戸の通行管理を丹下氏に指示し(今井文書『結城市史』史料編二号)、多賀谷壱岐守を富谷に配置するなど(毛利家文書『結城市史』史料編二)、小栗、坂戸、富谷周辺は、結城氏の勢力圏となった。[13]

(2) 町場の変遷—工人集落の廃絶、伝馬宿の成立—

中世前期の鎌倉街道支道「A2道」を軸に成立した工人集落（鉄製品）は十四世紀半ばに廃絶し、中世後期に続く遺構と遺物がみられず、中世後期になると、突如として遺跡の西部に新たな方形区画、道、短冊状地割をもつ市場が整備された。

遺跡の西端にある方形区画は、十五世紀後半は方一〇〇メートルほどの一重溝（SD83）で、十六世紀前半には二重溝（SD83、SD86）となり、その外周溝の内側に柵が設けられ、防御性を高めている。十六世紀前半の区画内部は方形竪穴遺構や地下式坑が集中し、二重溝の内周溝と外周溝の間（最大幅約五二メートル）は、ほぼ地下式坑群のみとなっていた。

短冊状地割をもつ町場は十六世紀後半に廃絶するが、2号堀（SD2、上幅四・六四メートル、深さ一・六メートル）に囲まれた方八〇メートルほどの方形区画のみが残る。区画内部は西が墓域、東は掘立柱建物跡と方形竪穴遺構、地下式坑群となった。

幅員約八メートルの東西道は、両側側溝をもち、南側溝が1号堀（SD1、上幅二・二メートル、深さ一・六メートル、十五世紀末～十六世紀前半）、北側溝がSD43（上幅一・四メートル、深さ〇・二メートル、十五世紀以降）である。道沿いには南北溝が南に向かって幾重にも並び、これを間口約一六～二〇メートル、奥行き約四〇メートルの短冊状地割と想定した。道の東端にはピット群があり、市場の仮設的な施設と推定する。市場よりも東側に中世遺跡は広がらず、市場は空閑地と短冊状地割の境界に置かれており、南方、下泉地区の境界には犬田神社前遺跡付近と同様に「辻」が存在したと思われる。

十六世紀前半に金谷遺跡の方形区画が防御性を高めているのは、坂戸城との強い関係性が想定され、幅員八メートルの大規模な道路、道沿いの短冊状地割（商工業地区）、隣接する市場が計画的に並ぶ町場の成立をみる。しかし、十六世紀後半に突如、町場は消滅し、方形区画のみ残った。

金谷遺跡の前身が古代交通に関わる集落であった点や、幅八メートルの大きな道跡から判断して、この遺跡は中世の「伝馬宿」等が置かれた物資逓送の円滑な運用を担う集落であったと想定されよう。しかし、その成立と廃絶は前後の系譜に続かず、政治主導の計画的整備であることを強く印象付ける。城と交通体系の改変により、役割が終われば町場は廃絶し、その機能は坂戸城下や別の宿に移管または統合されたのであろう。近世以降には継続せず、埋もれた町場の遺跡となる理由もそこにあった。

5　富谷の町場

富谷は、中郡地方の中央北部、富谷山麓に抱かれた桜川市富谷にある。鎌倉街道A道と交差した真壁街道(岩瀬以北は益子街道)が元岩瀬を経て富谷に達し、西の益子方面、東の茂木方面に向かう分岐点であった(図2)。

(1) 富谷の構造と水路、市場

町場は富谷城と接する高台の「台宿」、その南の「田宿」、大雲寺周辺の「西宿」、西宿から西へ派生する「新宿」(通称地名、民俗調査)があり、水路a〜e(仮称)と地形から、町場の構造が読み取れる(図5)。

まず、町場の東の境界は水路aで、高尾神社の東側を抜けて新堀へ注ぎ、水路から東は低地となる。町場の西は水路dが境界で、「観音峰」から「花立」に向かって流れ下り、「桜窪」から発する水路eと合流して新堀へ注ぐ。町場の西には通称「出口」がある。町場の南は大川岸で、「馬場」、「小聖」などの地名が並ぶ。北は富谷山が境界である。

水路bとcは「滝ノ沢」の沢水を水源に「城ノ内」(富谷城跡)の東の堰で、水路bと水路cに分岐する。水路bは「台宿」「田宿」から「帰葉・かえるっぱ」と「息栖」の間を流れ、新堀に注ぐ。水路cは「城ノ内」、「西宿」、「息

図5　富谷の景観（岩瀬町土地法典図「富谷」を一部改変）

栖」を経て、新堀から南の大川まで達する。かつてあった水上交通の神とされる息栖社(元禄十三年「富谷村差出帳」)の占地をふまえると、水路cの流路は、西宿と大川をつなぐ水運として利用されていたことが想定される。

地割を観察すると、台宿と田宿には略方形の地割がブロック状にいくつか並んでおり、西宿の大雲寺も同じく方形の大きな地割で囲まれ、その南側に短冊状の地割がみえる。西宿が寺社と職能民の町場なら、台宿・田宿のブロック状の地割は富谷城下の家臣屋敷であろうか。また新宿にも神明社の西に短冊状地割があるが、ここは町場なのだろう。

近世の富谷は、月六度の市と、十一月の大市があった(「明治四年差出帳」)。市は西宿から新宿への分岐点f付近に立った。市神は「夷」と思われる。元禄十三年差出帳に「夷宮　長太夫支配」、明治四年差出帳に「夷小社　森田亀五郎支配」とある。現在の森田姓の住居を参考にすると、新宿の西端から通称「出口」付近が「市」の有力候補地である。ここは、益子街道、町場西端、小栗・結城方面への道筋の交点でもあった。

(2) 町場の成立過程

富谷の町場は、小山寺とその山下集落(西宿の西辺を走る街路付近)が起源であろう。同寺は聖武天皇の勅願により行基が開基したと伝わる寺で、小山寺となる前は「施無畏山宝樹院長福禅寺」と称したという。同寺の相輪刻銘は「常州中郡庄小山寺山長福寺」とあり、寛正六年(一四六五)多賀谷朝経の寄進を記している。

富谷城に接する「台宿」が次に成立したであろう。ここは古墳群が点在する山麓エリアから東西に伸びる古くからの道を利用した宿である。富谷城の年代・構造は不明だが、戦国末期は結城氏の支配下にあった。

台宿の南の微高地にある「田宿」は次に成立したと考えられる。高尾神社は、建武三年(一三三六)、北方の権現峰(不明)からの移転といい、同社は養和年中(一一八一―一一八二)に畠山重忠の参拝伝承、建武年中に万里小路藤原藤房の参拝伝承がある。(14)

西宿は、「台宿」「田宿」の後に成立した西の宿であろう。西宿と城ノ内の境には、雛壇状地形の「猫内」がある。「ねこうち＝ねごやうち」とすれば、富谷城の根小屋の可能性がある。根小屋は城ノ内、西宿、大雲寺境内の接点にあり、町場を統合する機能もあったのだろう。大雲寺(曹洞宗)は結城政勝の法名大雲藤長から名付けた寺院で、天文二十一年(一五五二)銘の結城政勝の自画自讃が残る。(15) 能福寺(時宗)は、正中二年(一三二五)、加藤大隅守創立と伝わる。西宿は、中世前期からあった小山寺や能福寺門前の町場が、大雲寺開山を機に西宿として統合されたと考えられる。この西宿から派生するのが新宿である。その南には神明社周辺に短冊状地割が形成されている。

富谷の町場は、水路や益子街道によって発展した、寺院の町場(西宿西辺街路)と城館の町場(台宿、田宿)があった。天文期以降、結城氏が大雲寺を中心に西宿や根小屋を整備することで、宿が統合されたと考えられる。

6　岩瀬の町場

岩瀬地区は中郡地方の中心に位置する(図2)。近世は本岩瀬村、本新田村、西新田村にあたる。なかでも本岩瀬村、現在の元岩瀬地区は重要な位置を占めていた。本岩瀬村他二村の惣鎮守は、本岩瀬村の今宮神社(伝・室町時代創建、祭神誉田別命)であったという。中世史料は見出されていないが、本岩瀬・本新田・西新田の三村は中世以前に遡る一つの集落であった可能性がある。今宮神社のある長辺寺山は、市内最古の狐塚古墳、市内最大の長辺寺山古墳(四～五世紀)があり、下野国と常陸国を結ぶ古代道が通じていた(県報告拙稿)。元岩瀬地区は、古墳時代以降、中郡地方全体の開発を担った拠点であり、重要な位置を占めた地域であろう。鎌倉街道A道は、西新田村および本新田村の南、犬田村との境を東西に走る。本岩瀬村はこの二村の北にあって、地内を益子街道(犬田以南は真壁街道)が通る。

岩瀬を中心とした中郡地方から西に向かえば小栗御厨に達し、そこから下野国を北上する奥大道を使えば奥羽に至ることができる。このルートに注目した木村茂光は、鎌倉幕府成立期の政治史的観点から、岩瀬地域は奥羽を見据えた奥大道に近い下野国境に位置する点、佐竹氏の勢力圏であった常陸国奥七郡（茨城県北部地域）との境界にも位置することを踏まえて、岩瀬の交通体系上の重要性を指摘している。[16]

(1) 元岩瀬の町場と市場

元岩瀬は、南に桜川、北に大川、西は上記両河川の合流部に囲まれ、長辺寺山を起点にして東から西へと丘陵、平地、低地が広がる。町場は益子街道（真壁街道）の東側にあり（図2）、地内中央の東西道ａ（以下道ａ）沿いに屋敷、寺院跡、街路が展開している。町場の街区は東から西へと通称「上・中・下」と呼ばれ、厳密な境界は不明だが、上宿・中宿・下宿に類する町場が想定される。道ａは、小栗地域から長辺寺山を目指すように伸び、鍬柄峠へ向かう古代道の推定地である（県報告拙稿）。伝承では、道ａを「笠間街道」という。[17]

鎌倉街道Ａ道と元岩瀬地内は二本の南北道が繋ぐ（図2、図6）。一つは大神宮（伝・室町時代創建）と「八幡久保」八幡社の間を北上して桜川を渡り、「若宮」から「御領」の西辺を通る道ｂである。都市化以前、ｂ道沿いは、方一〇〇～二〇〇メートル前後の方形区割の耕地であった（図6）。周辺は、寺社が点在し、天神社とその巡礼路もあったという。小字の「八幡久保」「若宮」「御領」は、中世武家の地域開発を想起させる。

もう一つは、益子街道（真壁街道）である。益子街道は「御領」と「水道」の間を通り、大川の虎丸橋を渡り、富谷へ続く。元岩瀬に宿、町の地名はないが、かつては「堀の内」「名小路」「中城」「加良女」などがあり（『新編常陸国誌』）、城館と街区の町場が展開していた。現在も方八〇～一〇〇メートル前後の武家屋敷と思われる方形区画、短冊状地割、街路がある。方形区画は、街路側を小区画に分割するものもあり、武家屋敷の一部を従者や職能民地区とした中世都市・城下町街区に似る。[18] 道ａ沿いは、他に岩瀬城跡や通称地名「御城」、寺院跡、中世・近世の石造物等が

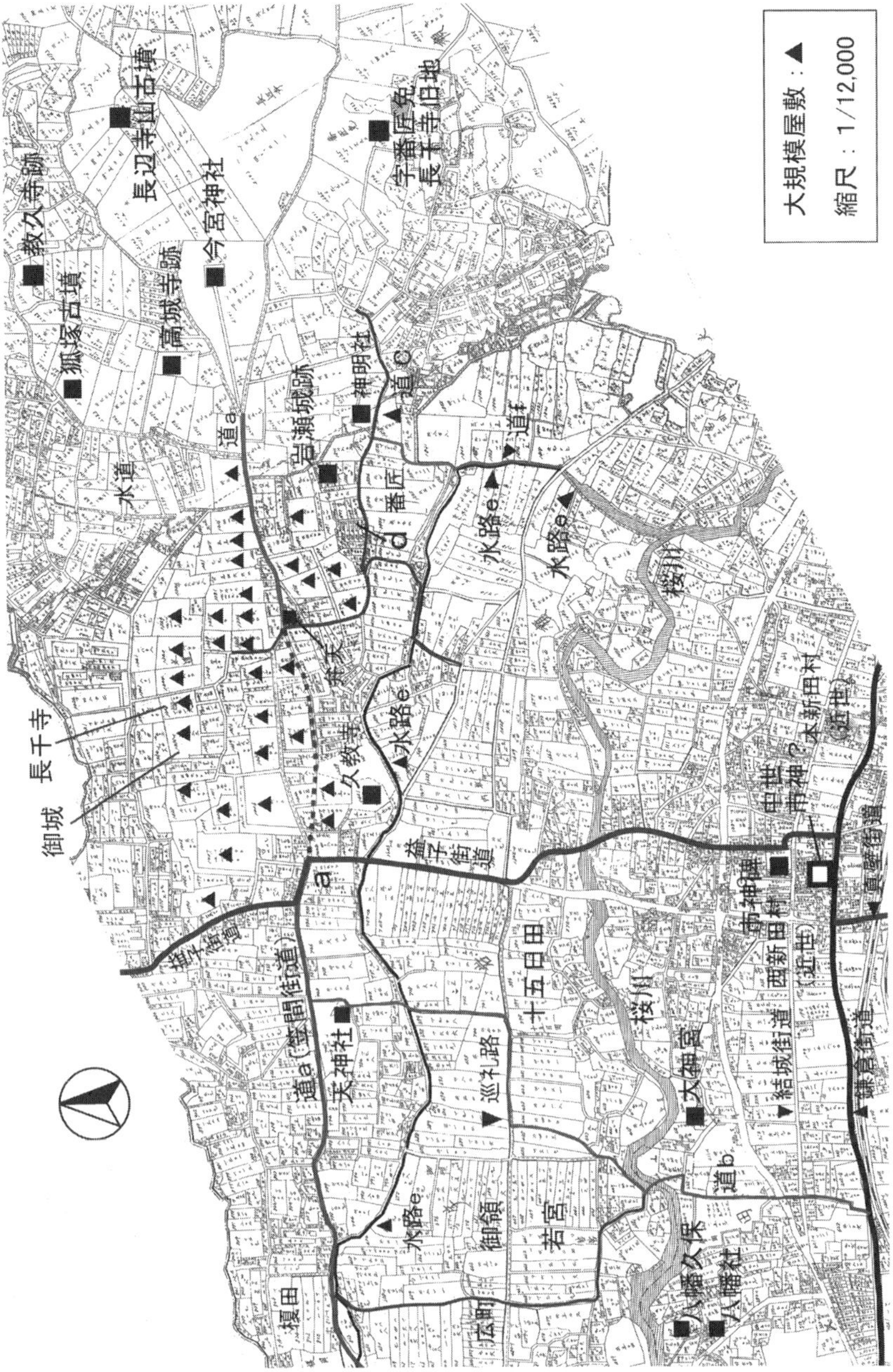

図6　岩瀬の景観（岩瀬町土地法典図「岩瀬」を一部改変）

あり、やはり、笠間街道とも呼ばれた道aが中心街路であろう。

元岩瀬に市場の伝承はないが、かつては一つの集落であった西新田村では、結城街道（近世）と益子街道の交差点に市が立ち、市神石碑が現存する。結城街道は、鎌倉街道A道の付け替え道と伝えられる道で、その前身となる中世の鎌倉街道と真壁街道の交差点付近は、中世の市場があった可能性がある。ここは益子街道と道aの交差点から八〇〇メートルほど南だが、中世の市場は宿と離れる場合もあり[19]、鎌倉街道沿いの市場を想定したい。

(2) 城館、城下と大規模水路

長辺寺山に近い道aの南側、小丘陵の字「十枚内」に岩瀬城跡がある。通称「両蓋山」といわれ、岩瀬城の物見台ともいう。近世の伝承だが、天正の頃に武士「岩瀬重兵ェ」と一味の阿保、飯田、安達、仁平、高畑、真崎、柳が居たという[20]。道aは城の北側の平地を通り、道沿いに広大な屋敷地や土塁のみられる屋敷のなかには中世伝承を持つものもあった。道aは北に武家屋敷群、南に城館を配置したと考えたい。

岩瀬城跡の南西部は、道c沿いに短冊状地割の地点dがある。ここは岩瀬城跡に接するが、二メートル以上低い平坦地で、間口六〜一〇メートル前後、奥行き二〇〜四〇メートルを単位とする地割である。すぐ南は「市営番匠住宅」と言い、「番匠」の存在を想起させるが、「番匠」は字名になく、失われた地名であろう。短冊状地割は、周囲を大規模な屋敷地や岩瀬城に囲まれた職能民居住区と思われる。このあたりから南は下り坂となり、道が直角に折れる構造から、木戸等が存在した出入り口の可能性がある。

また、岩瀬城跡の南には、桜川から分岐する水路eがあった。その規模は幅二〇メートル、長さ一八〇メートルほどで、現在の岩瀬中央公民館付近で桜川と合流し、北の岩瀬城方面へ延びていた（昭和四十年代に暗渠化）。水路eの伝承はなく、元岩瀬の耕地の用・排水路と考えられるが、その規模は大きく、戦国期城郭の堀に匹敵する。

水路ｅは道ｆを伴って北上し、岩瀬城下を経て、元岩瀬南辺の水路に接続する。道ｆは岩瀬城下の短冊状地割や道ｃに通じていた。水路ｅは途中で規模が縮小するが、岩瀬城と城下を経て桜川と繋がり、城下整備にも利用された運河の可能性がある。類似の運河状水路は、中世の真壁城下・飯塚地区でも見出されている(21)。

通称地名「御城」は、益子街道(真壁街道)と道ａの交差点東側にある。範囲は個人宅から長千寺境内にかけてという。周囲は方八〇〜一〇〇メートルの方形区画があり、武家屋敷を中心とした街区であろう。

益子街道と道ａの交差点は、短冊状地割や小区画があり、南東の小丘陵は「吾妻山久教寺」(石碑銘)墓地で、十五〜十六世紀の五輪塔があり、御城、道ａと繋がる。交差点周辺は、寺院と関わる商業的な街区であろう。

御城の一角にある長千寺は「瑠璃光山無量院長千寺」(天台宗)といい、長辺寺山にあった寺院が江戸後期に移転したとされる。長辺寺山は他に長辺寺、高城寺、東山教久寺(時宗)などが置かれた宗教的空間となっていた。

元岩瀬を中心とする岩瀬と周辺は、①長辺寺山周辺の宗教的空間、②岩瀬城および城下の職能民居住区と水路ｅ、③御城と益子街道沿いの町場、④「御領」の耕地と寺社群、⑤桜川南岸の鎌倉街道Ａ道と市場の五つの区域があった。それらは、運河状の水路ｅと桜川、大川で繋がり、「堀の内」の景観と考えられる。

中郡地方の中心にあった元岩瀬は、鎌倉街道や古道、中世の痕跡から、ある程度の地域構造を理解できた。元岩瀬もまた、長辺寺山の麓にあり、平地と山地の境目に展開する町場であった。

おわりに――境界地域の鎌倉街道と町場――

本稿では、常陸国における鎌倉街道沿いの町場として、中郡地方の事例を検討した。この地域は国境地域にあり、平地と山地の境目にも位置した。犬田神社前遺跡は中世の市場集落、金谷遺跡は工人集落と伝馬宿、富谷は寺院境内の町場と武家拠点の町場の統合、岩瀬は武家拠点を中心とする「堀の内」の景観と推定した。

中郡地方の町場は、下野の古代東山道や鎌倉街道中道に接続する各地の支道(枝道)沿いに展開していく。主な町場は結城、小山へと延びる鎌倉街道A道と、下野に向かう真壁街道(益子街道・南北道)に沿って発展した。そして、東西、南北の道は、ともに奥羽への道筋の伝承も伝えていた。

木村茂光が指摘するように、初期鎌倉政権は常陸南部から下野国の支配領域を確定するために東山道の掌握を図ったが、そのためには中郡氏や岩瀬氏の領域はもちろん、街道や町場も抑えなければならない。鎌倉幕府のねらいは、奥羽と鎌倉を結ぶ物流・情報のルートを下野から常陸経由で確保することにあったと考えられる。[22]

鎌倉街道沿いの町場の成立にとって重要な要素の一つは、鎌倉街道と交わる各地の支道であり、その代表的な道が真壁街道(益子街道)である。真壁街道は古墳が点在する地域の拠点や集落を結びつける道で、古代以前に遡る伝統的なルートを踏襲していた「大道」と推定され、平地と山地の境目をぬうように走っている。

中郡地方の鎌倉街道沿いには大きな町場がなく、軍道に特化した広域移動の道が鎌倉街道であった。一方、伝統的な各地の支道は在地の寺社や武家の領域支配の基盤となる情報と物流を集積し、それぞれに拠点を形成していた。軍道の広域性と伝統的な各地の支道が平地と山地の境界で交わり、主な町場が成立したのだろう。

町場の成立に重要なもう一つの要素は、山並みと平地の関係である(図1、資料編地形図)。常陸北部、下野、奥羽とつながる山並みは、佐竹氏の拠点・奥七郡(常陸北部)の八溝山系から、奥羽、下野、中郡地方をつなぐ山道を形成したであろう。前近代の山道は、尾根道や峠道の最短距離が重視された。[23] 実態解明は今後の課題だが、山地の交通体系の掌握もまた、重視されたはずである。

これまでの鎌倉街道と町場の研究は、平地を走る陸路と河川交通の津・渡河域が注目され、山地の交通体系と町場の考察は少ないように思われる。しかし、武蔵国で唯一の鎌倉街道の峠道「笛吹峠」の麓には、上野国世良田氏の所領「将軍沢」集落があり、やや離れた河岸段丘上には、源義賢の拠点「大蔵館」と「大蔵宿」があるなど、山地を含めた交通体系と中世武家の拠点形成のあり方が、何らかの関連性を持っていた可能性があろう。また、武蔵国の山地付近の「山の辺の道」は、古代以来の伝統的な古道と考えられる一方で、鎌倉街道の伝承も有していた。山地を含めた交通体系は、古代から中世に引き継がれ、伝統的な道として存続し続けたのではないだろうか(24)。

中郡地方では、平地と山地の境界付近を伝統的な支道が通り、平地の鎌倉街道との辻付近で町場が形成され、山道とも接続していた。常陸北部、下野、奥羽と連なる山地と関東平野北辺の平地をつなぐ交通体系の交点に、町場が形成されたことになる。

その町場は物・人・情報が集約する結節点であり、鎌倉街道と伝統的な各地の支道が組み合わされることによって、広域的な経済圏を生み出し、町場も発展したことが想定される。たとえば、筑波山北麓で最大の町場は、戦国期の真壁城下町であったが、真壁氏は平地の城下・町場を発展させるために、商人や職人たちも抱えていた山地の寺社勢力(加波山神社や雨引山楽法寺)を保護することによって(25)、山地の交通体系を掌握し、自らの領域に組み込むことに成功したのではないかと考えられる。

最後に、これらの町場とやや異なる金谷遺跡もふれておこう。金谷遺跡は古代以来、坂戸郷の支配者層が代わるごとに、成立と断絶を繰り返した。中世後期の金谷遺跡は、富谷のように従前の寺院や城館の在地基盤を利用せず、政治的な意図をもって付け替えられた街道筋と、そこに築かれた新規の城館と町場として成立した。そうした町場の多くは、その機能を終えたり、政治権力の交替、新たな都市開発などを契機に他の宿に統合されるなどして、史料に残らず、地中に埋もれ、忘れられた例が多いと思われる。このような町場は、伝統的な在地基盤を利用した町場の系譜とは別に、構造や変遷を考える必要があろう。この点は課題としたい。

註

（1）本稿の近世史料は『岩瀬町史史料編』（一九八三）、『岩瀬町史通史編』（一九八七）、民俗調査は『岩瀬町民俗資料緊急調査報告書』（岩瀬町教育委員会、一九七四）、鎌倉街道と周囲の文化財は、前川康司「岩瀬江戸期寺社」（『岩瀬町史研究』第五号、岩瀬町史編さん委員会、一九八二）、前川康司『加波山周辺大和村』（一九九二・私家版）参照。

（2）県報告は、茨城県教育委員会『茨城県歴史の道調査事業報告書　古代編』（二〇一五）、同『茨城県歴史の道調査事業報告書　中世編』（二〇一五）の拙稿を参照。

（3）榎原雅治「中世後期の山陽道」（『中世の村と流通』吉川弘文館、一九九二）、伊藤毅「「宿」の二類型」（『都市と商人・芸能民　中世から近世へ』山川出版社、一九九三）、市村高男「中世東国における宿の風景」（『中世の風景を読む2　都市鎌倉と坂東の海に暮らす』新人物往来社、一九九四）、峰岸純夫「中世東国水運史研究の現状と問題点」（『中世東国の物流と都市』山川出版社、一九九五）、宮瀧交二「北武蔵における中世道路研究の現状と課題」（『中世の道と物流』山川出版社、一九九九）、高橋修「武蔵国における在地領主の成立とその基盤」（『中世東国の世界1　北関東』高志書院、二〇〇三）、浅野晴樹「鎌倉街道の考古学」（『鎌倉時代の考古学』高志書院、二〇〇六）、齋藤慎一「道の機能と変遷」（『中世東国の道と城館』東京大学出版会、二〇一〇）等。

（4）飯村均「東国の宿・市・津」（『中世のみちと物流』山川出版社、一九九九）

（5）拙稿「鎌倉街道沿いの中世集落」（『茨城県考古学協会誌』25号、二〇一三）。

（6）網野善彦「桐村家所蔵「大中臣氏略系図」について」（『茨城県史研究』48号、一九八二）、野口実『源氏と坂東武士』（吉川弘文館、二〇〇七）。

（7）八田館の比定地は網野善彦「平安時代末期の常陸・北下総」（『茨城県史　中世編』一九八六、茨城県）、頼朝の小栗道の利用は本書高橋論文参照。小栗道の道筋と歴史景観は註（2）の拙稿参照。

（8）服部英雄『峠の歴史学　古道を訪ねて』（朝日新聞社、二〇〇七）。

（9）康正元年（一四五五）「筑波潤朝軍忠状写」諸家文書纂、萩原義照「中郡木所城址研究」（『岩瀬町史研究』第2号、一九七九）参照。

（10）応永二十七年（一四二〇）「伊勢貞経書状」鎌倉法華堂文書（『岩瀬町史』通史編、一九八七）。

(11)拙稿「戦国期における真壁城と周辺の景観」(『中世東国の内海世界』高志書院、二〇〇七)。
(12)茨城県『茨城県史中世編』(一九八六)。
(13)本稿の結城氏関連史料は『結城市史』第一巻　古代中世史料編(一九七七)参照。
(14)茨城県神社庁『茨城県神社誌』(一九七三)。
(15)『結城市史』第四巻古代中世通史編(一九八〇)。
(16)木村茂光『頼朝と街道』(吉川弘文館、二〇一六)。
(17)元岩瀬地区の伝承は、前掲前川氏資料を参考としたほか、地元住民からご教示いただいた。
(18)小野正敏『戦国城下町の考古学』(講談社、一九九七)。
(19)池上裕子「宿・市と村」(『中世はどう変わったか』考古学と中世史研究7、高志書院、二〇一〇)。
(20)貞享三年(一六八六)、鴨社蔵吉田二位殿御支配所提出文書、『岩瀬町史研究』第五号所収(一九八二)。
(21)寺崎大貴「中世真壁城下町の復元」(『伝統的建造物群保存地区保存対策調査報告書　真壁の町並み』桜川市教育委員会、二〇〇六)、拙稿「中世都市の開発と塚」(『アーキオ・クレイオ』11号、東京学芸大学、二〇一四)。
(22)木村が注目した岩瀬与一太郎の居所は、桜川市元岩瀬(岩瀬町教育委員会『岩瀬町史研究』第2号)、常陸大宮市下岩瀬(茨城大学中世史研究会・常陸大宮市歴史民俗資料館『館と宿の中世』二〇〇九)の二説がある。
(23)市川建夫「第二章一　峠の盛衰をめぐって」(『日本民俗文化大系六　漂白と定着』小学館、一九八四)
(24)埼玉県教育委員会『歴史の道調査報告書』第一集(一九八三)。
(25)文明六年、十二月十三日付「雨引山楽法寺本堂棟札墨書銘文」(『真壁町史料中世編』Ⅲ、楽法寺文書一六、真壁町、一九九四)、天文十五年「加波山三枝神社扁額」(『真壁町史料中世編』Ⅳ、真壁町、二〇〇三)。

小田城と常陸の中世道

越田真太郎

はじめに

近年、茨城県内では古代・中世の道に関する研究・講演・展示等が盛んである。中世の道では、いわゆる鎌倉街道を中心に研究がなされ、多くの成果が出されている。本論では、こうした成果を受けて常陸南部の交通網について、地域内の主要な城館である「国史跡小田城跡」(以下、小田城と記す)を中心に考察を進めてみたい。

1 小田城

小田城は常陸南部の南野荘、現茨城県つくば市小田に所在する。鎌倉期の守護家であった小田氏(1)の居城で、南北朝時代に北畠親房が『神皇正統記』を執筆した地として著名である。小田氏は、室町時代には「八屋形」にも数えられた伝統的領主で、小田城は永禄十二年(一五六九)に佐竹・真壁氏に攻め落とされるまで、常陸国内の政治的・戦略的要地であった。以後の小田城は佐竹氏の勢力下に入り、慶長七年(一六〇二)佐竹氏の秋田移封に伴い廃城となる。

小田氏が小田の地を本拠に定めた時期については諸説ある(2)。近年の発掘調査の成果からは、十四世紀以降の遺構面とされる第4面から南北約一四五メートル、東西約一三〇メートルの方形館が確認されており、これは小田氏の居館と考えられる。一方、その下の第5面(十三世紀以降)からは石列や石敷きが発見され、一般的な集落とは異なる様相が確認されている。第5面出土の手づくねかわらけが十三世紀前葉とされていることなどと合わせて考えると、小田城の場所に何らかの施設(館?)が十三世紀前半代に存在していたことは想定できよう。[3][4]

中世小田の歴史的景観については内山俊身、齋藤慎一、広瀬の研究がある。[5]これらの先学により、小田城とその周辺の様相は着実に研究が進展してきている。しかし、そもそもなぜこの小田の地に居を構えたのか、という点についてはまだ明確ではない。そこでこの点について、道という視点から考察してみたい。

2　一ノ矢―小田城道

(1) 一ノ矢八坂神社

論を進めるに当たり、まず一本の古道の復原から始める。[6]小田城は北東に筑波山系南端の宝篋山があり、その山裾が桜川に向かって延びる微高地に築かれている。東・南・西は桜川低地に囲まれており、近代以前の主要な道は山裾を北西及び東へ通っている。北西には古代の筑波郡衙が置かれ、中世以降も地域の重要地であった北条や筑波山があり、東には常陸府中(現石岡市)がある。これらの道については先行研究でも重視されているが、筆者は南西方向にもう一つ道があったと考えている。この道は明治期の陸軍参謀本部測量による迅速測図でかなりの部分を追うことができるため、推定路線を迅速測図上で示しながら論を進めていく(図1、文中の記号は地図中の記号と対応)。

小田城の大手は東側で、城下を抜け南の低地中を進むと桜川に至り、「小田橋」で渡河する。水田の中を南西に進み、切通し状の坂を上ると玉取集落に出る。集落内の西方寺や共同墓地には十四～十五世紀代の板碑が多数あり、[7]寺

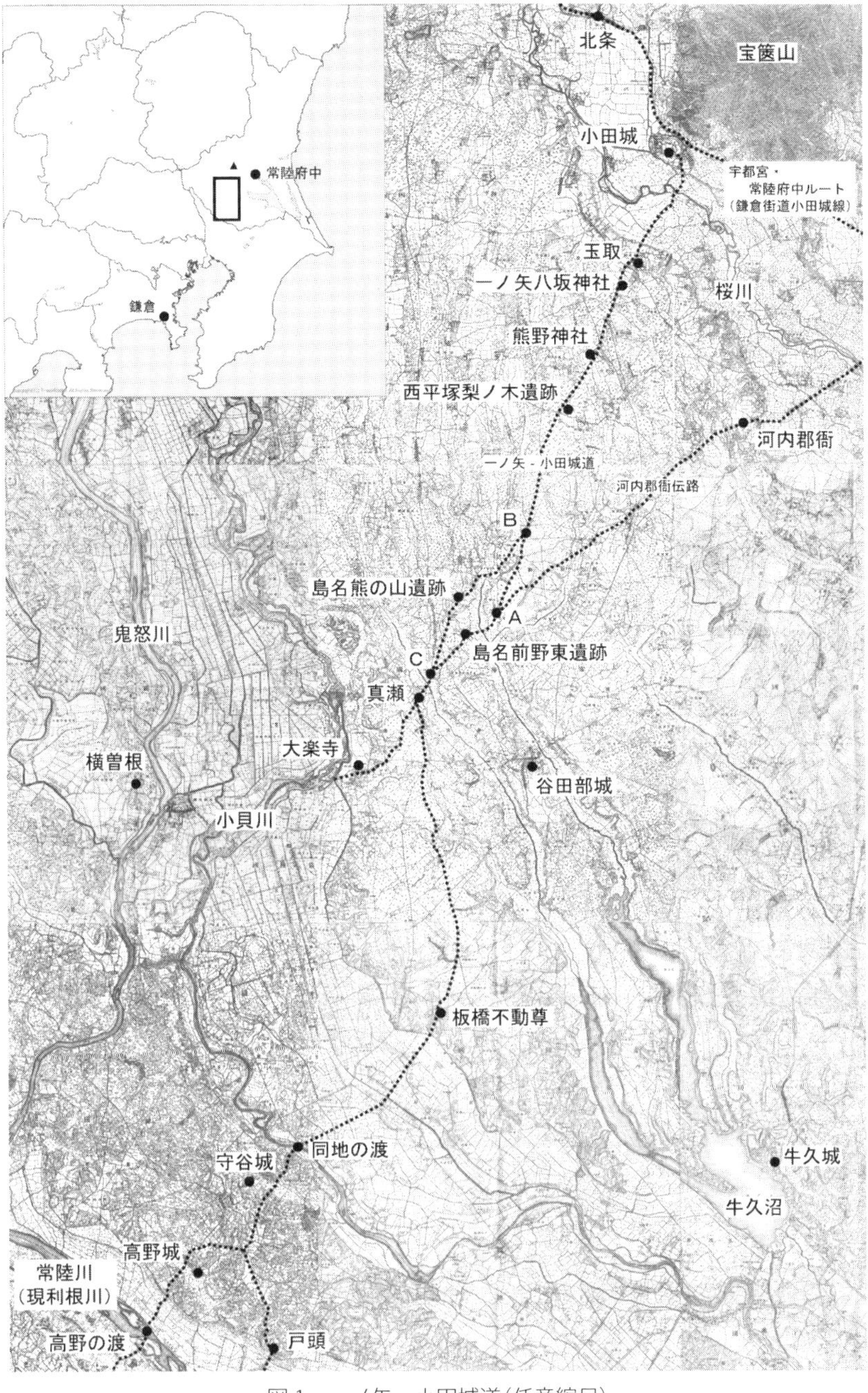

図1　一ノ矢－小田城道（任意縮尺）

に隣接する玉取向山遺跡からは中世後半の火葬施設や火葬骨を納めた土坑等が出土するなど[8]、中世的景観の色濃く残る集落である。また、玉取は暦応四年（一三四一）に高師冬が小田城攻めの際に陣を敷いた地でもある[9]。

玉取を抜けると道はやや角度を変え、一ノ矢八坂神社の前を通過する。この八坂社は文献上の初見は永享十三年（一四四一）であるが[10]、境内に康永二年（一三四三）銘の板碑があり[11]、それ以前から存在していた可能性が高い。また、江戸期の『玉取村絵図面[12]（図2）』には縦横に交差する道路が描かれ、八坂社（★印）がその結節点に位置していることが良く分かる。他にも花室川の水源地に位置し、境内には樹齢八五〇年を越えるというケヤキがあるなど、地域において重要な神社であったと考えられ、この道を以後「一ノ矢―小田城道」と仮称したい。

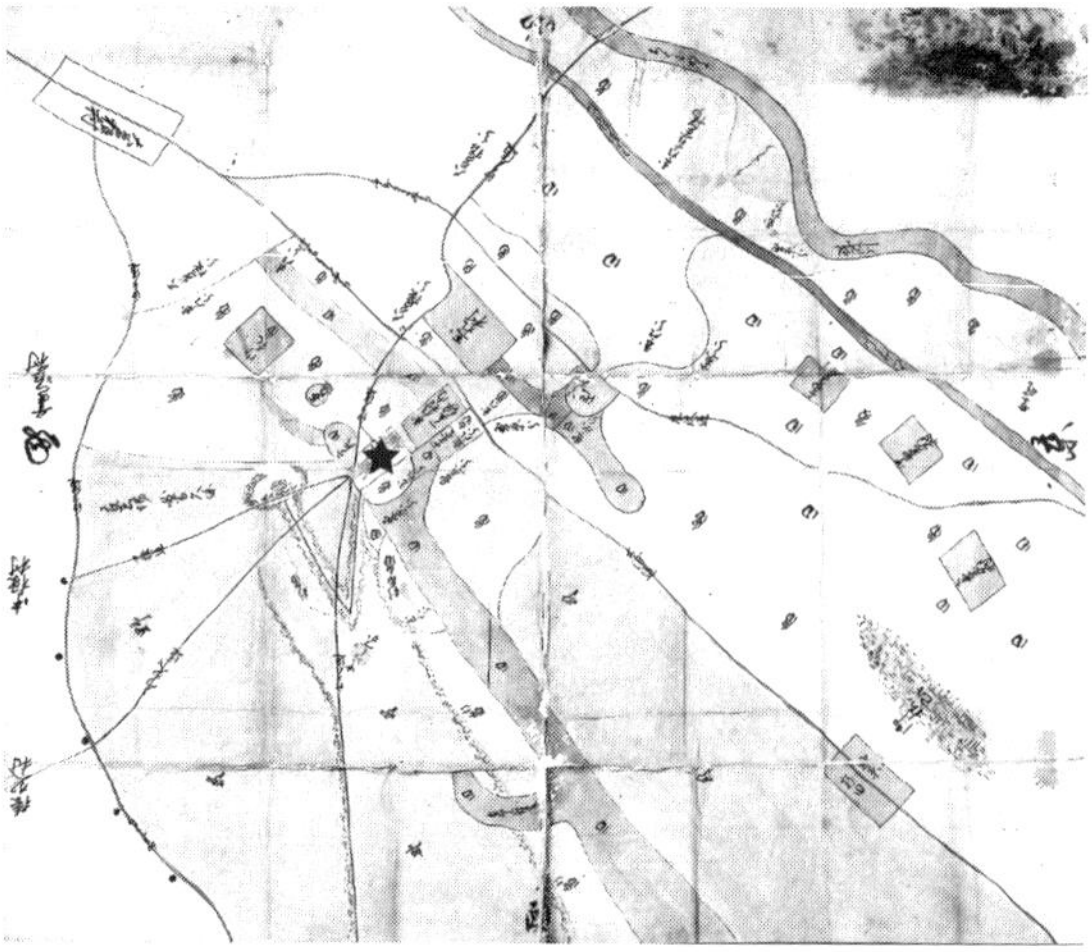
図2　玉取村絵図（註12文献から加筆して転載）

八坂社の先は猿壁集落へ入る。集落内の熊野神社境内には十四世紀後半から十五世紀前半の作と思われる大型の五輪塔と宝篋印塔がある。そのうち五輪塔は地元で通称「よりとも様」と呼ばれている[13]。

熊野神社から道は直線的に西平塚梨ノ木遺跡に至る。ここは「小田真言四ヶ寺」の一つとされる大聖寺が所在していた場所とされ（後述）、発掘調査が行われている[14]。全体に攪乱が激しく、建物跡は検出されなかったが、溝で囲まれた区画や土坑墓、井戸、地下式坑等が確認された。区画溝の一部は道の側溝を兼ねている可能性があり、一ノ矢―小田城道に接続する支道とも見える。十四～十六世紀代のかわらけや古瀬戸、石塔、武蔵型板碑片等が出土しているが、内耳鍋などの生活用品的な遺物がほとんど出土していないことから一般集落とは考えがたく、寺院・墓地の遺跡と見て問題ないだろう。

（2）島名前野東遺跡

西平塚梨ノ木遺跡の南はA地点付近で北東方向からくる別の道（後述）と合流し、東谷田川を渡る。その先にあるのが島名前野東遺跡で、この遺跡は南北約一一五メートル、東西約一一五メートルの堀に囲まれたほぼ正方形、方一町規模の館跡である[15]（図3）。堀の東側中央に土橋があり、南側中央には当初木橋、後に土橋とした部分がある。建物跡は館内に一〇棟検出されており、A・Bの二時期に分けられる。A期の中心建物は第16号掘立柱建物跡である。桁行七間、梁行三間の主屋に四面庇または縁が付属した南北棟で、柱穴内に礎盤石を持ち、南妻から東へ延びる桁行一〇間、梁行一間の中門廊的施設が接続する。北に脇殿と推測されている第21号掘立柱建物跡、南に侍廊と推測されている第20・22・23号掘立柱建物跡（ほぼ同じ場所での二回の建て替え）がある。B期の中心建物は第17号掘立柱建物跡で、桁行五間、梁行二間の主屋の南に庇または縁が付く東

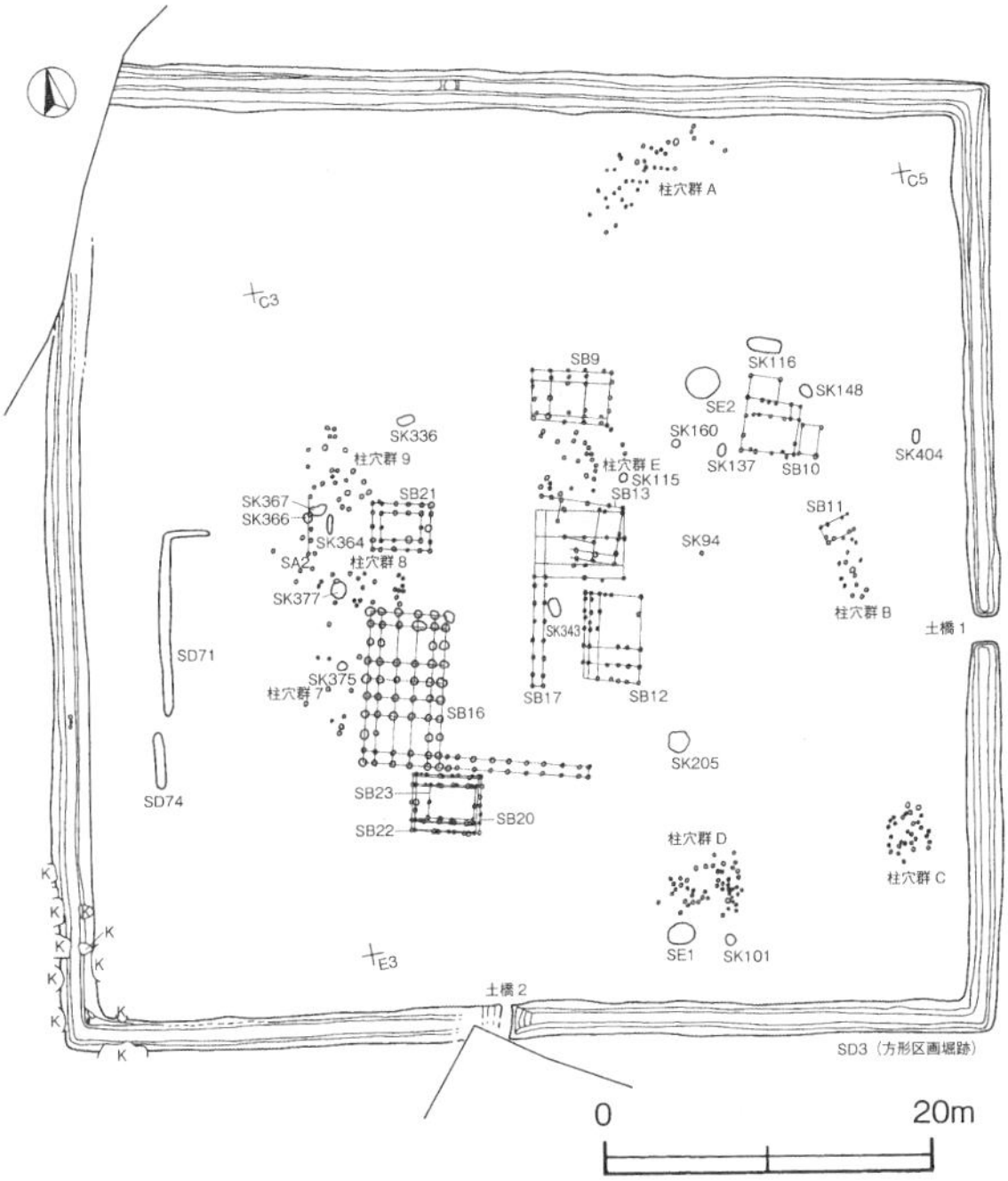

図3　島名前野東遺跡（註15小松崎文献から転載）

西棟である。こちらにも西妻に南へ延びる中門廊的施設が付く。これら建物跡と橋の位置から見た正面（A期は東、B期は南）を一ノ矢―小田城道が通っている。

館跡の存続時期は、出土遺物から十三世紀後葉〜十四世紀前葉と考えられており、この時期、島名前野東遺跡の所在する田中荘は弘安八年（一二八五）の霜月騒動により小田氏一族の田中氏から没収され、北条高時の弟、泰家の所領となる。その後、元弘三年（一三三三）から建武二年（一三三五）ごろには足利家の所領となったと考えられている(16)。これらのことから、館跡は得宗勢力による田中荘管理のために築かれた可能性が考えられる(17)。

館がこの地に築かれた理由を検討してみると、一つは水運との関連がある。遺跡の東には東谷田川が流れ、ここに架かる橋は「江戸橋」といい、その名称から川津の存在が推定できる。この東谷田川は大きな川ではないが、下っていくと牛久沼を経て古鬼怒川（小貝川）水系にアクセスできる。また、この地は陸路の要地でもあった。先ほどから見ている一ノ矢―小田城道に加えて、A地点で合流・分岐する道がある。これはA地点から北東方向へ進み、常陸府中へ向かう道で、ルート沿いには古代・中世開基の寺院が多数所在し、平将門・源義家・北条時頼伝説も残されていることから、当地域における中世の主要な道の一つであったと考えている。そしてこの道の途中には河内郡衙（金田西遺跡）及び、郡衙を支えた拠点集落とされる東岡中原遺跡があり、郡衙東方の条里とも関連してくることなどから古代以来の道がその前身であったと推定し、「河内郡衙伝路」と仮称している(18)。

さらには館跡の西にある道にも注目したい。これはB地点及びC地点で一ノ矢―小田城道と分岐・合流するもので、バイパス・複線のような道と考えられ、途中で島名熊の山遺跡を通過する。この遺跡は古墳時代から平安時代を中心とし、律令期の「河内郡嶋名郷」の拠点的集落であった(19)。調査では中世の堀や墓域、火葬施設などに加え梵鐘鋳造遺構も見つかっており、遺跡内に現在も所在する妙徳寺(20)の存在と合わせて、中世には時衆道場を核とした僧・職人等の居住が認められる。おおむね北東から南西方向に延びる中世の道跡も検出されていて、道と関連して遺構が展開している様子が読み取れる。古代の道跡は検出されていないが、遺構配置などを見ると中世と同様な方向軸の道は想定できそうで、前述の河内郡衙伝路とも深く関連して成立・発展していった集落であったと考えられる。

このように島名は複数の道が交差し、河川とも関わる場所であった。そして、一ノ矢—小田城道を扼する地に館を築くことにより、その道の利便性を掌握し、小田城へ通じる道に得宗家がくさびを打ち込むこととなる。これは岡陽一郎の指摘する道路の遮断行為にも通じよう[21]。なお、島名前野東遺跡ではこの館の東側から、十五世紀代の小型の居館も検出されている。一度館が廃絶した後、政治的環境の変化の中でこの地の重要性が再び見出されたのであろう。

(3) 真瀬鎌倉から下総へ

島名前野東遺跡の先では西谷田川を渡河し、真瀬集落へ入る。集落内には東光寺が所在する[22]。藤原良章によると「東光寺」という名の寺と中世古道には密接な関係があり、山岳信仰や修験者との関わりなども伺えるという[23]。集落内で道は分岐するが、まずは南西方向へ進む。分岐点付近にある共同墓地からは南北朝期以前のものと思われる武蔵型板碑が表採されている[24]。その先、道はつくばみらい市福岡の大楽寺を通過する。この寺は天台宗で元は西光寺と号し、県指定文化財の木造阿弥陀如来及脇侍像が所在する。この像は平安末・鎌倉初期に活躍した南都仏師明円の工房の特徴が見られるという。また、境内から下向陰刻剣頭文の軒平瓦片が表採されており、この瓦はつくば市北条の日向廃寺と同笵とされる。日向廃寺は主殿の両翼に回廊を伴う本格的な阿弥陀堂建築で、瓦の年代観などから多気義幹による一一七〇~八〇年代の創建と見られており、大楽寺と日向廃寺の瓦が同笵であるところを見ると、十二世紀後半~末ごろには当地に有力な寺院があったと想定できよう[25]。

大楽寺の西には小貝川が流れている。渡河点は不明だが、道は川を渡って下総へ入ると思われる。その先の路線も未検討であるが、現在の常総市水海道を通って鬼怒川を渡河し[26]、下河辺荘方面へ向かうものと推測する。

少し道を戻り、真瀬集落の分岐点から再検討してみる。ここより南に延びる道沿いの地区名を「鎌倉」という。この地名はかつて相模国から来た人が集落の開発を先導し、恩顧の地鎌倉の名にちなんで命名したものであると地元では伝えている。(27) 道は片田集落を抜けてつくばみらい市板橋の不動院へ向かう。この寺は真言宗の清安山不動院願成寺といい、地元では板橋不動尊と称される。中世以前の様相は詳らかでないが、本尊の木造不動明王及び二童子立像(重文)は、十二世紀後半の作と考えられている。(28) その先は古鬼怒川(29)(現小貝川)沿いの広大な低地になっており、路線の推定は困難である。近世の街道(水戸街道の脇道、布施街道とも)はこれよりもやや西側を通っていたが、中世段階の道筋は板橋不動尊との関わりや、渡河した先との接続などから図中の路線と考えている。また、付近には「長渡路」「長戸路」「長渡呂」という地名が見える。これは「ながとろ」と読み、堀部猛によるとこの地名は古代官道の近くでしばしば見ることができるという。(30)

古鬼怒川を渡河する場所は、かつて同地の渡という渡し場があった付近と推定している。同地の渡が中世まで遡るという資料はないが、前後の道の接続を考えるとこの付近に渡河点を想定したい。川の南岸(現守谷市)は下総となり、地名を同地という。東に隣接する地名は市之代(現取手市)といい、同地・市之代とも近世以前には古鬼怒川の中洲を形成していた。当所が国境であること及びその地名から、ここに市が設けられていた可能性がある。

道は低地へ下り、下総相馬氏の居城守谷城の東を通過する。守谷城は守谷の地名が史料に現れ始める十五世紀以降に築かれたと考えられ、沼に突き出した半島状台地を利用して築城されており、城内に船付場が置かれるなど、古鬼怒川及び水運を意識した城であると推測できる。また、守谷城は実現しなかったものの一時古河公方足利義氏が古河からの移座を検討していたこともあり、政治上重要な位置にあったと推測されている。(31)

守谷城の先は近世に七里ヶ渡もしくは高野の渡が設けられていた地点付近で常陸川(現利根川)を渡ったものと思われる。七里ヶ渡は元和二年(一六一六)に「定船場之事」(32)で定められた関東十六の渡し場中にその名が見え、北岸の戸頭（現茨城県取手市）は十四世紀代の史料に地名が現れる。[33] 戸頭はその名称から見て渡河点であった可能性が高い。南岸の布施（現千葉県柏市）は近世水陸交通の要地として栄えた場所であるが、中世史料上での手掛かりは少ない。しかし、乾元元年（一三〇二）に他阿真教によって開かれたという時宗善照寺や、[34] 聖冏が建立したとされる本願寺[35]など中世開基の寺院が複数存在することや、下総相馬氏の一族布施氏の居城という布施城があることなどから、[36] 近世以前にも交通上重要な地点であったと考えたい。

一方の高野の渡も史料上では中世まで追うことができない。北岸の高野は常陸川沿いの独立した台地、もしくは中洲のような地形をしている。旧地名を高野村本宿といい、いくつかの寺社が存在するものの中世の様相は不明瞭である。ただ、隣地に高野城（地元では今城《いまんじょう》と呼ぶ）という城が所在しており、この城を足利高基感状に見える「高野要害」であるとする説がある。[37] この文書は古河公方足利高基と小弓公方足利義明の抗争に関わるもので、大永七年（一五二七）以前（永正九年（一五一二）とも）の文書であるとされている。

高野城では発掘調査も行われており、中世遺物は出土していないようだが、屈曲部を持つ溝や土塁、複数の柵列、ピット群などが検出されている。[38] 調査は部分的で詳細は不明瞭なところが多いが、全体の縄張り等を見てもあまり技巧的ではなく、史料に見える十六世紀初頭ごろの城郭と考えてもよいのではないだろうか。調査で見つかった柵列や土塁は南・南西に作られており、高野本宿がある台地や常陸川に向く。上総方面から来る小弓公方との抗争に関わる城郭であるとするならば、常陸川の渡河点を抑えるものであったと理解したい。また、南岸の大室（現千葉県柏市）にも大室城という城がかつて存在し、[39] 近世の大室村では慶長・元和ごろから利根川東遷までは陸奥・常陸・下総の荷物・年貢米を陸揚げし、江戸川左岸の花輪村（現千葉県野田市）まで駄送していたという。[40] これら戸頭・高野などいずれかの地点で常陸川を渡河した先は、現在の千葉県松戸市や東京都葛飾区などを通過して鎌倉・京へ至ったものと想定する。

以上が一ノ矢―小田城道の様相である。要約すると、小田城から桜川を渡河し高師冬が陣を敷いた玉取を通る。交通の要衝に建つ一ノ矢八坂神社を通過し、小田孝朝が当地へ移したとされる大聖寺を経て、鎌倉期の方形館、島名前野東遺跡へ至る。そして鎌倉地名の残る真瀬で分岐し、西・南いずれも下総へ抜けていく。どちらの道にも国境付近に十二世紀後半の創建が推定できる古刹があり、街道沿いの要地に寺院を配置している様子が見て取れる(41)。

3　小田城を中心とした常陸南部の交通網とその変遷

(1) 小田の立地

次に推定復元した一ノ矢―小田城道を踏まえて、小田城と道の関係について検討してみたい(図4・5)。前述したように、小田城からは主要な道が北西及び東へ延びている。この道は常陸府中から筑波山の南・西麓を通って小栗・下野へ向かうもので、高橋修により「宇都宮・常陸府中ルート」として注目されている(42)。高橋は源頼朝や聖護院門跡道興准后の行動などから、このルートが中世には奥大道の要衝である宇都宮と、東海道上の政治都市常陸府中を連結する主要幹線であったことを明らかにした。さらに永承六年(一〇五一)に源頼義が奥州への途上に立ち寄った「旅のかり屋」を筑波山西麓に想定し、十一世紀段階ですでにこのルートが利用されていたことも推測している。

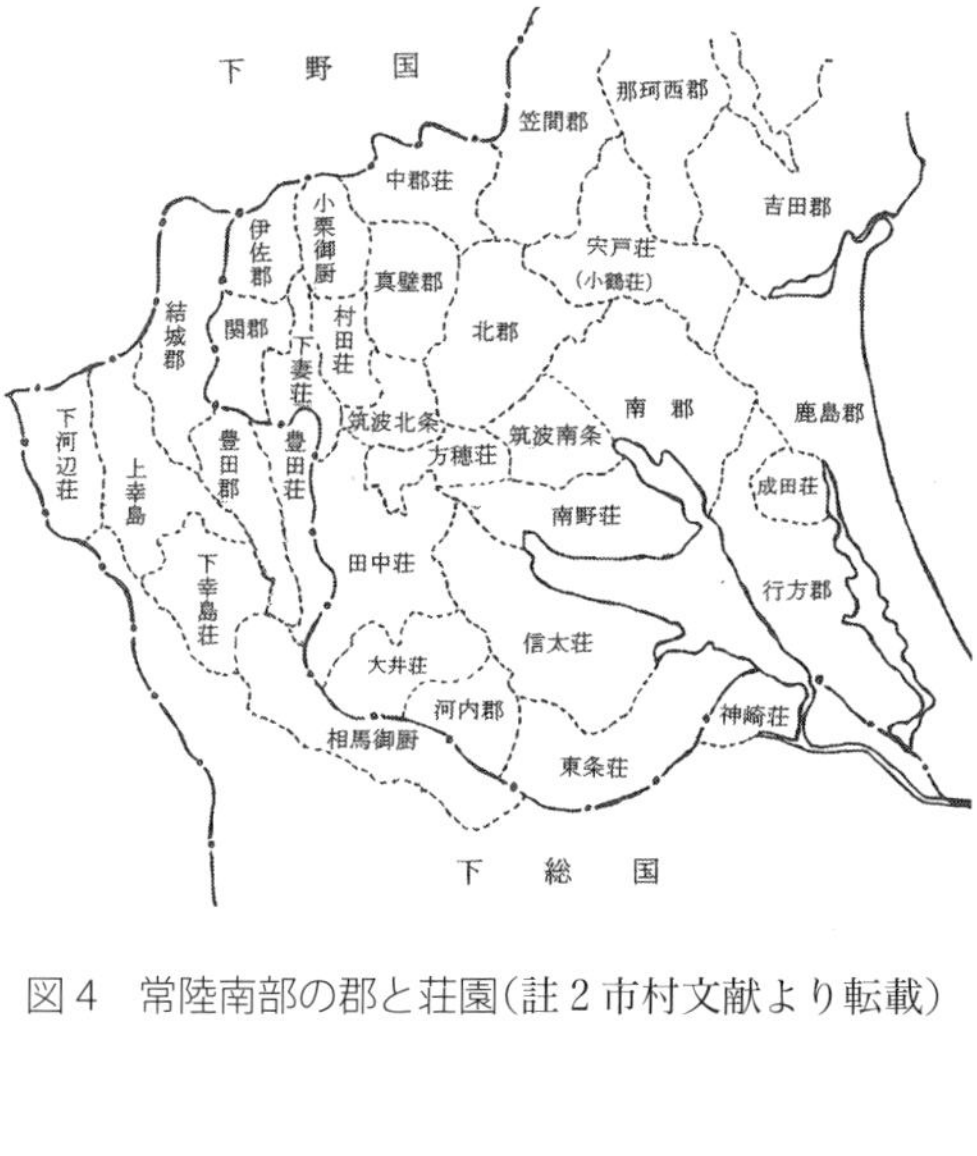

図4　常陸南部の郡と荘園(註2市村文献より転載)

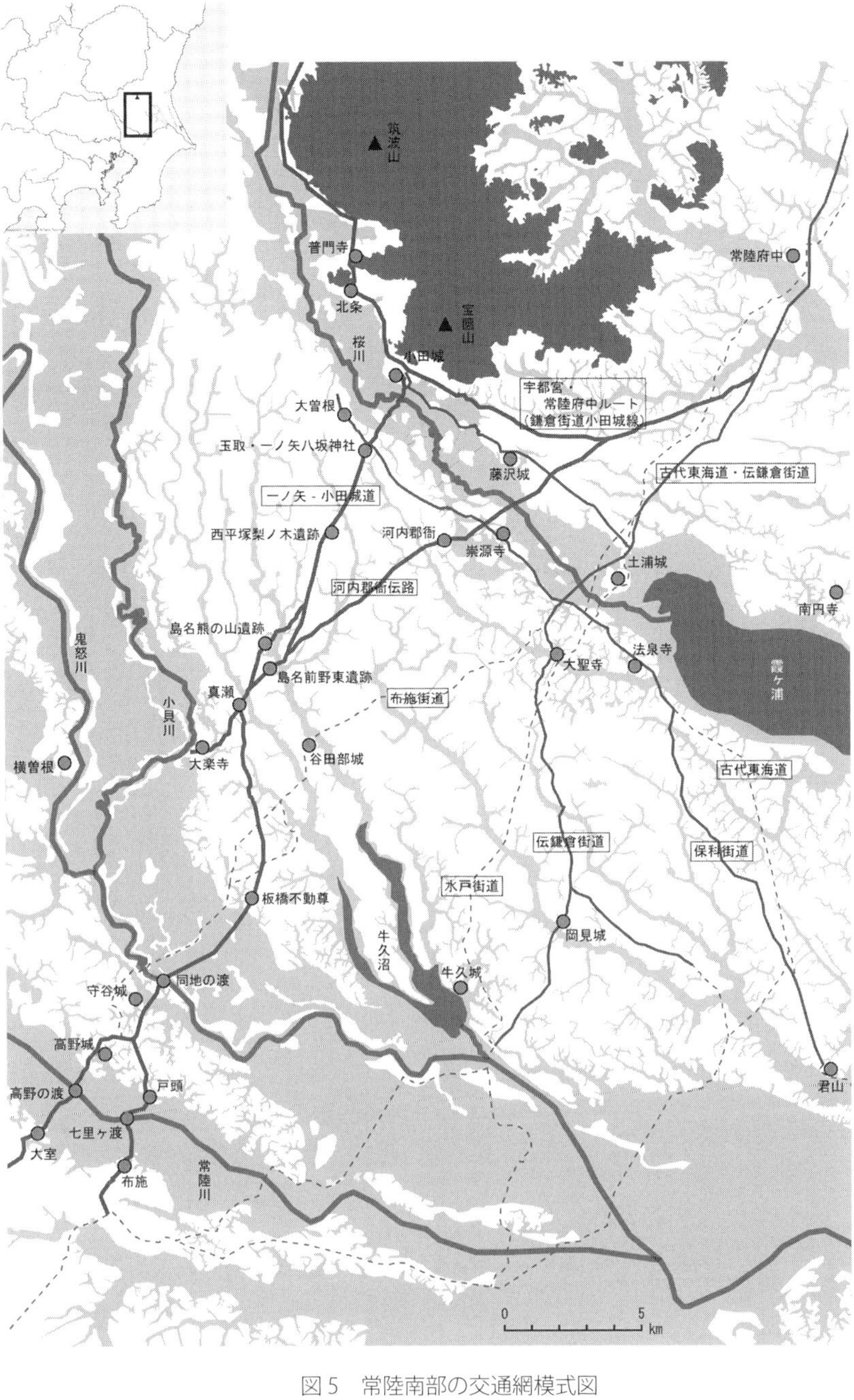

図５　常陸南部の交通網模式図

筆者もこのルートの常陸府中から小田城間の部分については別論で詳述し、地元に「鎌倉街道」との伝承が残ることから「鎌倉街道小田城線」と仮称している(43)。また、真壁から下野へ向かう部分については宇留野主税の論考がある(44)。そしてこの小田城下を東西に通過する道は前述した齋藤の論考でも重要視されており、この道及びこれと直交する軸線(不動ライン)を小田城下形成の第一段階(十三世紀中頃以降〔~十四世紀〕)の基準線と位置付け、常陸府中を重視する点が中世前期的であるとしている(45)。

このように、小田氏の居館が小田に置かれたことの背景の一つとして、この「宇都宮・常陸府中ルート」の存在が想定できる。その上で先にみた一ノ矢—小田城道を考慮すると、小田の地が陸路の分岐点であったと言え、加えて桜川水運(46)を利用して霞ヶ浦などの「常総の内海世界(47)」に繋がる場所でもあった。「宇都宮・常陸府中ルート」の路線上に常陸国衙・筑波郡衙・白壁(真壁)郡衙・新治郡衙などが所在することや、十二世紀に遡る寺院・磨崖仏の存在から見て、古代からの交通路(伝路?)の一部が中世にも引き継がれていた可能性が考えられよう。無論、古代からの交通路がその発生から中世を通して同じ場所をずっと通っていたわけではなく、時代によって変遷や移動があったと思われるが、その上で湯浅治久が千葉氏一族の拠点と東海道との関係を分析した中で言うように、「古代の駅家と中世の宿などの交通拠点が厳密な意味で一致する必要はないのであり、むしろ古代以来の主要な幹線やその駅家の比定地や地形的条件の良い箇所に、千葉氏武士団の拠点が出現すること自体が重要なのである」という指摘(48)に同意したい。

建久四年(一一九三)の常陸政変により多気義幹を追い落とした八田知家が、意に反して常陸大掾職を得られず、多気氏同族の馬場資幹が常陸大掾、続けて常陸府中地頭に任ぜられ、知家・知重の代にかけて執拗に大掾職を競望するも、馬場氏からこれを奪うことができなかったという(49)、政治史の流れのいずれかの時点で、小田氏が常陸府中に代わる場所として選んだのが小田であったのであろう。

(2)「小田へ上られける」

水陸交通の結節点である小田に構えられた小田城と、それを取り巻く交通網は以後どのように展開し、変化していったか。寺院などいくつかの手掛かりをもとに、その一端を探ってみたい。回り道になるが、まず小田氏を中心とした政治史を概観する。小田氏は宝治合戦と霜月騒動を経る中で田中荘をはじめとする所領のほとんどを失い、その多くは北条氏一門の手に移り、常陸守護職の地位も失うこととなった。鎌倉幕府滅亡後、七代高知は奪われた所領の回復を求めていくが、旧領の田中荘・北郡・信太荘などは足利尊氏の所領となる。そして建武政権崩壊後は足利氏への対抗から後醍醐天皇へ服属し、「治」の一字を与えられて高知から治久へ改名した。治久は小田城に北畠親房を迎え南朝方として奮戦するが、暦応四年(興国二年、一三四一)に小田城を開城し、高師冬に下った。[50]

こうした中で治久の跡を継いだ孝朝は、初名を氏朝といい、市村によれば小田氏一族で早くから親尊氏派であった宍戸氏から養子として入った人物で、初名の「氏」は尊氏の一字拝領と推測されている。[51]こうした出自を背景にしつつ孝朝は足利方の武将として各地を転戦し、失墜した小田氏の威信をしだいに回復するとともに、以降の発展の基礎を固めていった。そして応安五年(一三七二)信太荘大村(現つくば市)崇源寺梵鐘銘の「従四位下行前讃岐守源朝臣孝朝」[52]の銘文から、その位階を従四位下にまで上げていることが分かる。従四位下とは足利一族並みの待遇であり、東国大名の中では最高位となる。孝朝は文化面でも名を残しており、尊氏や義堂周信との間に親しい交流があったことが指摘されている。孝朝はこうした地位向上に見合う権力基盤も有していた。市村によると、本拠小田を含む本領南野荘をはじめ、信太荘、田中荘、河内郡、北条郡(筑波北条)、山ノ荘、北郡など常陸中南部を中心に守護佐竹氏に匹敵するほどの所領を獲得していたという。しかし、その最盛期はそれほど長く続かず、至徳四年(一三八七)小山義政の遺児若犬丸を匿っていたことが発覚、孝朝父子は捕縛され、一族・家臣は男体山城に篭り鎌倉方と激しい攻防戦を繰り広げた。嘉慶二年(一三八八)に鎮圧されたこの乱は「小田孝朝の乱」と呼ばれ、将軍義満の取り成しもあり、小田氏滅亡は免れたが所領は大幅に没収された。

その後は進出してきた上杉氏の勢力に雌伏しつつ、相次ぐ戦乱を乗り切り、享徳の乱を契機とした戦国争乱の中で本拠小田を中心に領国を形成していく。十四代政治の晩年(天文十七年〔一五四八〕没)頃には小田・北条・筑波郡・南野荘・田中荘・北郡・信太荘西部・河内郡・海老島・中郡荘・小栗・豊田・東条荘西部という常陸の三分の一にも及ぶ広大な領国となっていたが、十五代氏治の代に後北条・上杉・佐竹氏の狭間で勢力を弱め、特に弘治二年(一五五六)の海老島合戦以後、急速に領国は縮小し、小田城も落城・奪還を繰り返すが、永禄十二年(一五六九)の落城以後は取り返すことができず、歴史の一線から退いていく。

こうした政治史の中で注目したいのはやはり孝朝である。孝朝が大きな影響力を常陸南部に及ぼせたのは長い期間ではないが、小山義政没落後の永徳二年(一三八二)には「諸大名武衛之供奉シテ在関セシ随一ナリ」[53]と評されるような存在であったことと、頻繁な京・鎌倉との交流から考えると、孝朝が広大な所領を手に入れていく中で水陸交通網を再編し、時には新設・改変をしていたであろうことは想像に難くない。

では具体的にどのような交通路が見出せるか、まずは先にも触れた「小田真言四ヶ寺」を見てみる。これは「小田城四方護寺」ともいわれ、孝朝が四方守護の祈禱寺として定めたとされる。四ヶ寺の一つ普門寺は、元亨三年(一三二三)の創建と伝え[54]、筑波北条の神郡(現つくば市)に所在する。ここは筑波山や真壁方面へ抜ける街道筋に当たる。法泉寺は信太荘大岩田(現土浦市)に所在する。十四世紀半ばに現在地の谷一つ北の地に開山し、応永年間に現在地へ移ったと伝わる[55]。ここには古代東海道が通っており、花室川が霞ヶ浦に注ぐ河口付近で渡河点にも近い場所である[56]。古代東海道は常陸国府から土浦を抜け、南南東の台地上を下総方面へ向かうとされているが、中世にもこれを一部踏襲し同様な方向へ向かう道が通っていた可能性が高い[57]。その道は地元では保科街道とも呼ばれ、「君山の駅長保科長者が小田氏治の娘を娶った時、いわゆる常陸大道に対し下君山のこの地から一直線に阿見町若栗に至る道路を新設した」との伝承が残る(58)。南円寺は南野荘加茂（現かすみがうら市）に所在する。応永元年（一三九四）開山とされるが、鎌倉前期の作とされる薬師如来坐像、鋳銅製孔雀文磬が伝わっている。加茂のある出島地区は霞ヶ浦に突出した半島で、「常総の内海」世界における重要な地域であった。小田氏にとってもそうであったようで、特に加茂から牛渡という半島南部には、孝朝隠棲の地で供養塔である九重層塔の残る宝昌寺を筆頭に、小田氏に関わる寺社・城館・伝説等が数多く残る(59)。また、永享七年（一四三五）八月九日付『常陸国富有人注文』には「一　賀茂郷　孫四郎　小田治部少輔知行」と現れる(60)。南円寺は大きな街道に面しているわけではないが、「常総の内海」を押さえるための要地に位置していたと言えよう。最後の大聖寺は長徳元年（九九五）に成尊により開山、元は信太荘永国（現土浦市）にあったという。その後、孝朝が四ヶ寺の一つとして応安七年（一三七四）以後に一ノ矢─小田城道沿いの西平塚（前述の西平塚梨ノ木遺跡）へ移し、大永六年（一五二六）以前には再び永国に戻ったとされる(61)。移された西平塚には特に中世城館等が周囲にあるわけではなく、河川もない。一ノ矢─小田城道の存在を想定することで初めてこの移転は理解できると言えよう。さらに、現在寺の所在する永国も、伝鎌倉街道の渡河点に近接する(62)。

　このように「小田真言四ヶ寺」とされる寺は各々水陸交通と関連する地に存在することが分かる。無論、孝朝がこれを定めたというのは伝承だが、諸先学によれば孝朝の時代前後に各寺院が存在したことは確かであろう。そして、その所在地が交通と関わり、「小田城四方護寺」とされても違和感のない場所であるという点から、小田周辺の交通網の一端がおぼろげに見えてくる。その中には小田氏の重要な支城であった藤沢城と土浦城を結ぶ道（桜川北岸）が存在したことは確実であろうし、さらに例えばそこへ前述の大村崇源寺を加えると、古東海道の系譜をひく保科街道から玉取・一ノ矢八坂神社、大曽根という桜川南岸を通る道筋が見えてくるなど、新たに別の道を見出すことも可能になっていく。また、孝朝の代に一族岡見氏が分立したとされるが(63)、この岡見氏の本拠河内郡岡見（現牛久市）は伝鎌倉街道と小野川が交差する場所で(64)、所領の拡大に伴い交通路沿いに一族を分立する姿が伺える。

こうした常陸南部に広がる交通網は小田城を中心に据えると理解しやすいものが多い。それは、小田城に強い求心力があったことを示しており、応永三十三年(一四二六)に信太荘下条古渡(現稲敷市)円密院の僧、孝尊が記した置文に「小田殿(孝朝)代となりて、当庄の供僧同心ニ、坊職安堵の判形とらん為ニ、応安七年中小田へ上られける」[65]と表現されるように、当時の人々にとって小田が政治的中心として認識され、「一国の中心である守護所・府中と同じレベル」「常陸守護所に匹敵する中心都市」と評価されるような状況にあったことを推測させる。[66]

当然、こうした交通網は、その立地を生かしつつ前代からのものを再構築していく中で発展していったものと考えられる。北畠親房が嵐による漂着の結果とはいえ小田城を選択し、各地の武将と連絡を取りながら三年もの間奥州・東国の南朝勢力の中心として奮闘できたという事実は、小田が交通の面からも要地であったことを示し、小田城が「仮の陸奥国府」であったとする説[67]はこうした点からも議論されるべきであろう。

(3) 交通網の変化

孝朝の代を一つの契機として、再編された常陸南部の交通網はその後どのように展開していったか。鎌倉街道を中心に東国の中世街道について広い視点から様々な分析を行っている齋藤は、従来「鎌倉時代に敷設された鎌倉街道が戦国時代までも継続するという、平板な鎌倉街道像が語られている」と批判した上で、埼玉県寄居町の鉢形城の分析などを通して鎌倉街道上道を主軸とした道から、西側の山の辺の道と川越街道—下野線という二本の街道に交通体系が変化した様子を想定し、その大きな原因は享徳の乱に伴う拠点変更、具体的には鎌倉の地位低下と江戸や河越などの地位上昇にあり、こうした変化が十五世紀後半頃にあったとする。[68]

では、こうした変化は常陸南部でも見られるだろうか。これについても寺院の移転が一つの手掛かりとなる。何度も登場している大聖寺は信太荘永国から田中荘平塚に移されたが、大永六年以前には元の永国へ戻っている。再移転の理由は不明だが、十六世紀初頭頃に一ノ矢―小田城道の地位が低下し、代わって永国を通過する伝鎌倉街道の地位が相対的に重要になった、などの変化が起こった可能性が考えられる。なお、この伝鎌倉街道は鎌倉街道下道にあたるとされており[69]、下道は通説では鎌倉―浅草―松戸を経て、牛久沼東岸から土浦・常陸府中へ向かうという[70]。ただし、現在の大聖寺は西の伝鎌倉街道を向いておらず、東の近世水戸街道を向いており、街道通過場所の細かな変化などがこの時期にあった可能性がある。また、日輪寺、北斗寺、千光寺、成願寺、邦見寺等の寺院は小田から周辺集落への移転を伝えている。個別の検証は必要だが、その数の多さは注目すべきである。いずれも十六世紀後半代に移転したようで、兵火にあったことなどが原因とされるが、小田に再興されず移転した理由は、小田の求心力低下に求められるのかもしれない。

一方で、小田氏の没落に対応する形で一族岡見氏の自立が進み、十六世紀の半ば以降、牛久城（現牛久市）と谷田部城（現つくば市）が史料上に頻出するようになる[71]。牛久城は牛久沼北岸にあり、このころ岡見氏の本拠であったが、佐竹・多賀谷氏の攻勢に対し、天正十五年（一五八七）以降は後北条氏が在番衆を置いている。谷田部城も岡見氏の有力支城だが、元亀元年（一五七〇）に多賀谷氏に奪われて以降は、岡見・後北条氏と多賀谷氏の間で幾度となく攻防が繰り広げられた[72]。谷田部城は東谷田川と西谷田川の間に立地し、水陸交通の結節点の一つとして近世以降も発展していく。両城とも十六世紀後半以降、「境目」の城として重要視され、交通の面でもその地位が高まったものと思われる。特に牛久城は牛久沼東岸を通過する鎌倉街道や水戸街道との関連も考えられる。

このように、常陸南部での交通路の変化としては、十六世紀前半代に萌芽が見える小田氏の没落によって小田城の求心力が低下し、一ノ矢―小田城道などが衰退する。十六世紀半ば以降は小田に代わって牛久城や谷田部城が史料に登場し始め、それに伴って牛久沼東岸を通り土浦城・常陸府中を経て常陸北部の佐竹領国へ向かう鎌倉街道（後の水戸街道へ繋がる）の地位がより向上したようである。この街道の路線は諸説あり、時代によっても変化すると思われるが、茨城県南部の利根町には「佐竹街道」という名前が残り[73]、中世末期に佐竹氏が常陸南部に進出してくる過程でこの街道筋が整備されていったことを示しているのかもしれない（天正十八年（一五九〇）には常陸府中を佐竹氏が攻略する）。小田氏の没落により、小田を経由する必要がなくなり、常陸府中や佐竹領国と南関東方面を直線的に結ぶ街道が重視されていったのであろう。

こうした変化は齋藤の指摘する十五世紀後半頃の画期に比べると遅れるようで、相模・武蔵・上野を中心とする関東平野西部とはやや異なる様相が伺える。その背景には小田氏が十三世紀代から十六世紀半ばまで一貫して小田を本拠とし移転しなかったことがあり、加えて常陸が関東平野の北東部に位置し、鎌倉にせよ江戸にせよ（あるいは京・大坂）いずれも南西にあって、目的地が変化したとしても向かう方向・方角はあまり変わらないことや、常陸川の渡河点がある程度限られている、という地理的条件などが関連していると思われる。

おわりに

本論では、小田が水陸交通の結節点にあり、常陸南部という地域の中で重要な位置を占めていたこと、そしてそこに本拠を定めた小田氏の成長に伴い、小田を中心とする交通網が再編されていったことを述べた。以後の変化は常陸の置かれた地理的・政治的条件により、関東平野西部で見られる大規模な再編とはやや様相が異なる可能性も示した。一方で紙幅の都合上、本来検討しなければならない「古河」を中心とする交通網との関わりは本論ではまったく触れることができなかった。今後の研究課題としたい。

註

(1) 小田氏は八田知家を始祖とするが、知家以後「筑後」を経て四代時知に至って初めて「小田」を名乗るという(糸賀茂男「常陸中世武士団の在地基盤」『茨城県史研究』六一、一九八八年、のち『常陸中世武士団の史的考察』岩田書院、二〇一六年に所収)。よって厳密には「八田氏」「筑後氏」「小田氏」を使い分けるべきであろうが、混乱を生じるので、本論中では「小田氏」で統一する。

(2) 糸賀「鎌倉時代の筑波」(『筑波町史 上巻』つくば市、一九八九年、のち糸賀前掲二〇一六年に所収)。桃崎祐輔「常陸三村山採集の永福寺系瓦と「極楽寺」銘梵鐘—三村山極楽寺の創建と八田知家をめぐる宗教環境—」(『歴史人類』三一、二〇〇二年)。市村高男「八田(小田)氏一族の発展と牛久地域」(『牛久市史 原始古代中世』牛久市、二〇〇四年)。

(3) 広瀬季一郎「中世小田の歴史的景観—小田城本丸跡発掘調査成果を中心に—」(『中世東国の内海世界 霞ヶ浦・筑波山・利根川』高志書院、二〇〇七年)。川村満博「茨城県内出土の非ロクロ成形かわらけについて」(『茨城中世考古学の最前線～編年と基準資料～』茨城県考古学協会シンポジウム資料、二〇一一年)。

(4) 糸賀は小田城の前身に常陸平氏流多気氏の居館があった可能性を想定している(「常陸小田氏の消長」『戦国武将小田氏と法雲寺』土浦市立博物館第三二回特別展展示図録、二〇一一年)。

(5) 内山「戦国期常陸小田氏城下町について—小田城下絵図の紹介を中心に—」(『常総の歴史』二三、一九九九年)。齋藤「中世小田の構造と変遷」(『復元小田城跡～発掘調査の成果から～』第2回国指定史跡「小田城跡」シンポジウムレジュメ、つくば市教育委員会、二〇一一年)。前掲註(3)広瀬文献。

(6) この道の記述は別稿で述べた内容を再編集したものだが、紙幅の都合上大幅な省略をしている。詳細については別稿を参照いただきたい(越田「常陸南部の古代・中世交通路」『茨城県考古学協会誌』二五、二〇一三年)。

(7) 玉影山宝珠院。時宗。開基不明(薗部寿樹「中世」『大穂町史』つくば市大穂地区教育事務所、一九八九年)。なお、時宗・時衆に関しては小野澤眞の研究に従い、中世は「時衆」近世以降は「時宗」を用いる(小野澤『中世時衆史の研究』八木書店、二〇一二年)。

(8) 奥沢哲也『玉取向山遺跡』(茨城県教育財団文化財調査報告第二六三集、財団法人茨城県教育財団、二〇〇六年)。

(9) 暦応四年(一三四一)十月二十九日付「別府幸実着到状写」(関城書考所収文書、筑八—一・九)。康永三年(一三四四)

二月日付「別府幸実軍忠状写」(集古文書所収文書、筑八―一三六)。
(10) 永享十三年二月一日付「結城氏朝安堵状」(健田須賀神社文書、筑八―二一七)。
(11) 前掲註(7)薗部文献。
(12) 井坂敦実『いまに残る郷土の文化遺産 つくばの古絵図』(地図と測量の科学館 開館十周年記念特別展展示図録、二〇〇六年)。
(13) 前掲註(7)薗部文献。
(14) 高野節夫『西平塚梨ノ木遺跡』(茨城県教育財団文化財調査報告第一九六集、財団法人茨城県教育財団、二〇〇二年)。
(15) 田原康司『島名前野東遺跡』(茨城県教育財団文化財調査報告第一九一集、財団法人茨城県教育財団、二〇〇二年)。飯泉達司『島名前野東遺跡』(茨城県教育財団文化財調査報告第二二五集、財団法人茨城県教育財団、二〇〇四年)。小松崎和治『島名境松遺跡 島名前野東遺跡』(茨城県教育財団文化財調査報告第二八一集、財団法人茨城県教育財団、二〇〇七年)。
(16) 網野善彦「平安時代末期の常陸・北下総」「鎌倉時代の常陸・北下総」(『茨城県史 中世編』茨城県、一九八六年)。前掲註(2)糸賀一九八九年文献。年月日未詳「足利尊氏・同直義所領目録」(薩摩比志島文書、筑八―五三)。
(17) 稲田義弘「島名前野東遺跡」(『研究ノート』財団法人茨城県教育財団、二〇〇三年)。また、館の堀の埋め土(中層)からは、「足利二つ引」と思われる墨書が表裏に書かれたかわらけが出土している。
(18) 前掲註(6)文献。また、平成二七年度に公益財団法人茨城県教育財団により、金田西遺跡の発掘調査が行われ、筆者が想定した河内郡衙伝路の路線通過地点とほぼ同じ場所から道の側溝と思われる溝跡が検出された。正式報告は報告書刊行を待ちたいが、想定している道が存在していた可能性が高まったと思われる。
(19) 清水哲「拠点集落の消長―常陸国河内郡嶋名郷―」(『古代の開発と地域の力』高志書院、二〇一四年)。
(20) 吉祥山文殊院。時宗。永仁五年(一二九七)に一遍弟子の一阿了向により開基という(谷田部の歴史編さん委員会『谷田部の歴史』谷田部町教育委員会、一九七五年)が、小野澤によると広義の時衆、一向俊聖教団に属していたとされる。前述の玉取西方寺も一向俊聖教団に属するといい、道を通した教線の広がりが伺え興味深い(前掲註(7)小野澤文献)。
(21) 岡「中世の大道とその周辺」(『中世のみちと物流』山川出版社、一九九九年)。

(22) 無量壽山阿弥陀院。真言宗。享保十六年（一七三一）に焼失、再建当時は禅宗であったという（前掲註(20)文献）。
(23) 藤原「中世のみち探訪」（『中世のみちを探る』高志書院、二〇〇四年）。また、島名地区及び後述のつくばみらい市福岡にもかつて東光寺という寺があったという（『茨城県の地名』日本歴史地名体系8、平凡社、一九八二年）。
(24) 鶴見貞雄「つくば市真瀬（旧谷田部町）の武蔵型板碑」（『婆良岐考古』二三、二〇〇一年）。
(25) 桃崎「筑波山周辺の宗教世界」（『中世東国の世界1 北関東』高志書院、二〇〇三年）。
(26) 推定路線沿いの鬼怒川西岸（下総国横曽根）には親鸞の高弟性信が創建した報恩寺（横曽根門徒の本拠地）がある（今井雅晴「性信坊関係史料—初期真宗教団史の一側面—」『茨城大学人文学部紀要人文学科論集』十九、一九八六年）。また横曽根は聖冏が永徳二年（一三八二）に『浄土二蔵二教略頌』を著した談義所のあった地としても知られる（菊地「浄土宗鎮西義の展開」『茨城県史 中世編』茨城県史編集委員会、一九八六年）。
(27) 大久保猪南『むかしわがむらわがくらし 筑波根の真瀬郷とその周辺』（新風舎、二〇〇五年）。大久保によると真瀬集落には他にも「東郷長者」という長者伝説や、「ジプサマ（治部？）」と呼ばれる高田家は京から来た一族で、前述の一ノ矢八坂神社は元々高田家の氏神で代々祀ってきたという話、さらには集落内の有力家飯田氏は小田治久の孫、治理を祖とするなど、小田城や街道との関わりが伺える興味深い話が伝わっているという。
(28) 後藤道雄『茨城彫刻史研究』（中央公論美術出版、二〇〇二年）。
(29) 中世の鬼怒川は現つくばみらい市小絹から東流し、小貝川と合流していた。寛永六年（一六二九）、小絹と現守谷市大木との間が開削され、鬼怒川は常陸川上流へ合流、旧河道は締め切られ小貝川と分離した（利根川百年史編集委員会『利根川百年史』建設省関東地方建設局、一九八七年）。
(30) 堀部『古代のみち—常陸を通る東海道駅路—』（上高津貝塚ふるさと歴史の広場 第十二回特別展展示図録、二〇一三年）。
(31) 鍛代敏雄「下総相馬氏の戦国史」・佐脇敬一郎「取手市の中世城郭」（『取手市史 通史編Ⅰ』取手市教育委員会、一九九一年）。永禄九年（一五六六）ヵ八月八日付「足利義氏書状写」（静嘉堂本集古文書、取古中—三二八）
(32) 元和二年八月付「定船場之事」（内閣文庫所蔵「御触書寛保集成」、取近Ⅱ—六四）
(33) 建武五年（一三三八）八月十日付「足利尊氏袖判下文」（士林證文、取古中—一四〇）。

(34)普龍山。事実上の開山は二代一阿聞空とされる。十三世紀末〜十四世紀初頭の作とされる善光寺式阿弥陀三尊像を蔵する(小川信「市域の寺社と仏像」『柏市史　原始・古代・中世編』柏市教育委員会、一九九七年)。

(35)浄土宗。光明山。応永三年(一三九六)開山か。寛永年間に現取手市井野に移転したとされる(本田捷彦「本多作左衛門重次とその一族に対する新考察」『茨城史林』二六、二〇〇二年)。

(36)佐脇「市域の中世城館跡」(『柏市史　原始・古代・中世編』柏市教育委員会、一九九七年)。

(37)総和町史編さん委員会『総和町史　資料編　原始・古代・中世』(総和町、二〇〇二年)。年未詳「足利高基感状写」(下総崎房秋葉孫兵衛旧蔵模写文書集三所収鮎川文書、総原古中―二―二―二―一―四五)。

(38)佐藤正好・中沢時宗・青木義夫『南守谷地区土地区画整理事業地内埋蔵文化財調査報告書』(茨城県教育財団文化財調査報告Ⅷ、財団法人茨城県教育財団、一九八一年)。

(39)前掲註(36)文献。

(40)小池康久「利根川舟運の成立と発展」(『取手市史　通史編Ⅱ』取手市教育委員会、一九九二年)。貞享四年(一六八七)「荷物河岸付につき大宝村船問屋訴答書並に裁許状」(小松原康之助所収文書、茨近社Ⅰ―一〇三)。

(41)この一ノ矢―小田城道と同様な路線を阿部正道も想定している。この道については図のみで文中の説明がなく詳細は分からないが、場所からみて小田城とそれに向かう鎌倉街道を示しているようである(阿部「鎌倉街道について―その分布と遺跡―」『人文地理学の諸問題　小牧実繁先生古稀記念論文集』大明堂、一九六八年)。

(42)高橋「「常陸守護」八田氏再考―地域間交流と領主的秩序の形成―」(『茨城の歴史的環境と地域形成』雄山閣、二〇〇九年)。

(43)本書資料編掲載拙稿参照。

(44)本書資料編掲載宇留野論文参照。

(45)前掲註(5)齋藤文献。不動ラインの名称は、軸線の延長線上にある前山に磨崖不動明王立像(十二世紀前半)があることによる。

(46)桜川は現在それほど大きな河川ではなく、中・上流部では水量が少ない。近世段階では小田城南西の大曽根村・太田村あたりまでは河岸が作られており、小田橋の少し下流にも河岸が存在した。渇水期には船底が川底につかえて立ち往生することもあったといい、小田近辺が水運の一つの限界点だった可能性もある（斉藤茂「産業の発展」『筑波町史 上巻』つくば市、一九八九年）。
(47) 市村「内海論から見た中世の東国」（『中世東国の内海世界 霞ヶ浦・筑波山・利根川』高志書院、二〇〇七年）。
(48) 湯浅「中世武士の拠点と陸上交通—千葉氏一族を事例として—」（『実像の中世武士団 北関東のもののふたち』高志書院、二〇一〇年）。
(49) 前掲註(42)文献。
(50) 前掲註(2)市村文献・(16)文献。新田英治「南北朝・室町時代の常陸・北下総」（『茨城県史 中世編』茨城県、一九八六年）。市村「南北朝動乱期の牛久地域」「鎌倉府の成立と小田孝朝の乱」（『牛久市史 原始古代中世』牛久市、二〇〇四年）。
(51) 市村「小田孝朝の乱と鎌倉府体制」（『牛久市史研究』八、牛久市、一九九九年）。前掲註(50)市村文献。なお、以下の孝朝に関する記述の多くは市村の各論文からの教示による。
(52) 『崇源寺鐘銘』（坪井良平「日本古鐘銘集成」、龍中—二—四—十四）。
(53) 『頼印大僧正行状絵詞』（静嘉堂文庫所蔵、牛中Ⅱ—一—三—五〇）。
(54) 内山純子『東国における仏教諸宗派の展開』（そしえて、一九九〇年）。
(55) 菊地勇次郎「佐久山方と醍醐寺末の真言宗」（『茨城県史 中世編』茨城県、一九八六年）。
(56) 前掲註(30)文献。
(57) 稲敷台地（中世の信太荘）には街道閉塞のために築かれた戦国後期の堀・土塁が多数残る。保科街道もこれらの遺構と各所で交わり、戦国時代以前からの街道であった可能性が高い（樋詰洋「稲敷の街道閉塞堀切群」『図説茨城の城郭』茨城城郭研究会、二〇〇六年）。
(58) 和泉田富美麿「長者（長者山）伝説」（『茨城の民俗』九、一九七〇年）。
(59) 千葉隆司「中世「出島」の宗教文化」（『中世東国の内海世界 霞ヶ浦・筑波山・利根川』高志書院、二〇〇七年）。
(60) 『常陸国富有人等注文写』（続常陸遺文四、龍中—二—三—八）。
(61) 前掲註(55)文献。

(62) 本書資料編掲載比毛君男論文参照。
(63) 前掲註(50)市村文献。
(64) 本書資料編掲載額賀大輔論文参照。
(65) 『孝尊置文』(円密院文書、龍中―二―四―四二)。
(66) 前掲註(51)文献。
(67) 伊藤喜良『東国の南北朝動乱 北畠親房と国人』(吉川弘文館、二〇〇一年)。
(68) 齋藤『中世を道から読む』(講談社、二〇一〇年)。同『中世東国の道と城館』(東京大学出版会、二〇一〇年)。
(69) 前掲註(62)文献。
(70) 三浦勝男「鎌倉街道」(『国史大辞典』三、吉川弘文館、一九八三年)。
(71) 両城とも史料上の初出は永禄年間作と思われる『小田氏治味方地利覚書』(上杉家文書、筑八―三一九)である。
(72) 久保健一郎「「境目」牛久地域と岡見氏」・八巻孝夫「牛久城」(『牛久市史 原始古代中世』牛久市、二〇〇四年)。
(73) 関口秀明「鎌倉幕府と交通」(『利根町史』利根町、一九八九年)。

出典史料の略記

『茨城県史料 近世社会経済編Ⅰ』→茨近社Ⅰ―〇〇
『総和町史 資料編 原始・古代・中世』→総原古中―〇〇
『取手市史 古代中世史料編』→取古中―〇〇
『龍ヶ崎市史 中世史料編』→龍中―〇〇
『牛久市史料 中世Ⅱ―記録編―』→牛中Ⅱ―〇〇
『筑波町史 史料編』第八篇→筑八―〇〇
『取手市史 近世史料編Ⅱ』→取近Ⅱ―〇〇

下野の鎌倉街道——中世会津街道を中心に——

江田郁夫

はじめに

かつて下野国を中心に中世の街道と都市、そして武士団について論じたことがある。[1] そこでは、まず大道に注目した。大道は、中世の陸上交通路の中心的な存在であり、最低でも二間(約三・六メートル)前後の道幅を有していた。なかでも、鎌倉と奥州外が浜を結んだ奥大道のばあいは、中世をつうじて関東と奥州を結ぶメインルートでありつづけた。

したがって、関東の最北端に位置した下野は、関東と奥州との「国境」として、政治・経済・文化・宗教の諸側面で重要な役割を演じることになった。たとえば、源頼朝の奥州合戦、南北朝の内乱、豊臣秀吉の奥羽仕置などにさいしては、頼朝、北畠顕家、秀吉指揮下の大軍が下野を通過していった。それぞれの場面において、下野が大きなポイントを占めていたことは、頼朝の宇都宮明神(二荒山神社)参詣、顕家の宇都宮城攻略、そして秀吉の宇都宮仕置が雄弁に物語っている。

また、経済面でも、奥大道のターミナルだった宇都宮は、すでに鎌倉時代から関東でも有数の都市域へと成長していた。もちろん、奥大道のような幹線交通路以外にも、複数の大道が下野国内を縦横に走っており、たとえば、宇都宮と結城を結んだ「宇都宮大道」や小山と足利を結んだ「小山大道」(仮称)などの存在が確認できる。

とくに「小山大道」は、最終的には鎌倉と越後・信濃方面を結ぶ鎌倉街道上道に合流するため、この小山・天命・足利を経由して鎌倉街道上道をとおるルート(鎌倉街道上道下野線)の重要性が近年になって注目されている。(2) 鋳物生産で知られる天命の繁栄は、そのような交通の至便性にも大きくささえられていた。

ただし、天命の惣社が越名沼や渡良瀬川にほど近い馬門郷に所在していたように、天命は水運とも密接に結びついていた。具体的には、天命で鋳造された鋳物製品は、越名沼から渡良瀬川、利根川の河川水運を利用して市場に供給される、ということも少なくなかったと考えられる。いうまでもなく、河川は陸上交通の阻害要因とはかぎらなかった。現に奥大道の重要ターミナルだった宇都宮、小山、下総古河、武蔵岩槻や川口は、それぞれ田川、思川、渡良瀬川、古利根川、元荒川などの河川と深いかかわりを有していた。そして、これらの重要地域を結んでいたからこそ、奥大道は奥州へのメインルートでありつづけたのである。

いっぽう、下野の武士団も街道とは密接不可分の関係にあった。たとえば、那須氏は奥大道、長沼氏は会津街道を一族で支配する街道の武士団という側面をもっていたし、佐野氏のばあいも佐野荘を南北に走る街道をやはり一族で掌握していた。このため、那須氏は奥州合戦などの影響で一時家督の混乱を招いたし、また室町時代には隣り合う白河結城氏と養子縁組を繰り返した。長沼氏は会津街道の要衝三依郷支配をめぐって、南北朝時代以降、宇都宮氏との矛盾を深めた。

佐野氏のばあいは、上佐野を拠点とする上佐野氏がやはり南北朝時代以降に台頭し、戦国時代には勢力を南下させて天命を支配下においた。そして、北では鍋山衆を臣従させている。鍋山衆とは、佐野荘の北隣戸矢子保の武士団で、島津一族を中心とする土豪集団である。かれらは、戦国時代以降、佐野氏に従って佐野領の北辺を守った。

総じて、下野武士団は南北朝時代を境に大きく変貌をとげ、家督・本領・一円支配をめぐって一族中や近隣領主層との対立を深刻化させていった。この結果、戦国時代には、たとえば長沼氏では惣領家が没落し、一族はあらたに皆川荘に拠点を移した。同じく、那須氏のかつての惣領上那須氏は十六世紀初頭には滅亡し、かたや島津一族は佐野氏に臣従する道を選んだ。

今回、下野の鎌倉街道について論じるにあたっては、以上の点を念頭においたうえで、やはり関東と奥州との「国境」という下野の地理的な特徴に注目したい。具体的には、奥大道以外で唯一下野を経由して奥州まで到達することが可能な大道である会津街道に着目し、その歴史的な重要性をあきらかにしたい。

1 下野から奥州会津にいたる街道

先に会津街道と称したのは、一般的には会津西街道とよばれる街道をイメージしている。会津西街道とは、下野今市宿から奥州会津にいたる街道である。[3] 近世段階の大まかな道筋を紹介すると、今市宿で日光道中から分かれ、大谷川を越えて芹沼新田境に達する。そこで左右に分岐し、右は大田原通会津道(日光北街道)、左が会津西街道になる。その後、大桑村の先で鬼怒川を渡り、以後は鬼怒川沿いを高徳・大原・藤原村の順で北上する。そして難所のひとつである高原峠を越えて五十里村にいたり、今度は男鹿川に沿って中三依・上三依・横川村を過ぎ、ふたつめの難所で下野・奥州の「国境」でもある山王峠を越える。それから先は奥州の糸沢村以下の村々を経由して、終点の会津若松城下に到達する。

近世の史料によると、下野ではこの街道が「会津道」「会津街道」「中奥街道」とよばれたことがわかり、現存する当時の道標などの多くにも「会津道」と記されている。いっぽう、会津では「下野街道」「日光街道」とよばれ、古くは「南通り」「南山通り」と称されることもあったという。

ちなみに、会津から下野にいたる主要な街道として、以上のような会津西街道のほかにも、①会津を出て猪苗代湖の南岸をとおり、白河に着いたあとは奥州道中を南下して下野にいたる「白河通り」(会津東街道)と、②会津から松川・野際新田を経て那須大峠を越え、那須山中の三斗小屋から矢板・氏家にいたる「松川通り」(会津中街道)もあった。このうち②会津中街道は、天和三年(一六八三)の大地震が原因で会津西街道の通行が一時的に途絶したため、その後会津藩によって開発された新道になる。

興味ぶかいことに、天正十八年(一五九〇)に最後の敵対勢力である小田原北条氏を滅ぼした豊臣秀吉は、つづいて下野宇都宮、奥州会津で天下統一の総仕上げを行った(宇都宮・会津仕置)。このとき、七月二十六日に宇都宮に到着した秀吉は八月四日まで宇都宮に滞在し、宇都宮出発後には近世の奥州道中の経路ともほぼ重なる氏家・喜連川・大田原・芦野宿を経由して奥州白河に達した。そして、白河からはほぼ①会津東街道の経路で八月九日に会津へと入った。秀吉は五泊六日の行程で宇都宮から会津までを行軍したのである。その後、おそらく八月十二日に会津を出発した秀吉は、会津西街道の経路をたどって同月十四日に宇都宮に到着し、翌日には宇都宮を出て下総古河に向かっている。[4] つまり、会津東街道・西街道はともに天正十八年の時点ですでにその原型が成立していたことになる。

そして、秀吉が下野宇都宮と奥州会津との往復にさいして利用した街道は、下野の側からみれば、往路が奥大道＋会津東街道、復路が会津西街道＋中世日光街道だったことになる。結局、東国の中世の終焉ともいえる秀吉の宇都宮・会津仕置において、下野から直接奥州に到達できる街道としては、奥大道と会津西街道が機能していたわけであり、以下では中世の段階でほぼ会津西街道に相当したとみられる街道を、中世会津街道と称することにしたい。

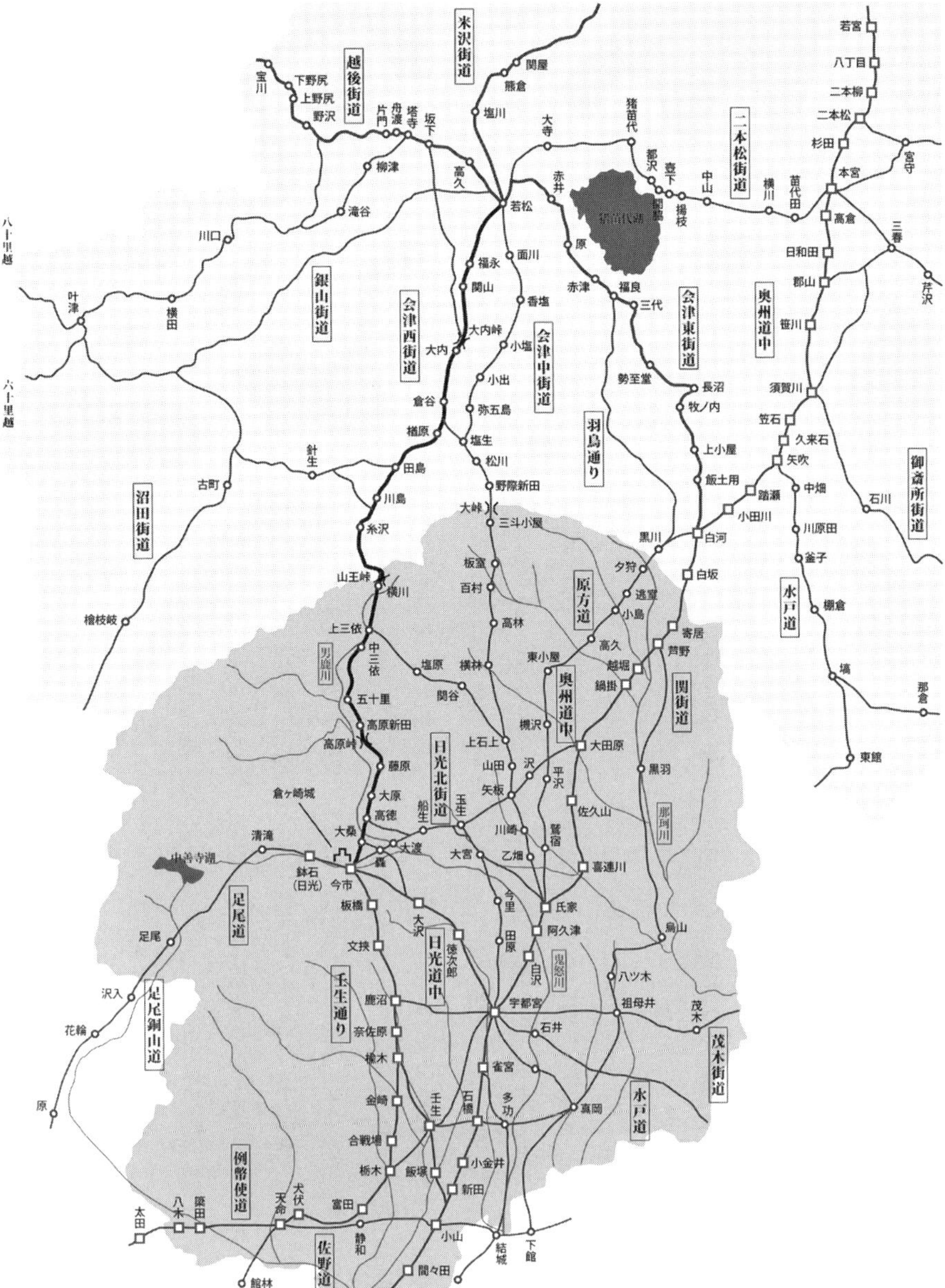

図１　近世の下野・南奥州主要街道図

2　中世会津街道の実態(その一)

天正十八年七月五日に小田原城の北条氏政・氏直父子を降伏させた秀吉は、十三日に小田原城に入城し、十七日には鎌倉鶴岡八幡宮に参詣、そして二十六日に宇都宮に到着した。ただし、秀吉の奉行衆はすでに七月十三日に宇都宮に先着して以後の仕置の準備を進めており(『今宮祭祀録』)、同じく前田利家も十七日に下野鹿沼に着陣し、十九日には鹿沼の北方・大沢野(大沢一帯をさす地名か)に陣を移す予定だった。(5) 大沢野は宇都宮から日光にいたる中世日光街道の中間地点で、それまでの前田利家の行軍ルートからすると、利家は大沢野からは中世会津街道を経由して奥州入国を果たす予定だったことがうかがえる。前田利家の軍勢は、秀吉とは別ルートで奥州まで進軍していったのである。

また、これに先立ち同年四月十四日の時点では、当時会津を本拠にしていた伊達政宗が小田原城を囲む秀吉のもとに参陣するため、「明日十五号大内所江出馬ニ候、仍関東表之事、小田原悉被押詰、当方ヨリも日光表打出、所々可属手裏事、曆《ママ》然ニ候」旨を重臣の留守政景に表明している。(6) 最終的に政宗は小田原に遅参することになるが、この段階ではひとまず中世会津街道を南下して大内までいたり、その後日光表まで到達するつもりだった。会津から関東への最短経路が中世会津街道だったことがうかがえる。

くわえて、つぎのような史料も存在する。鹿沼城主壬生義雄が、南会津の田島城主長沼氏にあてた書状である。年欠だが、書状中にみえる「倉ケ崎」は当時、壬生氏と対立関係にあった主家宇都宮氏が再興した倉ヶ崎城を意味し、関連史料からは倉ヶ崎城が天正十五年に再興されたことが確認できるので(『今宮祭祀録』ほか)、〔史料一〕も同年のものと判明する。

〔史料一〕壬生義雄書状(「栃木県立博物館寄託文書」)

急度令啓候、仍自敵方倉ケ崎取立候之間、小田原江様子申進候処ニ、御出勢ニ候、今明之間、利根川可為御取越候、於于御陣中奥州様（北条氏照）江御用之儀も候者、可被仰越候、京都御和談ニ候之間、万方如思召候間、旁々以可御心易候、当表之模様定而自遊城坊可有伝達候、取込之間、早々一筆申候、余事追而可申入候、恐々謹言、

壬生

拾月九日　義雄（花押）

長沼殿

御宿所

〔史料二〕で義雄は、倉ヶ崎城をめぐる戦況を報告し、あわせて北条氏と豊臣秀吉との講和（「京都御和談」）が成立したので安心するよう、長沼氏に伝えている。このうち「京都御和談」には検討の余地があるが、倉ヶ崎城攻略のための援軍として北条氏照が派遣されたのは事実で(7)、北条氏らの攻撃によって倉ケ崎城は同年十月二十日に落城して

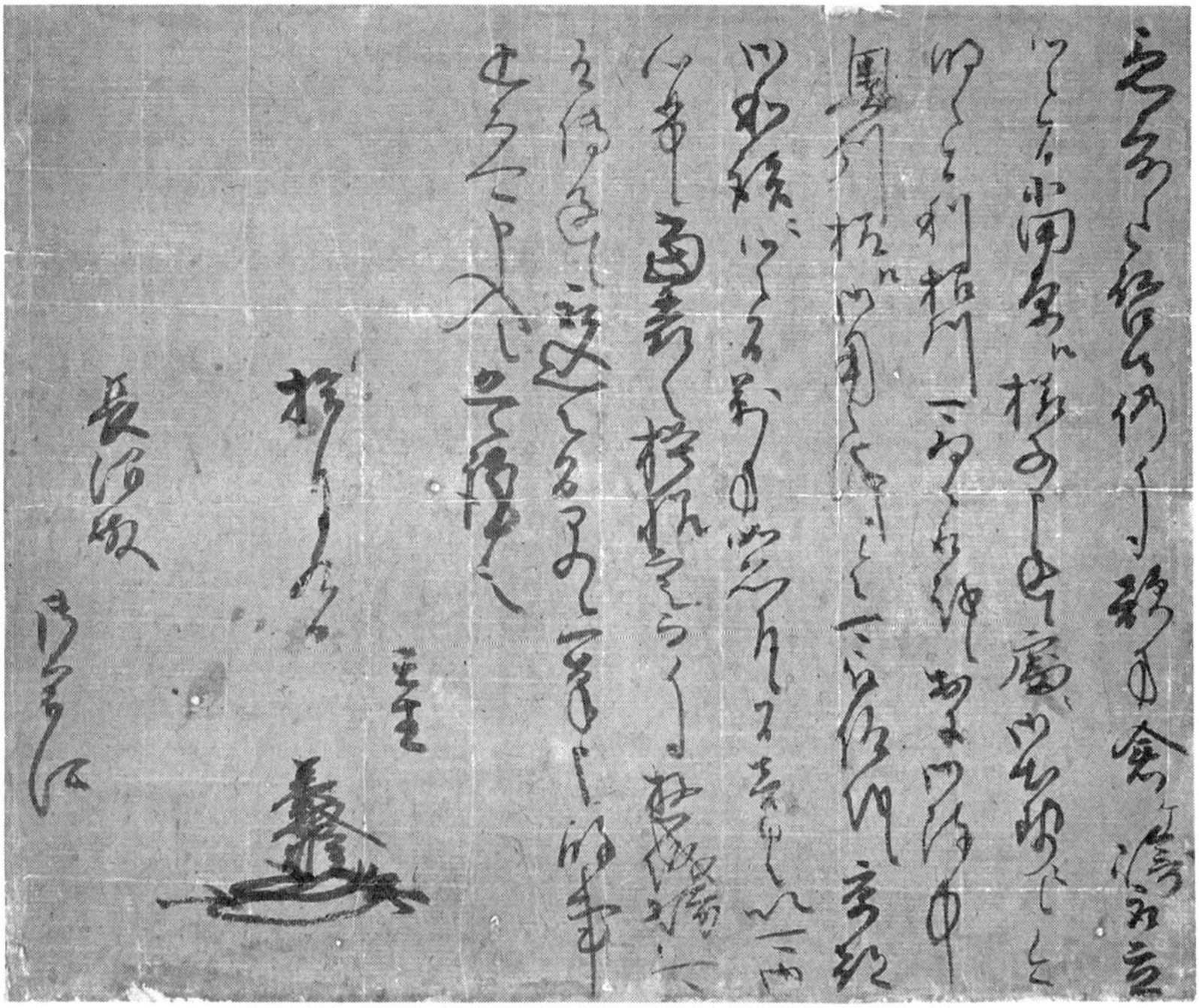

図2　壬生義雄書状

いる。[8]

注目されるのは、義雄と長沼氏がともに中世会津街道の沿道を支配する国衆だったことで、義雄は街道の下野側の出発点である今市を含めた日光山麓一帯、長沼氏は街道のほぼ中間点である田島を中心にその周辺(奥州南山)を所領としていた。そして倉ヶ崎城は、今市から大谷川を渡って芹沼にいたる途中の西側にそびえる茶臼山を城郭化した山城であり、街道との距離はわずか数百メートル、大谷川の渡河点までも一キロメートルに満たない、街道を扼する重要地点に位置していた。

つまり、宇都宮氏による倉ヶ崎城の再興は、中世会津街道の封鎖を主眼にしており、これにともなって敵対関係にあった壬生氏ばかりでなく、日常的に中世会津街道を利用している長沼氏も政治的・経済的に深刻な影響をこうむることとなった。〔史料二〕で義雄が、「当表之模様定而自遊城坊可有伝達候、取込之間、早々一筆申候」と記しているように、通常ならば倉ヶ崎城の一件は、長沼氏と師壇関係を有していたとみられる日光山内の遊城坊が伝えるべき案件ではあったが、倉ヶ崎城の再興によって義雄の政治的な影響下にあった日光山も混乱状態に陥ったため、急ぎ義雄が長沼氏に書状をしたためたという。

義雄への援軍の動員にあたって北条氏では、「打立日限、奥州《(氏照)》可被申届候、其筋目一刻片時も遅参ニ付而ハ、可為越度候、無遅々参陣候様」と厳命しており、[9]北条氏にとっても一刻を争うような事態だったことがうかがえる。その理由は、義雄から北条氏に対し、「手前折角之由」の申し出があったとのことであり、倉ヶ崎城の再興が義雄の「手前」(領域、領分、以上『日本国語大辞典』)が「折角」(難儀、窮迫、以上『邦訳日葡辞書』)状態になるほどの影響を与えていたのである。

以上のように倉ヶ崎城という、宇都宮氏支配下のたったひとつの城館の存在が、隣接する壬生氏だけでなく、関連する諸氏までを巻き込んだ一大騒動に発展することになった。その根本的な要因として、倉ヶ崎城が封鎖した中世会津街道の重要性があったと考えられる。そこで、以下では天正年間以前に時間をさかのぼらせて、ひきつづき中世会津街道の実態に注目してみたい。

3　中世会津街道の実態（その二）

戦国時代以前の中世会津街道に関する史料として、つぎの史料がある。

〔史料一二〕足利持氏書状（文化庁保管「皆川家文書」『二宮町史』史料編Ⅰ、以下『二宮』と略す、二七六―一）

下野国三依郷事、被宛行長沼淡路入道之処、宇都宮右馬頭持縄〔綱〕致押領候、忠節異他之仁候、早速可渡付候、謹言、

九月九日　（花押）

宇都宮弾正少弼殿

差出人は、応永十六年（一四〇九）に第四代鎌倉公方に就任した足利持氏である。書状に据えられた持氏の花押は、応永三十三年（一四二六）正月十六日の御判改め以前の花押型なので、〔史料一二〕は同年以前に発給されたことになる。

下野国三依郷は中世会津街道沿いの郷村で、近世の横川・上三依・中三依・独鈷沢村等にほぼ該当するとみられる。いわば下野最北端の郷村で、下野・奥州の「国境」の山王峠を越えれば、長沼氏の所領である奥州南山（長江荘）に到達する。したがって、長沼氏が南山から下野に勢力を南下させるにあたっては、三依郷が最初の関門となっていた。三依郷は鎌倉時代以来、宇都宮氏が領有していたが（『今宮祭祀録』ほか）、〔史料一二〕によると、足利持氏があらたに長沼義秀に宛行ったことがわかる。ただし、宇都宮氏の当主持綱はこれを認めず、実力で三依郷支配を維持したため、持氏は宇都宮一族の弾正少弼に三依郷を長沼義秀に交付するように命じている。

宇都宮持綱は、応永二十三年（一四一六）におこった鎌倉府の分裂騒動（上杉禅秀の乱）後、室町幕府将軍足利義持と

の関係を深め、将軍に直属する京都御扶持衆となった。また、義持の支持もあって、前関東管領上杉禅秀の没落で欠員となっていた上総守護にも任じられている。いっぽう、長沼義秀は当時、奥州南山を本拠としていたが、持氏の祖父氏満の代に奥羽が鎌倉府の分国化したこともあって鎌倉公方との関係を強化し、持氏の父満兼の代には鎌倉府治下の東国を代表する有力大名（関東八屋形）へと成長していた。

宇都宮氏の領有下にあった三依郷が鎌倉府に没収され、長沼氏に宛行われた理由は定かではないが、このころ幕府と鎌倉府との関係は一触即発の危機的状況にあった。事実、応永三十年に持綱は幕府の命に従って常陸小栗城（茨城県筑西市）に籠城し、足利持氏の親征によって小栗城が落城したあとは、八月九日に下野国塩谷荘川崎近辺で自刃している（続群書類従所収「宇都宮系図」ほか）。持綱としては、川崎から塩原を経て三依郷にいたり、ついで山王峠を越えて奥州入りを果たすつもりだったとみられる。

しかし、もしぶじに奥州に到達できたとしても南山では長沼氏が待ち構えていた。たとえば「宇都宮右馬頭持綱郎等白久但馬入道」は「南山内伊北」を通過中に拘束され、同じく「彼仁《持綱》家人等」の越路備中守・岡本蔵人・大山田甲斐守・矢板修理亮らは「南山内立岩」で長沼氏によって討ち取られた。[10] 白久氏のばあいは持綱の使者として京都をめざしていたといい、幕府・鎌倉府間の対立が深刻化するのにともなって下野から奥州南山を経て、越後経由で上洛するルートが一般化していたことがうかがえる。

〔史料二〕に「忠節異他之仁候」との一節があるように、長沼義秀は鎌倉公方持氏へ無二の忠節を励んでおり、三依郷が義秀に宛行われたのには日ごろの奉公に対する恩賞的な意味合いがあったとみられる。義秀を含めた長沼氏歴代にとって三依郷の領有は長年の念願だった。また、没落した宇都宮持綱とその家臣はともに中世会津街道を利用して奥州入りをはかっており、持氏の信頼あつい長沼氏が街道の難所・山王峠の南側に位置する三依郷を押さえれば、山王峠北側の南山とあわせて中世会津街道の掌握は万全となる。つまり、今回のように三依郷が長沼・宇都宮両氏の係争地となった背景には、まず中世会津街道の政治的・経済的な重要性があり、そこに幕府・鎌倉府間の対立がくわわって事態がより複雑化したのである。

以上、いくつかの史料をもとに中世会津街道の政治的な重要性を確認してきたが、経済的な役割をうかがわせるものとして、つぎの史料があげられる。

〔史料三〕某過書写（東京大学史料編纂所所蔵「寺社古状」一、『栃木県史』史料編・中世三）

藤原関所事、興禅寺造営之時、材木高数等、以当住持判、無遅儀可申通之状、如件、

明徳五年三月五日

藤原代官方

後世に謄写された史料のため差出人が不明だが、「寺社古状」に所収されるほかの史料には署名のほかに花押影まで記載されたものもあるので、〔史料三〕の原本にはもともと署名はなく、花押だけが据えられていた可能性がたかい。あわせて、書き止めは「如件」となっており、花押を据えた本人が発給した過書ということになる。宛名の藤原代官とは、藤原関の管理・運営にあたる役人をさし、たぶん差出人の家臣が在任していた。

いっぽう、興禅寺は宇都宮に所在した臨済宗寺院で、正和三年（一三一四）に宇都宮貞綱によって創建されたと伝わる。[11]以後も宇都宮氏の歴代当主からあつい保護をうけていたことが「寺社古状」等の関連史料からうかがえる。〔史料三〕では、興禅寺の造営に必要とされる木材を興禅寺住職の求めに応じて滞りなく通過させるように、藤原関の代官に命じている。以上の点からすると、本書の差出人は明徳五年（一三九四）時点の当主宇都宮満綱と考えられる。ちなみに、満綱は応永十四年（一四〇七）に三一歳で病没し、その後継者として一族の武茂氏から迎えられたのが持綱になる。

〔史料三〕によって、中世会津街道には藤原関が設置されていたことがわかるほか、「無遅儀可申通之状」との文言からもうかがえるように藤原関では、関所を通過する人物・商品等に対して検問・徴税が行われていた。なかでも、

〔史料三〕は興禅寺造営に必要な用材の取り扱いに関してなので、それらの木材は実際には陸路ではなく、中世会津街道に沿って南流する鬼怒川を利用して宇都宮近郊まで運ばれたとみられる。したがって、藤原関自体も中世会津街道だけでなく、街道沿いの鬼怒川の河川水運も検問・徴税の対象とする関所だったことがあきらかとなる。

たしかに、中世会津街道の沿道には広大な山間地帯が広がっており、木材はもちろん、薪炭や漆・蠟燭など、豊富な森林資源をもとにした商品生産がさかんだった。そして、中世会津街道の特徴として、陸路に沿って下野では男鹿川・鬼怒川が南流し、奥州では阿賀川が北流する点がある。藤原関の事例からもうかがえるように、中世会津街道を利用した物流は、陸上交通のみならず、状況に応じて男鹿川・鬼怒川・阿賀川等の河川水運も併用していた可能性が考えられる。険しい山間地帯を通過し、途中には高原峠・山王峠などの難所が待ち受ける中世会津街道だが、河川水運の併用という面では条件的に奥大道とは異なる利便性があり、それゆえ奥大道とならんで重要視されることになったとみられる。

そして、藤原関が設けられた藤原村は、軍事的にも重要な拠点だったことを示すのが、以下の史料である。

〔史料四〕足利基氏御判御教書（文化庁保管「皆川家文書」『二宮』一一一八）

宇都宮下野守《氏綱》可引籠藤原由、有其聞、早差塞通路、可廻退治之術之状、如件、

貞治二年九月六日　（花押）

長沼淡路守殿

足利尊氏の次男で、初代鎌倉公方の基氏が、長沼義秀の父秀直に下した御教書である。長沼氏は、秀行・秀直父子のころに下野長沼荘から奥州南山に本拠を移しており、この御教書では南山に在郷する秀直に対して、宇都宮氏綱の追討を命じている。

氏綱は、元服のさいに足利尊氏から「氏」の一字を拝領し、尊氏・直義兄弟の対立にともなう観応の擾乱では軍事

的に劣勢だった尊氏を苦境から救っている。系譜的には、宇都宮満綱の祖父にあたる。観応の擾乱での功績によって越後・上野守護に抜擢され、東国支配を託された基氏を支えた。しかし、氏綱は貞治二年（一三六三）に鎌倉府内部の政争に巻き込まれて越後守護を罷免され、ついで同年八月二十六日には基氏と武蔵岩殿山一帯で戦って敗れた。この結果、氏綱は上野守護職も失っている。

どうやら岩殿山一帯で基氏と戦ったのは、氏綱の重臣で上野守護代の芳賀高貞・高家兄弟を中心とする軍勢だった模様で、基氏は岩殿山での合戦後、ひきつづき〔史料四〕の長沼氏や周辺の那須一族・茂木氏などに参陣・軍忠を求めている[12]。退却した芳賀氏らを追って基氏は、宇都宮氏の本拠地まで攻め寄せる心づもりだった。そして、九月五日の時点で基氏は、その途中の下野足利に滞陣中だったことが確認できる[13]。

したがって、翌九月六日づけの〔史料四〕は、足利、もしくはその先の天命・小山あたりで基氏が下した御教書になる。この段階での最新情報は、宇都宮氏綱が宇都宮城を没落して中世会津街道沿道の藤原村に「引籠」もる可能性があるということだった。このため本来ならば鎌倉府の管轄下にはない奥州の長沼氏に対しても、基氏は非常事態的な対応として氏綱の追討を命じたのである。

もし氏綱が藤原村に「引籠」もったばあい、その後中世会津街道を利用して奥州へ逃亡をはかる可能性があり、同街道の奥州側の入口・南山を支配する長沼氏によって街道を封鎖すれば、その心配はひとまず解消される。また、藤原村は関所が設けられるような交通の要衝であり、氏綱が藤原村に「引籠」もったさいには軍事的な拠点ともなりうる場所だった。それゆえ、〔史料四〕では「逃亡」といった文言ではなく、「引籠」もると表現されたと考えられる。そして〔史料四〕に「可廻退治之術」とある以上、長沼氏が果たすべき役割は、中世会津街道の封鎖だけにとどまらず、氏綱が藤原村に「引籠」もるようであれば、街道を南下して北側から藤原村に攻め寄せて氏綱を「退治」することも期待されていたとみられる。以上のように中世会津街道は、戦国時代のみならず、南北朝・室町時代から関東と奥州を結ぶ重要交通路（もうひとつの奥大道）として機能していたことがわかる。

おわりに

以上、本稿では奥大道以外で下野から奥州に到達可能な大道である中世会津街道に注目し、政治・経済・軍事的な重要性とともに、その成立が南北朝時代以前までさかのぼることをあきらかにした。

この点に関連して想起されるのが、文治五年（一一八九）の奥州合戦で源頼朝が奥州藤原氏を滅ぼしたあと、その恩賞として小山朝政・長沼宗政・結城朝光の三兄弟に、それぞれ奥州の菊田荘・長江荘（南山）・白河荘を与えたことである。以上の荘園は、ともに関東と奥州との「国境」に位置し、なかでも両者を結んだ重要交通路である東海道が菊田荘を、奥大道が白河荘を通過するほか、荘内には古代以来の関で、かつ歌枕としても著名な勿来関、白河関が所在していた。

本稿で注目した中世会津街道のばあいは、東海道・奥大道と比べて知名度の点で劣るほか、勿来関・白河関のような古代以来の関の存在も明確には確認できない。しかしながら、実際に関東と奥州を結ぶ重要交通路（もうひとつの奥大道）として機能していたことが以上の史料から確かめられ、下野国内には藤原関という関所も設けられていた。たぶん奥州でも田島周辺に中世の関所があった可能性があり、それがのちに長沼氏の城下町に発展していったとみられる。

したがって、頼朝の信頼あつい小山一族に菊田荘・長江荘（南山）・白河荘が一斉に与えられたことからみて、東海道・奥大道と同様に中世会津街道のばあいもその原型の成立は中世以前にさかのぼる可能性がたかく、古代以来の街道が通過し、重要な関が荘内に存在していたからこそ、南山は長沼宗政に宛行われたと考えられる。

なお下野には、奥大道や中世会津街道などの南北方向の街道のほかにも、「小山大道」など東西方向にも重要な幹線交通路が存在していた。今後は、それらの街道についても検討をつづけていきたい。

註

（1）拙著『中世東国の街道と武士団』（岩田書院、二〇一〇年）。
（2）齋藤慎一『中世東国の道と城館』（東京大学出版会、二〇一〇年）。なお、齋藤は奥大道（鎌倉街道中道）の渡河点である高野・古河渡間のルートは洪水の常襲地帯であり、安定した幹線道路とはなりえなかったため、戦国時代以前の関東から奥州にいたるメインルートは鎌倉街道上道下野線だったと主張している（「鎌倉街道中道と下野国」栃木県立文書館編『戦国期下野の地域権力』岩田書院、二〇一〇年）。
（3）栃木県教育員会事務局文化財課編『栃木県歴史の道調査報告書』第三集（栃木県教育委員会、二〇一五年）。
（4）拙稿「豊臣秀吉が宇都宮で過ごした一一日間」（『戦国大名宇都宮氏と家中』岩田書院、二〇一四年、初出二〇〇五年）。
（5）前田利家書状（大日本古文書『浅野家文書』五二）。
（6）伊達政宗書状（「八槻神社文書」『仙台市史』資料編10伊達政宗文書1、六六八）。
（7）北条氏直書状（「潮田文書」『鹿沼市史』資料編古代・中世編年資料、以下『鹿沼』と略す、四七九）。
（8）『三十講表白』（『鹿沼』四八一）。
（9）註（7）に同じ。
（10）某軍忠状（文化庁保管「皆川家文書」『二宮』二七五）。
（11）『角川日本地名大辞典』9栃木県（角川書店、一九八四年）ほか。
（12）鎌倉公方足利基氏御教書写（「秋田藩採集文書」二〇、『神奈川県史』資料編3古代・中世、以下『神奈川』と略す、四四七一）。鎌倉公方足利基氏御教書（「茂木文書」『神奈川』四四七五）。
（13）烟田時幹著到状（「烟田文書」『神奈川』四四七八）。

下総西部の鎌倉街道中道

内山俊身

はじめに

本稿は、鎌倉街道中道のうち下総西部、とくに茨城県古河地方やその周辺地域（図1）における道筋・歴史的景観、及びその構造と特質について述べるものである。中道の性格については近年の齋藤慎一による上道下野路線との関係からの言及があるが[1]、筆者は意見を同じくする部分と、そうでない部分を持っている。最初に当地域の道筋・歴史的景観に触れ、その後に、下総西部の中道の構造と特質について考察し、最後に齋藤説について私見を述べてみたい。

1　道筋と歴史的景観

「鎌倉街道」の呼称は、「鎌倉往還」「鎌倉道」などとともに、往古を偲ぶ古道として、近世後期になって幕府・諸藩や民間の地誌編纂等で採録され通称されてきたものである。当地域に関わる鎌倉時代の確実な文献史料では、「奥大道」（『吾妻鏡』建長八年六月二日条）、「鎌倉大道」（元亨元年八月付沙弥暁尊寄進状案、『金沢文庫文書一』）、「宇都宮大道」（応永二十年七月二十一日付沙弥性永奉書、『建田須賀神社文書』）と見え、「大道」と呼び習わされていた。また『太

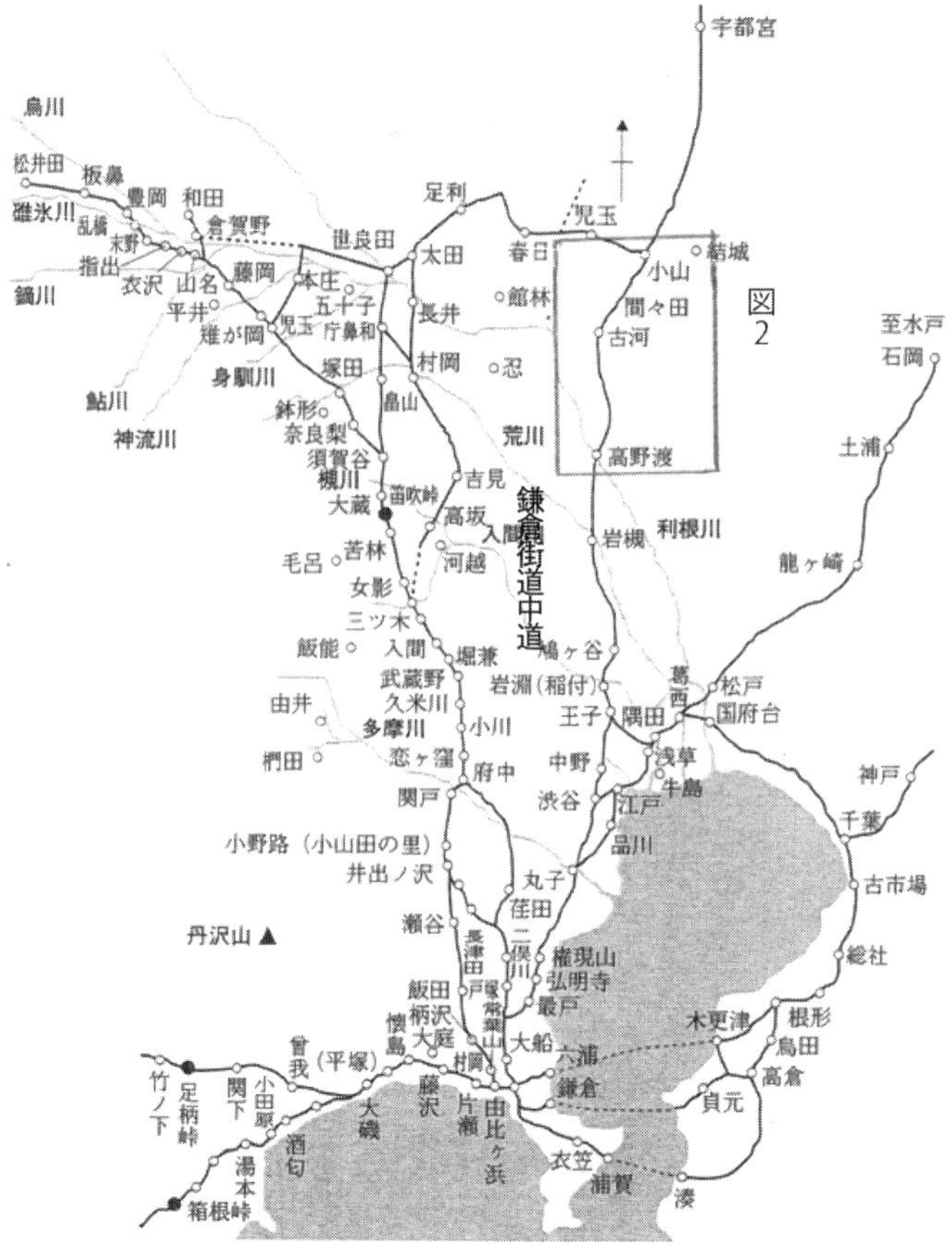

図１　鎌倉街道要図(齋藤慎一『中世東国の道と城館』より転載)

平記』『梅松論』では、鎌倉から北陸・奥州方面へ向かう三大ルート(上道・中道・下道)の一つ「中ノ道」「中の道」が通過したとされ(図1)、源頼朝の奥州合戦では「中路」なる表現で呼ばれていた(『吾妻鏡』文治五年七月十七日条)。この中世史料に見える道と当地域に伝わる「鎌倉街道」が如何なる関係にあるかは必ずしも明確ではなく、近世地誌や明治以降の地域史研究・自治体史編纂等で、古道推定に併せて推定されている状況にある。

現在に伝承される当地域の「鎌倉街道」や「古道」は、概ね埼玉県久喜市(旧栗橋町)、幸手市、千葉県野田市(旧関宿町)方面から栃木県小山市・茨城県結城市方面へ南北に向かう幾筋かの道筋と、その間を結ぶ連絡路という形態を持っている。南北道は、近世地誌・絵図・小字名等にしばしば「鎌倉より奥への駅路」「奥ヘノ往還」「奥州道」などと見え、鎌倉と奥州を結ぶ隔地間交通路としての性格を伝えている。ただ日光街道など近世道と比較してその道筋は、渡良瀬川沿いの自然堤防や、旧常陸川(現利根川中下流部)に注ぐ支流や湖沼間の縁辺部など、比較的通行可能な部分を選択して通過しており、中世の自然条件に強く規定されたものであった。

これまでの地域史研究・自治体史編纂の成果を総合すれば、その道筋は概ね六筋考えられる(図2：A～F)。主たる道筋を概観しておく。

図2　古河市・五霞町・境町鎌倉街道要図
(内山俊身「下総西部の中世の道」より)

①古道A　地域史研究では、旧古河町内を通過するA・B・Cの道筋のうち中世最古の道と考えられている。一部、渡良瀬川左岸の自然堤防上を利用した点に特色がある。六ルートの中では最も西寄りで、B・C道との差異は、旧古河町内でも鎌倉御家人下河辺氏の居館の地と伝える近世古河城一帯を通ることである。

②古道B　近世初頭の古河城下絵図に見える古道で、一部「鎌倉街道」の伝承が残るが、それよりも古河公方関係の寺社が道

沿いに夥しく立地しており、戦国期に最も利用された道筋と考えられる。

③古道C　近世地誌『古河志』(小出重固、文政十三年)に「ふる街道」と記されている道筋で、近世日光街道の前身となる原・日光街道の一部と推測されている。

④古道D　古道A・Bよりは東側に位置し、旧古河町内は通過せず、旧総和町域を通過する道筋である。道沿いには多くの「鎌倉街道」遺称地や静御前伝承、また鎌倉・室町期に遡る古寺院・遺跡が残っており、古道Aにも並ぶ古い道筋と考えられる。この道筋の最大の地理的特徴は、六ルートの中で唯一、一般に「関東の二大河川水系」(旧利根川水系と常陸川水系)と評価される水系の最も近接する地域(前林・磯部)を通過していることである。

⑤古道E　古道A・Bと古道Dを結ぶ連絡路で、二大河川水系をつなぐ性格がある。地域史研究では、古道A・BとDと結んで「鎌倉街道中道」、あるいは「奥州本道」とも想定されている。(2)

⑥古道F　古道Dよりさらに東側、境町や旧三和町・結城市を通過する道筋である。現在の県道結城野田線にほぼ一致する。古道A・Dとは異なり、千葉県関宿方面から北上し、基本ルートは小山へは向かわず、結城から宇都宮市雀宮へ抜け、そこで中道(奥大道)に接続すると見られる。関宿から南へは、一つは鎌倉街道下道に千葉県松戸付近で接続し、もう一つは同中道に埼玉県岩槻で接続して、中道の支線の一つと考えられている。(3)本書清水論文で詳述するように、鎌倉末期の一次史料で鎌倉街道(「大道」)として確認できる道筋である。近世の関宿通多功道(日光東往還)とほぼ重複する。

つぎにここからは、鎌倉街道の道筋に沿って周辺の歴史的景観を見ていく。なお六ルートのうち、鎌倉時代に主に利用されたと思われるA・D・Fを中心に、他は関連する部分のみを取り上げることにする。

〈古道A─中田から鳥喰・立崎を経て古河へ─〉

この道筋は、武蔵川口（埼玉県加須市）で古利根川（中川）を越え、埼玉県久喜市（旧栗橋町）の高柳から同市の佐間、松永を経て伊坂で渡良瀬川を渡河し、茨城県内の古河市内に入り栃木県小山方面へ抜けるものである。

まず伊坂の対岸となる古河市中田に入り、そこから鳥喰・新久田・牧野地・立崎を経て旧古河町へ向かう。中田の浄土真宗光了寺には、鎌倉初期の作である聖徳太子立像や静御前伝承にまつわる蛙蟆龍の舞衣が寺宝として伝わる。文明十八年（一四八六）、京都より北陸・関東・東北を旅した道興は、その歌日記『廻国雑記』に「なり（か）田といへる所にてはじめてふじをながめて」と、古河より水海（旧総和町）への移動の途中で中田に立ち寄っている。また再び鎌倉から下野佐野・日光へ赴いたおり、「鳥はみ（鳥喰）といへる所を過行けるに」と記している。おそらく二回の旅とも、中田〜鳥喰〜古河と、この道筋を利用したものであろう。現在鳥喰から新久田へ向かう部分には、往時の古道と思われる道筋が残っている。新久田には街村状態に上宿・中宿・下宿の小字が残り、道筋はその間を抜け、「往還南」「往還西」の小字のある牧野地を経て渡良瀬川左岸微高台地上の立崎へ至ったものと思われる。(4)

近世地誌の『許我志』（原念斎、文化五年）には、「立崎郭川手門ノアタリ、昔シ奥ヘノ往還ニシテ、此辺ニ渡シ有シ」と、立崎に奥州への道筋（「奥ヘノ往還」）や武蔵側への渡し場があったと伝える。立崎郭に接する近世古河城・旧頼政曲輪に関しては、『永享記』に当地の鎌倉御家人下河辺氏の前主・源頼政の廟所の伝承（頼政神社旧地）が記され、また鎌倉期に遡る町内の真言宗徳星寺・日蓮宗妙光寺の元地伝承が残されている。(5) また頼政曲輪古墳からは鎌倉末・南北朝期の板碑が多数出土している。(6) 立崎（「館」崎）の地名からは中世領主居館がこの地に所在した可能性が極めて高く、(7) 鎌倉期の立崎は、下河辺氏に関わる居館・渡津集落で、宗教的環境を持つ一定の都市的な場であったことが想定できる。なお近年、立崎の背後の渡良瀬川の入り江となる小字「川戸台」（牧野地）の鉄滓散布地点から、九世紀半ば〜後半代を主体とする製鉄・鋳造関連遺物が膨大に出土し、(8) 東日本最大級の古代製鉄遺跡との評価もなされている。立地や地名（川戸＝川津）から近辺に古代港津が想定されるが、この渡津集落は、『吾妻鏡』に見える野木宮合戦に際して

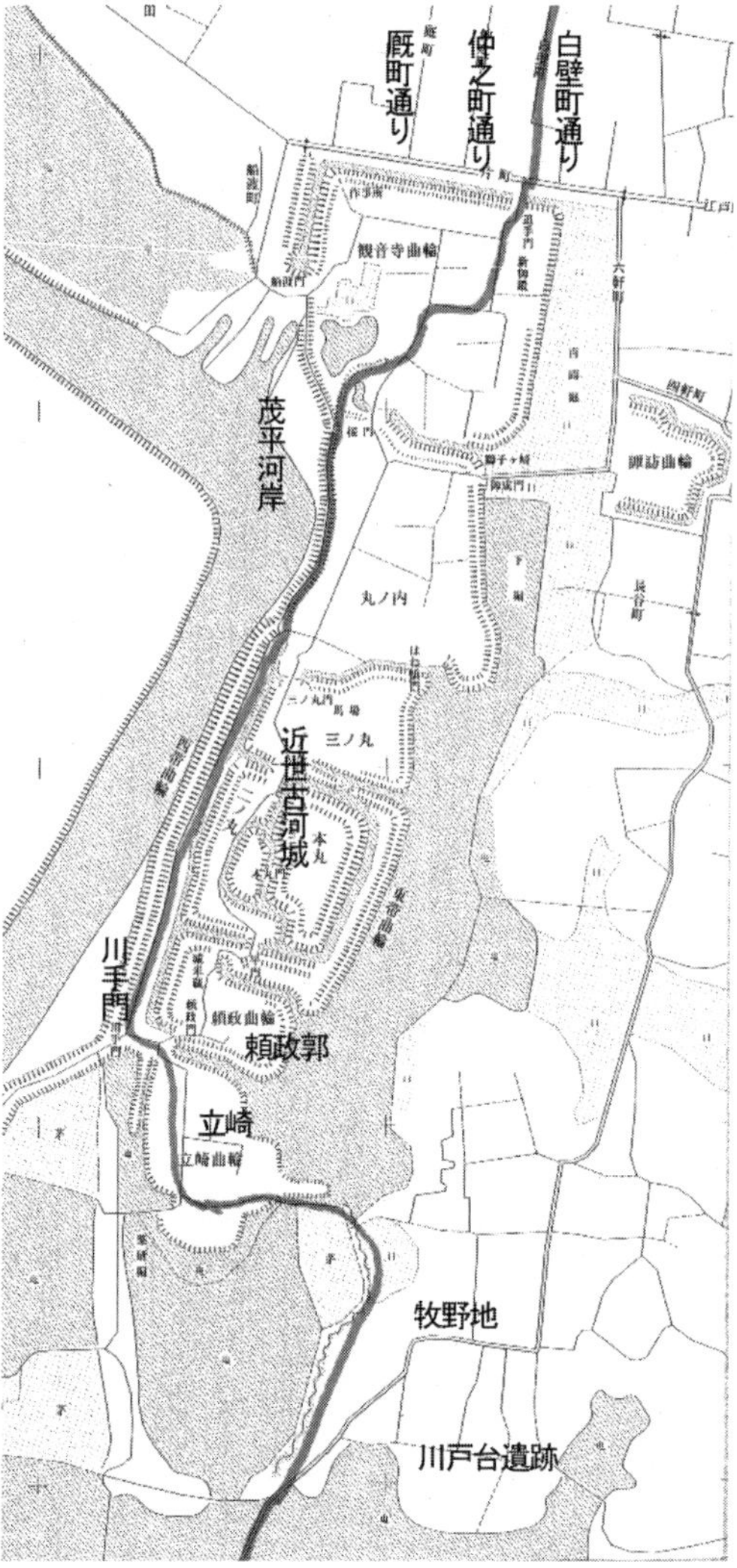

図３　旧古河町内鎌倉街道図
（古河城分布調査報告書１掲載図に加筆）

下河辺行平・政義兄弟が防御した「古我（古河）渡」である可能性がある。(9)

立崎からの道筋は、同じ微高台地・自然堤防上を近世古河城の本丸から三の丸の東縁を北に進み、桜町曲輪（丸ノ内）が渡良瀬川に面する茂平河岸まで至っていた。近世地誌『古河志』は「往古往還松の余木三樹、一つは二の丸の庭内、一つは三の丸の外、一つは桜町通西側茂平河岸と云所塀の内」と、この地点を通る「往古往還」の伝承を記している。

茂平河岸付近から以北は推測の域を出ないが、近世古河城の観音寺曲輪の中を通過し、その先は、現在の白壁町通り・仲之町通り・厩町通りのいずれかを通り国界の野渡（栃木県野木町）へ通じていたと思われる。三本の通りは戦国期における城下町古河の宿町地域（職商人居住区）にあたり、戦国期の文書からは、白壁町通りがメインストリートに該当している。[10] 明治末期まで白壁町通りを奥州街道とする伝承も残っており、[11] この通りが鎌倉街道であった可能性が高い。

この道が行き着く野渡（栃木県野木町）には、明応元年（一四九二）古河公方足利成氏開基と伝える曹洞宗満福寺、弘安三年（一二八〇）光阿上人開山伝承のある時宗光明寺、大宝三年（七〇三）創建伝承のある熊野神社が近接して立地している。鎌倉街道は満福寺の門前を通過していたと考えられ、[12] そこからは、鎌倉初期『吾妻鏡』養和元年（一一八一）閏二月二十三日条に見える、志田義広と小山一族との「野木宮合戦」の場、野木神社前へ通ずる。野木町以北については『野木町史歴史編』および『小山市史通史編Ⅰ』に詳しい。

〈古道D―元栗橋から前林・磯部を経て下大野・小堤へ―〉

このルートは、高野の渡（埼玉県杉戸町下高野近辺）で古利根川を渡り、幸手より権現堂川を渡河して茨城県側の元栗橋（猿島郡五霞町）に入る。そこより小手指（同）を北上し、近世初頭の利根川東遷以前には陸続きであった前林から、上砂井・磯部・下大野・関戸・小堤（以上古河市、旧総和町）を経て、栃木県佐川野（野木町）へ抜ける。その先は、古代には下野寒川郡の郡衙と推定される小山市間々田の千駄塚浅間遺跡方面へ向かっていたと思われるが（『野木町史歴史編』から筆者推定）、結城方面へも分岐し、小山氏の本拠・神鳥谷曲輪から大戦防（結城市）を経て境町へ至る「境街道」（県道大戦防・小山線と古道F）とも合流していたと思われる。

高野の渡は、野木宮合戦で敗北した志田義広勢の遁走を打ち止めるため、下河辺兄弟が「古我渡」とともに守った「高野渡」とされる。元亨四年（一三二四）に鎌倉幕府が武蔵金沢称名寺に、天龍河とともに架橋を命じた「下総国高野川」の「橋」（金沢文庫古文書）とはこの渡の橋のことと考えられている。幕府が架橋までして通行の保全を図っていることは、この道筋の重要性を示し、従来から鎌倉街道中道をこのルートに比定する有力な根拠の一つになっている。

幸手から元栗橋へ権現堂川を渡河した道筋は、戦国期古河公方重臣・野田氏の本城であった栗橋城跡の東側を通過し、北上して小手指（五霞町）に至る。野木宮合戦の時、小山勢に加勢した藤姓足利七郎有綱らが「陣を小手差原・小堤などの処々に取りて合戦す」（『吾妻鏡』同前）と見える「小手差原」とはこの小手指一帯のことである。また合戦がしばしば交通路上でなされることを考えれば、この記述は、鎌倉初期には、小手指と小堤（旧総和町）の間にこの道筋がすでに存在していた証拠の一つとなる。

また現在の利根川に面する小手指北側の両新田（五霞町）には、堤防右岸に接して鎌倉後期・文永期の作と推定される延命地蔵菩薩立像を安置する地蔵堂が所在する。地蔵像は安山岩質で、像容がつくば市小田の律院・三村山極楽寺の湯地蔵に通じ、奈良西大寺系石工との関連も指摘されている[13]。両新田の地は、鎌倉後期には北条氏一門の金沢氏の所領であった下河辺庄前林郷に含まれていた。現在の両新田は、北の前林と近世初頭の赤堀川開削・利根川東遷で分断されたが、それまでは陸続きであった。前林郷には鎌倉後期・南北朝期に、武蔵金沢の真言律宗称名寺の末寺・戒光寺が存在しており、前林の小字「海耕地」がその跡地と見られる。地蔵堂は戦後間もない時期の利根川堤の改修工事に際して現在地に移転されたものであり、元地は北東一五〇㍍ほどの河川敷の部分にあった。そこは利根川を挟み小字「海耕地」の対岸となるところで、この地蔵菩薩立像は戒光寺関係の地蔵像と考えられている。

現在の利根川（旧赤堀川部分）を渡ると前林となる。戒光寺は弘安六年（一二八三）にはその存在が確認でき、金沢氏の創建と考えられている。称名寺に伝来した文書（『金沢文庫文書』など）からは本寺称名寺との人的交流や、聖教書写などの学問交流、さらに金沢氏の下河辺庄経営の一端が窺え、前林の地の文化的・歴史的重要性が窺える。

前林「海耕地」の東隣り、水海と接するところには、中田光了寺の縁起にある静御前伝承の一つ「むすびの柳」の

延命地蔵菩薩立像

跡とされる場所がある。後述の下辺見(古河市)の思案橋とともに、奥州平泉の義経の死を聞き、奥州行きを逡巡する静御前伝承の一つである(『古河志』)。中田光了寺の縁起にこの伝承が取り込まれた理由は後で見るとして、鎌倉と奥州とを結ぶ鎌倉街道中道がこの地を通っていた根拠となっている。

筆者はすでに前林の地名の由来を、古代律令期の「駅家」(ウマヤ)が「マエ」に転訛したもので、とくに水駅の性格を持っていたのではないか[14]とし、また前林の東側に接する水海(旧総和町)を、八世紀後半の猿嶋郡衙の所在地で、元来「ミツミ」と呼ばれ、「ミツ(御津)」を語源とする常陸川最奥部の港津でもあったと推定した。また現在は水田化している前林と水海の間の旧釈迦沼一帯(日下部沼)を古代律令期、光仁・桓武朝による征夷事業で鎮守副将軍にまで抜擢される安倍猿嶋臣墨縄(旧姓日下部氏、『続日本紀』)の故地と推定し[15]、墨縄は陸奥鎮守府に在って軍事行動のみでなく、蝦夷と鎮守府、鎮守府と京との交易・貢進に関与し[16]、本拠の立地を生かして関東から陸奥鎮守府への軍需物資の輸送、とくに二大河川水系間(古河と前林・水海の間)での継ぎ送りを行った人物ではないかと推測した[17]。前林を古代「駅家」の所在地と見る根拠の一つはここにある。詳細は今後の考古学的調査を俟たねばならないが、この道筋が古代まで遡り、関東の河川水運、さらに奥州との物流とも関わって重要な性格を有していた可能性を示唆している。

道筋はさらに前林の真言宗古刹東光寺(承平元年・九三一創建伝承)の西側を北上し、上砂井で下辺見・古河への道筋(古道E)と磯部・下大野・小堤への本道に分岐する。先に触れたように、旧大山沼(向堀川)を渡河する下辺見の思案橋に静御前伝承が残されていることから、下辺見から古河への道が「奥州本道」と見なされて、鎌倉街道中道のルー

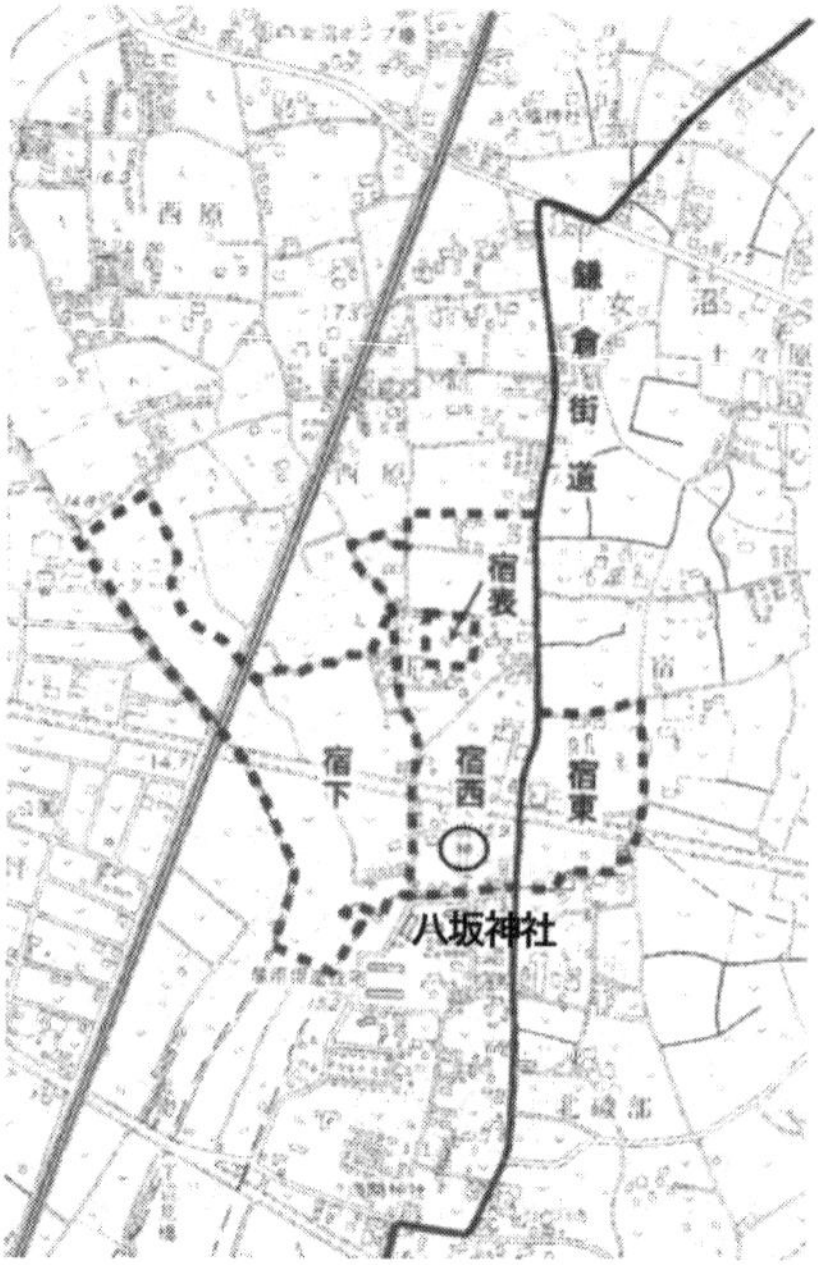

図4

トに比定されてきたが、それ以上に鎌倉期の色合いを残すのがこの道筋の磯部以北の部分である。

上砂井から間近の磯部には、道を挟んで中世に遡る浄土真宗勝願寺と曹洞宗安禅寺が所在する。勝願寺は大谷派に属し、鎌倉時代前期に親鸞の弟子善性の開基と伝える。親鸞著『教行信証』は、直筆の『板東本教行信証』を譲られた二世明性によって正応四年(一二九一)、北条得宗家内管領の平頼綱の聴許を得て、この地で開板されたとも推測され[18]、鎌倉期関東の文化・情報の発信・伝達ルートとしてもこの道筋の重要性が窺える。安禅寺は寛正六年(一四六五)、古河公方重臣、関宿城主の簗田河内守持助によって五霞・東昌寺の能山聚芸を開山として創建された了庵派寺院で、持助の墓塔と伝えられる五輪塔や一族の墓石が残っている。

この道沿いには町場の痕跡も残っている。磯部と女沼の境の八坂神社(牛頭天王社)一帯には、道を挟んで「宿西」「宿東」「宿表」「宿下」の地名が残り、「宿西」からは私年号の「徳応」元年銘板碑を含む一〇基ほどの板碑が出土している[19](図4)。牛頭天王社が疫病除けに町場住人によって祀られる事例が多いことからも、この場所が鎌倉街道の宿=町場であった可能性が考えられる。

磯部を北上していくと、道筋は女沼で東へ折れ下大野の正定寺方面へ向かう。この折れるところを逆に上辺見方面へ西進する道筋もあり、八幡太郎義家が奥州征伐で行軍した街道とも伝える[20]。付近の小字に「後海道」「鹿養大道中」「鹿養大道北」、またそれと接して「関表」「関面」があって、近世地誌『古河志』でも「古関跡、鎌倉へ奥出よりの往還の関也と云伝ふ」と、鎌倉街道とその関所跡の伝承を記している。また「関表」の東に接する小字「浄連寺」からは永正十年(一五一三)銘の結衆板碑が八基出土しており、[21]中世浄蓮寺の存在とともに道筋との関連が推定できる。この道筋は、さらに上辺見から北へ、西牛谷から栃木県側野木町南赤塚へと向かう。南赤塚は南北朝期、至徳四年(一三八七)小山若犬丸の乱のとき鎌倉公方足利氏満軍が「千太塚御陣」(小山市間々田千駄塚)に移動する前に構えた「赤塚御陣」の場所であり(「島津政忠軍忠状」『下野島津文書』)、北へは小山市間々田の千駄塚へ向かい鎌倉街道DやAと合流していたと思われる。おそらくAとDの間道であったと思われる。

さて、女沼で正定寺方面へ東に折れた道筋は、正定寺で県道境・間々田線に当たり、寺の東側を再び北進する。『古河志』に「鎌倉街道といふ名残れり、いかんとなれば、鎌倉より結城へ出、奥の駅路なりき、その所は正定寺の東の方にある今の道なりといへり」と、奥州への鎌倉街道との伝承を残していた。この部分から逆に南側へ直進して境方面へ向かう部分も、近世後期の村絵図(古河鷹見家史料「下大野村絵図」)では「かまくら道」と記しており、県道境・間々田線の正定寺以南も鎌倉街道と認識されていたようである。この一帯では、磯部から女沼・上辺見・野木町南赤塚へそのまま北上する道と、境方面から下大野正定寺脇を北上する二つの鎌倉街道が平行して存在し、それをつないで実際の本道が通過していたのではないかと考えられる。しかしこの「鎌倉街道」の本道は、伝承にとどまらず、その存在を確実なものとする中世史料が正定寺の歴史に関わって存在している。

正定寺は、中世には「大野正定寺」と呼ばれ、浄土宗鎮西流のうち関東三派の一つ藤田派の寺院として正和三年(一三一四)に、藤田派学僧持阿良心によって創建されたと伝えられる。室町期には多くの学僧を抱える有力な談義所の一つであった。[22]その関連史料の中で、鎌倉街道に関わり注目すべきは、常陸瓜連の常福寺に残されている「大蓮社西誉聖聡書状」「大蓮社西誉聖聡書状補闕写」という、本文と追而書からなる一通の書状である。[23]

関東三派の一つ、白旗派の学僧で江戸増上寺開山でもあった西誉聖聡が同じ白旗派の学僧下総横曽根談義所(常総市水海道)の学頭良肇に宛てて書いたもので、内容は、応永二十四年(一四一七)六月、師の瓜連常福寺の僧聖冏を見舞ったのち、江戸への帰途、この大野正定寺に立ち寄り、正定寺の住持であった藤田派の顕日良寂と問答を行ったというものである。問答は激しい論争に終始したにも関わらず、江戸へ帰るに際し、「追申候、大野にていし五郎殿御領地すか迄馬を給り候、一向そなたの御徳にて候」と、良肇の人徳で正定寺から馬を借り受けることができ、「いし五郎殿領地すか」まで向かったと記している。「いし五郎殿」とは幸手の領主一色氏の一族一色五郎直氏のことで、当時の鎌倉府奉公衆の一人、「すか」とは「須賀」で、直氏の所領・武蔵大田庄須賀郷(埼玉県宮代町付近)のことである。須賀は、先に述べたこの道沿いの「高野渡」「高野橋」(埼玉県杉戸町下高野)で古利根川を西へ渡河した地点である。大野正定寺で馬を借りた聖聡は江戸へ帰るに際し、高野の渡までこの道筋・古道Dを利用したことが想定できるのである。

同時代の一次史料でこの鎌倉街道筋が確認できることはきわめて貴重であるが、それも馬を利用して旅する姿が確認できること、また須賀からはおそらく別の交通手段・ルートで江戸まで向かったのではないかとも想定できること(おそらく高野の渡から船で古利根川を下ったものと思われる)など交通史料としても興味深い内容の史料である。

下大野から関戸、小堤さらに宮戸川対岸の上大野にかけての一帯は、中世段階には下河辺庄大野郷と呼ばれていた。鎌倉後期には金沢北条実時の子・実政周辺の女性「竹岸殿」の所領、南北朝・室町期には鎌倉府御料所の一つであったが、大野郷のうち道筋に当たる下大野から関戸にかけての、距離にして五〇〇㍍ほどの区間には、鎌倉・室町期には諸宗派の寺院が軒を連ねて立地する景観があった。正定寺の東には浄土真宗大谷派の長命寺が所在し、寺伝によると寛喜三年(一二三一)親鸞の弟子性信を開基とし、平安末期創建の天台宗寺院を改宗したものという。また道に面して真言宗金剛院(修験)が所在し(廃寺)、坊舎の背後の五十塚と呼ばれる塚は、奥州境まで五十あった塚の一つであると、奥州へ通ずる鎌倉街道との関わりを伝えている(『古河志』)。関戸には道に面して東側に延文三年(一三五八)の鎌倉公方足利基氏開基と伝える浄土宗了覚寺が所在し（廃寺）、またその北の、やはり道に西面した関戸都市田園センターの場所には、後述する関戸の宝塔がその境内に在ったと考えられる天台宗金剛寺が所在した（廃寺）。なお位置は不明であるが、大野郷には鎌倉後期に律僧照家房を開山とする大野寺なる律院が存在した（「関東往還記裏書律系譜」）。竹岸殿を開基とする寺院ではないかとも推測されるが、[24] この道筋のいずれかの寺院の前身、あるいは廃寺となって現存しない寺院かと考えられる。

このように大野郷は中世には鎌倉街道の両側に、真言・天台のみならず鎌倉諸宗派寺院が軒を連ねて立地する景観が展開していた。また関戸の宝塔と道を挟んだ小字は「町野」（マチヤ）と呼ばれており、中世には町屋が存在していた可能性がある。ここからこの一帯は、農村というよりも、いくつもの寺院を核としたある種の都市的な様相を有していたとも考えられる。

関戸の宝塔

しかし、それだけでなく、金沢氏領となる以前の平安末・鎌倉初期の段階、すなわち下河辺庄の成立、下河辺氏の発祥に関わると推測される重要な石造物・金石文資料が、関戸の都市田園センター内・不動堂境内に存在する。俗に関戸の宝塔と呼ばれる凝灰岩製の石塔である。形状・銘文の詳細は『総和町史通史編原始・古代・中世』、『同資料編』を参照されたいが、筆者は平安末期の仁安四年（一一六九）の造立で、京都・奈良の権門付属工人集団の手になり、下河辺氏の祖・行義による岳父母供養塔ではないかと推測している。[25] さらに大野郷が、小山氏本拠の小山神鳥谷曲輪付近を水源点とする宮戸川の沖積低地を主体とするという立地条件から、水系を同じくする小山氏と同族の立場で、行義が大野郷の在地勢力(岳父母)へ入婿し、立荘に先立ち私領として再開発を行ったのではないか、大野郷やその周辺こそが鎌倉御家人下河辺氏の発祥の地、当初の本拠であったのではないかと推測している。また同じく鎌倉街道に位置する関戸の北隣の小堤には、真言宗古刹円満寺(大同四年・八〇九創建伝承)があるが、同寺に伝世する密教法具四点(金銅三鈷杵・同五鈷鈴・同独鈷杵・同五鈷杵)は、在京軍事貴族源頼政の許、郎等であった行義が京都よりもたらした可能性があり、関戸の宝塔同様の京都系文化遺産であろうと考えている。

このように関戸から小堤にかけての鎌倉街道沿いには平安末期の京都系文化遺産が残され、在地領主下河辺氏の発祥、下河辺庄成立と密接な関係にある場ではないかと推定している。

なお小堤の円満寺は、戦国期古河公方家臣諏訪三河守の居城・小堤城館とされる中世方形居館跡の中に位置する。堀跡を含め一町弱の居館跡の外側には、さらに二重の堀・土塁跡があったと伝えられ、現存する最外郭の堀跡の一部は、鎌倉街道を取り込んで造成されている。発掘調査を経ていないため、堀・土塁の年代は不明であるが、鎌倉街道など主要街道をまたいで堀が造成されている例は、街道の宿あるいは何らかの流通拠点ではないかとされる栃木県下野市(旧国分寺町)の下古館遺跡や上野新田庄の世良田宿(群馬県伊勢崎市)などの街道「宿」でも確認されており、それらとの類似性も注目される。(26)

また、この道筋では中世に埋められたと考えられる一括埋納銭が相当件数出土している。調査されている事例はこの小堤城館の出土銭のみであるが(鎌倉末・南北朝期埋納、四〇八七枚)(27)、他に五霞町両新田に接する同町小福田や、前林の道沿い地点、磯部の安禅寺境内、同じ磯部の道沿い地点での出土が確認され(28)、貨幣流通が道に沿って展開していたことも窺える。

円満寺の脇を通過した道筋はまもなく栃木県側の野木町佐川野に入る。ここには浄土真宗法得寺が所在し、正治元年(一一九九)天台宗として創建され、鎌倉前期親鸞弟子の性信により改宗したと伝える。やはり鎌倉街道との歴史的関連性を認めることができる。野木町以北の道筋については『野木町史歴史編』『小山市史通史編I』に詳しい。

〈古道F　関宿から境・仁連・諸川を経て結城へ〉

このルートは千葉県野田市(旧関宿町)で利根川(中世段階には常陸川上流部)を渡河し、境町(猿島郡)に入る。境町からのルートは現在の県道結城野田線にほぼ一致し、近世には関宿通多功道(日光東往還)と呼ばれて、境宿〜谷貝宿〜仁連宿〜諸川宿〜武井宿〜結城宿と続く日光道中の脇往還の一つであった。

境に続く谷貝(古河市、旧三和町)には、道の西側に接して文明三年(一四七一)創建と伝える天台宗遍正寺があり、鎌倉後期作の阿弥陀如来坐像と、正応四年(一二九一)銘板碑を最古とする一四基の板碑が残されている。

谷貝より仁連(古河市、旧三和町)に入ると、道沿いに向かい合って、東側に文治五年(一一八九)の創建伝承を持つ真言宗東漸寺、西側に頼朝の奥州合戦通行の伝説を持つ、治安二年(一〇二二)創建伝承の天台宗妙厳寺が所在する。

仁連からは、小字「町並西側」から分岐して北の小山方面へ向かう、近世に「小山道」と呼ばれた道筋がある。地元では「鎌倉街道」とも呼んで、古道Fよりも古い道筋と伝える。この道筋は、西仁連川(江川・茂呂川)と大川に挟まれた洪積台地上を諸川・上和田・駒込と通過し、栃木県側小山市武井方面へ抜け、「境街道」(県道大戦防・小山線)に合流して小山へ向かっていた。道に沿った仁連の小字「御辺」周辺には、弘安年間(一二七八〜八八)創建と伝える天満社、行基が関東通行のおり観音像を安置したと伝える仲山観音堂があり、前述の真言宗東漸寺ももとは仲山観音堂の西に所在したと伝える。仲山観音堂の「仲山」(中山)は中世民衆の交通・交易活動に関わる境界地名で、観音堂は交易の場として地域民衆によって祀られた辻堂とも考えられている。(29) 小山道の鎌倉街道としての性格を示唆している。

仁連からの古道Fは諸川(古河市、旧三和町)に入るが、その手前に「奥州道西」の小字がある。中世まで遡るかは不明ながら、この道筋が奥州へ向かう隔地間交通路であったことを示唆している。

諸川のうち、下妻から古河への東西道(これも鎌倉街道といわれる)と交差する地点は、近世には関宿通多功道・諸川宿の中心部であった。中世に遡っても、康正三年(一四五七)には史料に見える真言宗宝蔵寺、鎌倉末期創建伝承のある時宗向龍寺、永享年間ごろの諸川城主甘露信濃守築城伝承のある諸川西門城跡(ここでは一括埋納銭の出土も確認されている)、同時期のやはり甘露信濃守再建伝承のある長宮神社など、古寺社・城館が密集して存在している。この一帯が中世においても諸川の中心部分で、南北・東西の鎌倉街道の交差する陸上交通の要衝でもあったことが推察できる。なおその点では時宗の向龍寺の存在は注目される。向龍寺は、鎌倉時代末期の正中二年(一三二五)、遊行七代上人託阿の弟子向阿が開創したと伝える。時宗は各地を遊行することを旨とし、その教線は当時の水陸交通の要衝に伸びていた。向阿が諸川の地に拠点を置いたのも、奥州へ向かう鎌倉街道沿いであり、さらに陸上交通の要衝であったことと深い関係があることは間違いない(30)。

諸川からは西仁連川の沖積低地を渡り、道筋は結城市七五三場、さらに北南茂呂・東茂呂に入る。中世には武蔵称名寺領であった結城郡下方七五三場郷、毛呂郷の地である。『結城郡案内記』(大正二年、結城郡物産共進會協賛會)は、大字北南茂呂の「茂呂松並木」について「往古鎌倉街道と謂ひ、徳川氏に至りて、日光東街道と稱す」と、近世日光東往還(関宿通多功道)のこの道筋が古く「鎌倉街道」であったとの伝承を記している。この部分については、先に触れたように「鎌倉大道」と記す同時代史料が残っており、詳細は清水論文で検討しているので参照されたい。

道筋はその後、県道結城野田線に沿って大戦防・武井・結城作へと続き、旧結城町内へ入っていったと思われる。旧結城町内の鎌倉街道についてはここでは触れられないが、『建田須賀神社文書』に見える「宇都宮大道」とはこの道筋のことであり、鎌倉へ向かう「鎌倉大道」に対し、宇都宮方面を指しての表現と考えられる。

2　下総西部の鎌倉街道中道の構造と特質

ここでは、鎌倉街道中道とされる古道AとD及びその連絡路である古道Eについてその関係・構造を述べ、ついで当地域の中道の特質について考察する。

平安末期の武士団成長を基礎とする中世的荘園・公領制の成立において、古河地方では秀郷流藤原氏の小山氏同族・下河辺行義による下河辺庄形成と支配が展開した。成立期下河辺氏の開発拠点は、先に述べたように古道D沿いの関戸・小堤付近の大野郷にあり、東側の宮戸川沿いの沖積低地を重要な開発私領の一つとしていた。中世前期の東国の在地領主の拠点の多くは「大道」「河川」など水陸交通機能の要衝に立地し、市や宿が形成され、領主が推し進める沖積低地部への新田開発のセンターであった[31]。新田開発には浪人を招き寄せ、技術を導入するなど外部からの人的・物的資本の導入が必要であり、在地領主の拠点設定にはそれを支える「大道」などの交通機能が不可欠であった。古道Dは交通基盤として下河辺氏の発祥・開発・経営に対応する条件の一つとなっていたと思われる。また平安末期の在地領主層は京都との都鄙間交通を重要な属性の一つとしており[32]、在京軍事貴族源頼政の郎等であった下河辺行義は、京都との往来に際し、おそらくこの古道Dを利用したものと思われる。その象徴的存在が京都系文化遺産の関戸の宝塔や円満寺密教法具であり、この道筋の特性を示している。また関戸の宝塔には栃木県宇都宮市大谷産の凝灰岩(大谷石)が使用されており[33]、その獲得や搬出、さらに関戸までの輸送には、兄でもある小山政光の協力が不可欠であったと思われる。政光は下野国衙在庁の最高位「権大介職」の地位にあり、さらに官道交通路も管轄する「御厩別当職」も兼ねていた[34]。小山氏との同族としての連携がなければ、宇都宮での石材獲得や搬出、さらに関戸までの輸送はとうてい不可能であり、その場合の輸送路は、当然小山からはこの古道Dであったはずである。小山氏との同族間の連携＝武士団結合の一端がなによりも想定できるのである。古道Dは、このように平安末期、成立期在地領主下河辺氏の私領開発、都鄙間交通、武士団結合の道として存在し、鎌倉街道成立直前の主要道として機能していたと考えられる。

さて『永享記』によれば、下河辺行義の嫡子行平は、のちに古河城となる地に居館を営んだと伝えられる。この記述を事実とすれば、平安末期から鎌倉初期にかけて、下河辺氏はその本拠を、行義段階の関戸・小堤から渡良瀬川に面する古河の地に移転したということになる。移転の背景には館に近い「古河渡」の掌握があったことは間違いなく、野木宮合戦に見える「高野渡」も含め、渡良瀬川・古利根川の河川交通や物流の掌握を意図したものであったと思われる。私領開発から立荘へと支配拡大に対応したものかもしれない。

立崎を通る古道Aは、鎌倉期初頭の野木宮合戦(野木宮・古我の渡)から見てそれ以前の古代に遡ることは確実であるが、小山や奥州方面と結ぶ道としては、下河辺氏発祥に関わる古道Dの方が中心で、古道Aは副次的な位置にあったかと想像される。しかし行平の古河築館という事態はこの古道に新たな性格を刻んだのではないかと予想される。新たに鎌倉御家人となった行平の鎌倉奉公の道、すなわち軍道としての鎌倉街道化という変化である。

すでに述べたように、従来「鎌倉街道中道」とは古道Dと、その分岐点上砂井から古河への古道Eを合わせた道筋とされる。しかし鎌倉期の主要ルートを考える場合、『吾妻鏡』建長八年(一二五六)六月二日条に見える「奥大道」の道筋の問題、とくに当地通過の当否の問題は避けて通ることはできない。全体を検討する余裕はないが、それを考える場合、大道警固を命じられている道筋の地頭・沙汰人二四名のうちの、古河に近い下野小山の「小山出羽前司」(長村)と武蔵清久(埼玉県久喜市上清久白幡山館)に本拠を持つ「清久右衛門二郎」の存在は重要である。小山から清久方面にかけて鎌倉中期、幕府が重要幹線と認識した「奥大道」が通過していたことは間違いない。すでに見たように小山からは古道AとDが鎌倉へ向かうが、古河を通過するのが古道Aで、その鎌倉街道化は鎌倉初期、新たに鎌倉御家人となった下河辺行平の古河築館を契機とすると考えた。そしてそれより間もない時期には「奥大道」が小山から清久方面に通じていたのである。そこでの古河の位置である。

ところで、埼玉県の歴史の道調査(『県内鎌倉街道伝承地確認調査報告書』)では、古道Aに位置する武蔵川口(加須市)から南については、鷲宮神社方面へつながる道は確認されているが、清久への道は報告されていない。両地点が不通であったことはあり得ないが、主要道ではなかったのかもしれない。

近在の鎌倉街道を見ると、鷲宮神社付近から古利根川筋左岸を旧幸手町へ向かい、そこから古道Dに入り「高野渡」に至る鎌倉街道があったという(同右)。鷲宮神社は『吾妻鏡』建久四年(一一九三)十一月条の頼朝の神馬奉納記事を始めとする鎌倉幕府の崇敬厚い古社で、戦国期にはその門前に町場や近くに関所の所在も確認できる交通の要衝に位置していた(『鷲宮神社文書』)。清久は同じ大田庄にあり、鷲宮神社の比較的近在に位置している。清久氏(弥次郎保行)は直前の建長五年(一二五三)に幕府の下河辺庄堤築固工事の奉行人の一人にも任命されており(『吾妻鏡』同年八月二十九日条)、本拠大田庄清久を越えて隣荘にも関わりを持つ地域の有力御家人であった。本拠の清久を鎌倉街道が通過していなくとも、この地域一帯の街道筋の警固を任されたとして何ら不自然ではない。建長八年段階に幕府によって「奥大道」と認識されていた道筋とは、これではなかったであろうか。このように考えると小山~古河~「清久」(鷲宮神社・幸手)の三地点は鎌倉期には一本の道でつながっていたのである。ここから、古道Aこそが建長八年段階に幕府によって「奥大道」と認識されていた道筋との考え方が成り立つのである。

ところでこの道筋についてはすでに、郷土史家の鎗水十士男が、鷲宮以南は清久~菖蒲を経て鎌倉へ至るとした上で、鎌倉街道中道の「奥州本道」に対する副次的な「奥州便路」と見なしている[35]。古道DとAに関しては、本線・副線という並立的な理解であるが、古河地方の道筋を考える場合、地域特性や政治的契機も入れた理解が必要であろう。ポイントは、下河辺行平の古河築館であり、下河辺氏の鎌倉御家人化である。この社会的・政治的変化により、以前よりの奥州からの隔地間交通路の古道Dが主要幹線としての地位を低下させ、古道Aが鎌倉街道化して奥州への本道＝奥大道となったとは考えられないであろうか。

なお、そこから考えれば、古道Fについても、鎌倉末期に結城郡山川地方から「鎌倉大道」、結城からは「宇都宮大道」と呼ばれていたのは、単に宇都宮と鎌倉を地理的に結ぶ「大道」であったからというだけではなく、この道沿いの山川氏や結城氏・宇都宮氏など鎌倉御家人の成立と鎌倉への奉公＝軍道化という政治的契機を入れて理解しなければならないかもしれない。

さて、右の問題で重要なのは、古道Aとの対比で、古河へ至る古道DからEへの道筋が、鎌倉期にどのように位置づけられるのかという点である。

すでに述べたようにこの道は地域史研究で鎌倉街道中道(奥州本道)と見なされてきたが、その根拠の一つが、浄土真宗の中田光了寺の縁起に見える静御前伝承である。

縁起は、静女の舞衣の由来を述べることから始まり、静女の廻国の話しとなる。そこでのあらすじは、鎌倉から奥州平泉の義経の許に下ろうとした静御前が、下辺見でその死を聞いてあきらめ、義経の菩提を弔わんと思案橋(古道E)から前林邑(古道D)に戻り、その後伊坂に着いたが、旅の疲れのためそこで没したとするものである。またその後に、侍女によって身に着けていた守り本尊・舞衣等が菩提のため寺に施入されたと寺宝の謂われで結んでいる(『古河志』)。

ここに見える廻国の道筋は、鎌倉→下辺見→(奥州)→思案橋→前林→伊坂であり、本来の目的地が奥州という点から、今までの研究ではこの道筋を奥州本道(中道)と見なし、とくに前林→思案橋→下辺見→古河をそのルート上に置いてきたのである。

ところで静御前の終焉に関する伝説は、『義経記』の成立した室町期以降、静女の廻国譚という形をとり、廻国巫女・瞽女など女性芸能者（語り女）の手によって広まったと指摘されている。[36] ここから縁起の伝承は遍歴芸能民の語る静物語を取り入れ、室町期以降に成立したものと推察されるが、縁起の冒頭に記される舞衣が中国明代の作と推定される点[37]からも、おそらく舞衣の什物化とともに室町・戦国期あたりに成立したものと思われる。そしてその段階では、この道筋が奥州への主要路として一般的に認知されていたものであり、それを前提に創作されたものであったことは想像に難くない。

ところで光了寺はもと武蔵高柳（旧栗橋町）の天台宗寺院で、鎌倉初期に親鸞が留まり、弟子となった西願が改宗したものと伝える。院号・坊号を「聖徳院太子坊」といい、その由来である鎌倉初期作の聖徳太子立像を有している。初期浄土真宗は、漁撈の民など殺生を業とする人々やそれと重なる「ワタリ」などと呼ばれる河川交通関係者等を信徒集団とし、太子信仰を特色の一つとするといわれるが、[38] 光了寺の成立も、寺仏や院号、そして何よりも河川地域という地域性から見て、そのような人々を基盤としていたものと見て間違いない。

伝承の成立自体は室町期・戦国期に下るとはいえ、寺院の形成に非農業民や河川交通関係者など非定住者が深く関係していることを考えると、伝承成立の背景に、鎌倉期に遡るそれら人々の生業と地域性の問題が伏在していることは想像に難くない。伝承が廻国という交通性を示すのは、もとより遍歴芸能民の自己投影であるが、舞台に前林や下辺見などが選ばれているのは、地域の河川交通業者など、交通・物流関係の人々が伝承形成に深く関与したからではなかったであろうか。

古道Dや古河への連絡路である古道Eは、前林～古河間で関東の二大河川水系を結びつけ、北関東の中央部にあって河川水運を結びつける重要な位置にあった。その要地の前林や下辺見が静御前伝承の舞台となっていることの意味合いが重要である。背景に両水系間の物流、さらに鎌倉と奥州と結ぶ物流とそれを担う人々の存在を何よりも考えねばならないであろう。物流の道としての古道D・Eの理解がここでは必要なのである。古代律令期に、前林が水駅の性格をもつ「駅家」の可能性があり、その地から征夷事業での東国内部や陸奥への軍需物資輸送、ひいては奥州からの京への交易・貢進に関わった鎮守副将軍安倍猿嶋臣墨縄が登場した所以である。

さて、鎌倉中期の宝治合戦以後、下河辺庄は下河辺氏の手を離れ、北条氏一門の金沢氏の所領となった。古河地方は「野方」と呼ばれたが、関連史料に現れる道沿いの所領郷名には、前林郷や西隣の河妻郷(五霞町)があり、また北の大野郷も道沿いに位置していた。さらに前林郷には道筋に沿って金沢氏の菩提寺・律宗金沢称名寺の末寺戒光寺、そして大野郷には同じ律院の「大野寺」も所在したこともすでに見たとおりである。

金沢氏の下河辺庄支配は、庄全体の地頭職は当主が有し、鎌倉の金沢家公文所が管理を行った。各郷・村は一族や被官が給主(地頭代)に補任されたが、史料的に確認されている古河地方の郷は、いずれも当主から譲渡を受けた一族女性の知行で、大野郷はすでに触れたように金沢実時の子実政周辺の女性「竹岸殿」、前林郷・河妻郷は金沢実時の室「藤原氏」の知行であった。

下河辺庄の年貢や棟別銭等の臨時課役は鎌倉の金沢家公文所まで送進されたが、輸送には金沢に近い武蔵六浦湊からの船舶が利用された。たとえば竹岸殿知行の大野郷に関しては、前林戒光寺の僧の書状に「たけきしとのより御船のつき候て」(年未詳「氏名不詳書状」『金沢文庫古文書』四五九九)と見えるように、六浦湊からの年貢輸送船が前林周辺まで航行していた。この船は金沢氏が六浦湊の問丸などから仕立てた傭船で、渡良瀬川・古利根川筋を遡ってきた往き船と考えられている。(39) 着岸した場所は元栗橋の渡の可能性が高いが、同時期の、道円なる僧が前林の戒光寺へ宛てた書状に、依頼された冬越しの炭と白檀を調達し元栗橋へ下るとした文面があり(年未詳「道円書状」『金沢文庫古文書』一九四五)、道円はおそらく六浦湊からの空荷の年貢輸送船にこれらの荷を積み込んで元栗橋まで下ってきたものと思われる。

このように鎌倉後期には、野方諸郷と六浦湊との間に、所領の年貢・公事と金沢からの物資・商品を積んで往反する傭船が航行し、河川交通での物流が広く展開していた。それは金沢氏への貢納に止まらず、結果的には古河地方が、北条氏が維持する東国の首都鎌倉の消費生活を支えるための後背地となったことを意味していた。[40] また古河地方へは金沢からの物資・商品のみでなく、鎌倉からの人・貨幣・文化の流れも強く及ぶ結果にもなった。金沢家の家政運営にも関わった鎌倉の土倉・中江入道が称名寺の寺領代官として下河辺庄へ進出している事実が知られており[41]（「覚意書状」『金沢文庫古文書』四三一四）、鎌倉後期の当地は「鎌倉経済圏」ともいえる、鎌倉を中心とする経済システムの中に組み込まれることになった。[42] 金沢称名寺と前林戒光寺との僧侶間の活発な交流や、北条得宗家内管領・平頼綱の聴許を受けた磯部勝願寺明性の『教行信証』開板事業など、鎌倉との文化的親和性も、ひとえにこの「鎌倉経済圏」を背景とするものであったと思われる。

このような経済的変化を受け古河周辺の鎌倉街道は、鎌倉との物流の道としての性格を色濃くしたことは想像に難くない。古河の渡・元栗橋の渡とつながる古道D・Eは鎌倉への貢納物輸送路としての性格を刻印されたであろうが、元亨四年（一三二四）八月に鎌倉幕府が、金沢称名寺に関東御教書を発して古道D上に位置する高野渡に架橋を命じている事態（金沢文庫文書）も、鎌倉との物流関係から理解されねばならない。称名寺はすでに鎌倉末期までに下河辺庄の寺領内百姓に用途負担を課して独自に「たかのゝハし」（高野橋）の維持を図っていたが（年未詳「万福寺百姓等申状」『金沢文庫古文書』五三八五）、架橋命令は右の維持策が増水・洪水等で必ずしもうまく行かなかった故に出されたものと思われ、幕府が政策としてこの道筋の重要性を強く認識していたことを示している。その背景には金沢氏の所領・下河辺庄や、得宗領や一門領の多かった奥州からの貢納物輸送ルートの維持が何より考えられるが、それと関連して、鎌倉と結ぶ河川交通との接続の問題もあったのではないかと思われる。この場合の架橋の形態は不明であるが、土木事業に長けた律院の称名寺に命じていることから、舟橋などではなく、橋下の船舶通行を考慮した桁橋の可能性が高い。[43] 桁橋は舟運との共存を意図した構造であり、架橋は、一面では古利根川の河川物流の存在、とくにそれへの接続を前提にしていたものではなかったかと考えられる。先に、室町期浄土宗僧・西誉聖聡が江戸までの帰途、大野正定寺から馬を借りて須賀郷まで来たのは高野の渡から古利根川の河川交通を利用するためではなかったかと推測したが、高野の渡は、鎌倉へのターミナル機能を有する重要な渡し場であったと思われる。すでに幕府は建長五年(一二五四)、この近辺の下河辺庄の堤築固工事を行っていたが(『吾妻鏡』同年八月二十九日条)、それは治水のみでなく、首都鎌倉の消費物資確保のための舟運路維持を目的としたものとも考えられている。桁橋による架橋とは、活発な河川と陸上双方の物流を前提に、それを一体化させた交通路整備策であり、首都鎌倉の消費生活を支える「鎌倉経済圏」維持のために幕府がとった経済政策の一つと捉えることもできよう。

鎌倉後期、当地方の鎌倉街道は鎌倉への物流の道としての性格を色濃く持っていた。とくに古道D・Eは、古道Aが幕府によって「奥大道」として認識されながらも、高野の渡の架橋に見られるように、古道A以上に鎌倉街道中道の重要なルートであった。中道の基本的性格とは、鎌倉への河川交通と結ぶ物流の道としてのそれであり、奥州や北関東と結ぶ経済の大動脈であったことにある。とくに当地域はその交換(付け送り)地域であることに最大の特色があった。高野の渡はもとより、古河の渡・元栗橋の渡などはいずれもそのような性格を担って存在していたと思われる。先に静御前の伝承から想定した物流に関わる人々の活動とは、歴史的には、この交換地域での物流を底辺で担ったものと理解して、より正確なものとなると思われる。

おわりに

以上、下総西部(とくに古河市とその周辺)の鎌倉街道中道の様相について述べてきた。実態を中心に述べてきたため、まとめは省くが、最後に齋藤説との関わりを述べておきたい。

齋藤は、南関東から下野方面へ向かう陸路に関して三つの論考を発表している[44]。そのうちA・C論文で古河地方（鎌倉街道中道）の交通問題にも言及しているが、主張のポイントは、つぎのようなものである。

①南関東（鎌倉）と下野を結ぶ陸路は、小山義政の乱などの軍勢移動の史料や「信生法師日記」など個人の旅日記を見る限り鎌倉街道上道下野線が使用されており、上道下野線が「基幹」路線で、中道の方は「副次的」な路線であった（A）。

②中道が「副次的」路線であったのは、根底に利根川渡河の問題があり、「船渡し」を基本とする中道の渡河点（古河渡・高野渡）が軍勢など多勢の移動には向かなかったからである（A）。

③中道のうち、古河渡〜高野渡の区間は洪水の常習地帯で（「万福寺百姓等申状」）、とくに高野橋での通行は、鎌倉期には幕府の維持策など確認できるものの（元弘四年八月鎌倉幕府御教書）、以後は橋の存在もこの区間の通行を示す史料も確認できず、実際には十分機能しなかった（A）（C）。

④中道にかわり陸路として重要な役割を担ったのは関宿から小山にいたる鎌倉街道下道支線である（C）。

⑤中世在地系考古資料（とくに土鍋）の分布では、中道の通る下野の資料は上野・北武蔵と常陸の中間的様相が認められ、そこから中道の特性として、旧利根川・常陸川両水系への連結の問題を考える必要がある（A）。

⑥中道の古河から鎌倉へ至る区間は、陸路ではなく河川交通が中心的な役割を担っていた（A）。

以上である。

本論で述べたように、現地の実態に即した検討からは、古河地方の中道の特性は、⑤の指摘に近い。齋藤の指摘は一面で正鵠を射ており、筆者も意見を近くするものである。

ただ、③にある、古河渡〜高野渡の区間は洪水の常習地帯で[45]、「通行を示す史料も確認できず」「実際には十分に機能しなかった」とか、⑥の、古河も含めて「陸路ではなく河川交通が中心的な役割を担っていた」と、古河地域の陸路の役割を低く見る評価には正直違和感を抱かざるを得ない。紙幅の関係で詳細は論じられないが、下大野正定寺の箇所で紹介したように、古道D～高野の渡の区間は、室町期ではあるが浄土宗僧酉誉聖聡の帰路使用の史料が存在し、陸路「機能」の事実が確認できる。また聖聡は高野橋対岸の「須賀」まで馬で赴いており、これは桁橋を渡河したと見るべきであろう。結論としての③の「実際には十分に機能しなかった」との評価はとくに事実認識を含め再考の余地がある。

しかし筆者が何よりも問題としたいのは、①②にある軍勢や旅人の移動の史料(とくに軍勢移動)のみをもって道の重要性を判断する視点であり、そこから上道下野路線を「基幹」、中道を「副次」と評価することである。

本論で金沢氏関係史料から見たように、中道は、幕府経済の求心性を基底にして、北関東のみでなく奥州からの鎌倉への貢納物輸送や、逆に鎌倉から地方への商品等の物流も担う経済の大動脈でもあった。その輸送には鎌倉・六浦湊からの土倉・問丸など商人・運送業者のみならず古河地方の民衆も深く関与していた。道は、軍勢移動など軍事的・政治的役割のみで存在したわけでなく、根底には、経済活動を担う商人・輸送業者や貢納・交易に関わる地域住民などの多様な利用者がいたことは自明である。また中道は、首都鎌倉との活発な水上交通・物流ゆえに、逆に経済的には「基幹」陸路であったことも容易に想像できよう。「基幹」「副次」は相対的なものであり、利用主体や移動の要因によって如何様にも変化するものと考える。

戦国期に入ると古河やその周辺地域では経済の活性化がみられる。享徳の乱(一四五五～八三)勃発に際し、「関東の将軍」鎌倉公方足利成氏が移座した古河は、鎌倉に替わり百三十余年にわたり東国の「首都」であった。古河公方権力は、古河の持つ北関東の地理的・交通的中心性(東国の二大河川水系とその間を結ぶ中道)を前提に、そこを活動の拠点とした交通・運輸業者を積極的に掌握し、戦国期「関東の将軍」に相応しい経済的基盤を有していた(46)。鎌倉に替わる公方御座所成立の所以である。また公方領国では古河の福田氏、水海の小池氏、関宿の会田氏等公方被官の商人層が、それら水陸両交通・交易ルートに沿って経済活動を展開し、戦国末期の公方権力を下支えしたことは周知のとおりである。[47]その水陸網の様相は江戸初期の絵図「下総之国図」（船橋市西図書館蔵）に描かれるところであり、そこではかつての中道のルートもみごとに描かれている。このような以後の歴史的展開から見ても、鎌倉街道中道の性格は何よりも物流の視点から見ていかなければならないと考えるものである。

齋藤の論考は、自身も述べるように「道から地域社会を再構成」せんとするもので、筆者は新たな東国地域構造論を提起したものと理解している。その視点には共感し、多くを学ぶものである。その点でこの小論が少しでも新しい素材提供になれば幸いである。

註

（1）齋藤慎一「鎌倉街道上道と北関東」（同『中世東国の道と城館』東京大学出版会、二〇一〇年）
（2）鎗水十士男「古河中世交通史」（『古河市史史料集』第五集、一九六九年）
（3）齋藤慎一「鎌倉街道の中道」（『戦国期下野の地域権力』岩田書院、二〇一〇年）
（4）『茨城県の地名』（平凡社、一九八二年）
（5）中嶋茂雄「古河城下町の形成と終焉」（『北下総地方誌』創刊号、一九八四年）
（6）『古河市史資料中世編』（古河市史編さん委員会、一九八一年）
（7）西ヶ谷恭弘「中世の古河城」（『古河市史研究』一一号、一九八六年）
（8）『川戸台遺跡』（古河市教育委員会、二〇一二年）
（9）（10）内山俊身「下総西部の「中世の道」について」（『常総の歴史』四三、二〇一二年）
（11）藤掛静也「郷土史教授資料」（『古河市史資料別巻』、初出一九〇八年）
（12）『野木町史歴史編』（野木町教育委員会、一九八九年）
（13）千々和到他四名「茨城県西部の金石文資料」（『茨城県史研究』四六、一九八一年）

(14)(15)　内山俊身「鎮守副将軍安倍猿嶋臣墨縄の故地をめぐって」(『そうわ町史研究』三号、一九九七年)
(16)　樋口知志「延暦八年の征夷」(『古代蝦夷と律令国家』高志書院、二〇〇四年)
(17)　内山俊身「征夷事業における軍事物資輸送について」(『茨城県立歴史館報』二五号、一九九八年)
(18)　飛田英世「鎌倉後期北下総を中心とする真宗の展開」(『茨城県立歴史館報』三八号、二〇一一年)
(19)　『総和町史通史編原始・古代・中世』(総和町教育委員会、二〇〇五年)
(20)　『茨城県の地名』(平凡社、一九八二年)
(21)　『総和町史通史編原始・古代・中世』(総和町教育委員会、二〇〇五年)
(22)　『そうわの寺院1』(総和町教育委員会、一九九二年)
(23)　『総和町史資料編原始・古代・中世』(総和町教育委員会、二〇〇二年)
(24)　永井晋「金沢氏・称名寺と下河辺庄」(『金沢北条氏下総国下河辺庄の総合的研究』二〇一〇年)
(25)　内山俊身「東国武士団と都鄙間の文化交流」(髙橋修編『実像の中世武士団』高志書院、二〇一〇年)
(26)(27)　『総和町史通史編原始・古代・中世』(総和町教育委員会、二〇〇五年)
(28)　内山俊身「下妻市大木出土の中世一括埋納銭」付図・県内出土一括埋納銭一覧表(『下妻市ふるさと博物館研究紀要』一号、一九九八年)
(29)(30)　『三和町史通史編原始・古代・中世』(三和町教育委員会、一九九六年)
(31)　海津一朗「東国・九州の郷と村」(『日本村落史講座』2景観1、一九九〇年)
(32)　髙橋修編『実像の中世武士団』(高志書院、二〇一〇年)
(33)　『総和町史通史編原始・古代・中世』(総和町教育委員会、二〇〇五年)
(34)　『小山市史通史編1』(小山市教育委員会、一九八四年)
(35)　鎗水十士男「古河中世交通史」(『古河市史史料集』第五集、一九六九年)
(36)　徳江元正「静御前の廻国」(『國學院雑誌』六一―一、一九六〇年)、柳田国男「東北文学の研究」(『北国の春』角川文庫、一九五六年)など
(37)　『古河市史通史編』(古河市史編さん委員会、一九八八年)

(38)井上鋭夫『一向一揆の研究』(吉川弘文館、一九六八年)など

(39)(40)永井晋「金沢氏・称名寺と下河辺庄」(『金沢北条氏下総国下河辺庄の総合的研究』二〇一〇年)

(41)福島金治「武蔵国久良岐郡六浦庄について」(同『金沢北条氏と称名寺』吉川弘文館、一九九七年)

(42)永井晋「金沢氏・称名寺と下河辺庄」(『金沢北条氏下総国下河辺庄の総合的研究』二〇一〇年)

(43)『新編武蔵風土記稿』の下高野村の項では、高野の渡の橋に触れて「現に村民次郎右衛門屋鋪の背後、古利根川中に古き杭今に存せり、嘗てこれを抜かんとして種々力を尽くせしが抜き得ずして、纔に杭の頭を切り、臼に作りて今に伝へり」と、橋脚と思われる杭の存在を記している。また古利根川対岸の須賀村の項でも、「又其頃利根川に架せし橋杭、水中に残りて今にありと云」と、やはり橋杭の存在を記している。両岸からの一連のものと思われる。これらを元亨四年の架橋のものとは断定できないが、臼にするほどの径は、例えば、建久九年(一一九八)に御家人稲毛三郎重成が架けた「相模河橋」(『吾妻鏡』建暦二年二月二十八日条)の遺構と推定されている史跡「旧相模川橋脚」の杭の規模(五〇〜六〇センチ超)に匹敵しており(茅ヶ崎市教育委員会『茅ヶ崎市埋蔵文化財調査報告書第一六　国指定史跡旧相模川橋脚』二〇〇二年)、南北朝期以降に鎌倉幕府ほどの広域行政機構の存在が考えられないことからも、このときの橋杭である可能性が高い。なお「相模河橋」は、橋脚杭間の幅が一〇メートル強、橋幅が一〇メートル以上と計測されており、高野橋の規模がこれに近似するものであれば、船の通行に支障はないうえに、橋の通行量も相当量ということになり、この古道Dや古利根川の交通量が相当規模に上っていたことを示すことになる。

(44)A「鎌倉街道上道と北関東」(同『中世東国の道と城館』東京大学出版会、二〇一〇年)、B「拠点と道の移転」(同前)、C「鎌倉街道の中道」(『戦国期下野の地域権力』岩田書院、二〇一〇年)。

(45)齋藤は「古河渡」を「高野渡」へと続く同じ中道の渡河点と理解しているが、「古河渡」は、一般には古河で中道(本論の古道A)から分岐する渡良瀬川対岸(武蔵側)への渡しと考えられており、その道は高野渡には続かない(内山俊身註(9)参照)。その点で「古河渡〜高野渡の区間」との表現は適切ではない。

(46)市村高男「古河公方の権力基盤と領域支配」(『古河市史研究』一一号、一九八六年)、内山俊身「戦国期東国の首都性について」(江田郁夫・簗瀬大輔編『北関東の戦国時代』高志書院、二〇一三年)。

(47)内山俊身「古河公方領国における流通」(茨城県立歴史館編『中世東国の内海世界』高志書院、二〇〇七年)など。

中世下総国毛呂郷域の「鎌倉大道」

清水　亮

はじめに

茨城県結城市北南茂呂（中世の下総国結城郡毛呂郷故地）および同市七五三場（中世の結城郡志目波郷〈七五三場郷〉故地）に至る地域については、中世における「鎌倉大道」の存在を確定できる文献・絵画史料が存在する。これらについては、近代史料の分析や現地調査を踏まえて検討を加え、中世毛呂郷の領域と「鎌倉大道」の復元案を提示したことがある。(1)

本稿では、前稿の成果に新知見を加え、当該地域における「鎌倉大道」のルートを推定したうえで図示し、関連する中世史跡を紹介する。つぎに、当該地域において「鎌倉街道」の伝承を有するルートを図示しながら紹介する。以上の作業を通じて、茨城県における古道と地域史把握の一助となることを目指したい。したがって、本稿における事実の指摘については、前稿の成果と重複する部分が多いことを付言したい。

1　中世毛呂郷域の「鎌倉大道」関係史料

茨城県内において、中世「鎌倉大道」の存在を確定しえる貴重な証左が、「金沢文庫文書」元亨元年（一三二一）八月某日付、暁尊（山川貞重）寄進状案（『三』一八）である[2]（以下、「暁尊寄進状」と略称）。「暁尊寄進状」は、結城氏の有力庶子家山川氏の惣領暁尊（山川貞重）が、北条氏の一門金沢氏の氏寺である称名寺に対して、所領内の結城郡下方内毛呂郷を寄進したことを示す寄進状の案文である。

山川氏は、始祖である重光（結城朝光庶子）以来、北条氏と深い関係を有していた。山川貞重の実名の一字「貞」も、得宗北条貞時からの授与と考えられている。また、山川氏は、得宗家の外戚である安達氏とも婚姻関係を結んでいた[3]。山川貞重（暁尊）が称名寺へ毛呂郷を寄進した背景には、以上のような北条氏・安達氏ら鎌倉幕府「特権的支配層」との強い結びつきが想定されている[4]。

この「暁尊寄進状」では毛呂郷の四至が示され、南の境界については「限南、尾崎与志目波（七五三場）・毛呂三ヶ郷乃加々間堀乃橋与利西江六尺杖定、弐町捌段四杖者鎌倉大道於限、自其毛呂与志目波田乃堺江見充天、毛呂河江堀於掘（以下略）」と記されている。

また、「暁尊寄進状」には「絵図并坪付」が添付されていたことが知られる。このうち「坪付」は、暁尊による毛呂郷寄進の約四ヶ月前、称名寺の寺僧定祐と定覚によって作成された元亨元年（一三二一）四月五日付、結城郡西毛呂郷田畠在家坪付注文（「金沢文庫文書」〈『三』一六〉）に該当する。

「絵図」については、やはり金沢文庫保管の「荘園図」（『金沢文庫資料全書』九・指図一二四）がそれに該当すると考えられる[5]。この「荘園図」（図1）については、前稿で検討を加え、以下の論点を明らかにした。論述の前提として、

「暁尊寄進状」と図1に関わって前稿で明らかにした事項を列挙しておきたい。

①図1は、元亨元年（一三二一）八月に暁尊（山川貞重）が称名寺に寄進した毛呂郷（西毛呂郷）の絵図断簡であり、「下総国毛呂郷絵図断簡」と命名される。

②図1の天地にわたって引かれた縦線は、毛呂郷と武井郷・大町郷との堺を画する堺堀（毛呂郷の北堺）を表現しており、縦線に沿って書かれた「大」の字は「大町堺」もしくは「大堺」を意味すると考えられる。

③図1は、天・地・奥に糊代を確認できることから、六紙もしくは九紙で構成されていたと考えられる。すなわち、図1で描かれた範囲は、毛呂郷の北堺の中央部に相当する。[6]

④毛呂郷の北堺堀と交差する二本の線は直線的であり、「暁尊寄進状」の「鎌倉大道」に該当すると考えられる。

⑤天にかかった位置に塚が描かれ、鳥居が描かれている。また、塚と鳥居を起点として、参道と思われる東西線が描かれている。この塚は、「稲荷山」（稲荷塚古墳）であったと考えられる。

⑥「鎌倉大道」・稲荷塚古墳の参道は、ともに東に向かって曲がっており、「鎌倉大道」の東に描かれた曲線は、地形の湾曲を表現したと考えられる。これらの曲線は、県道結城野田線の東部に、南北にわたって展開する浅く広い谷戸を表現している可能性が高い。

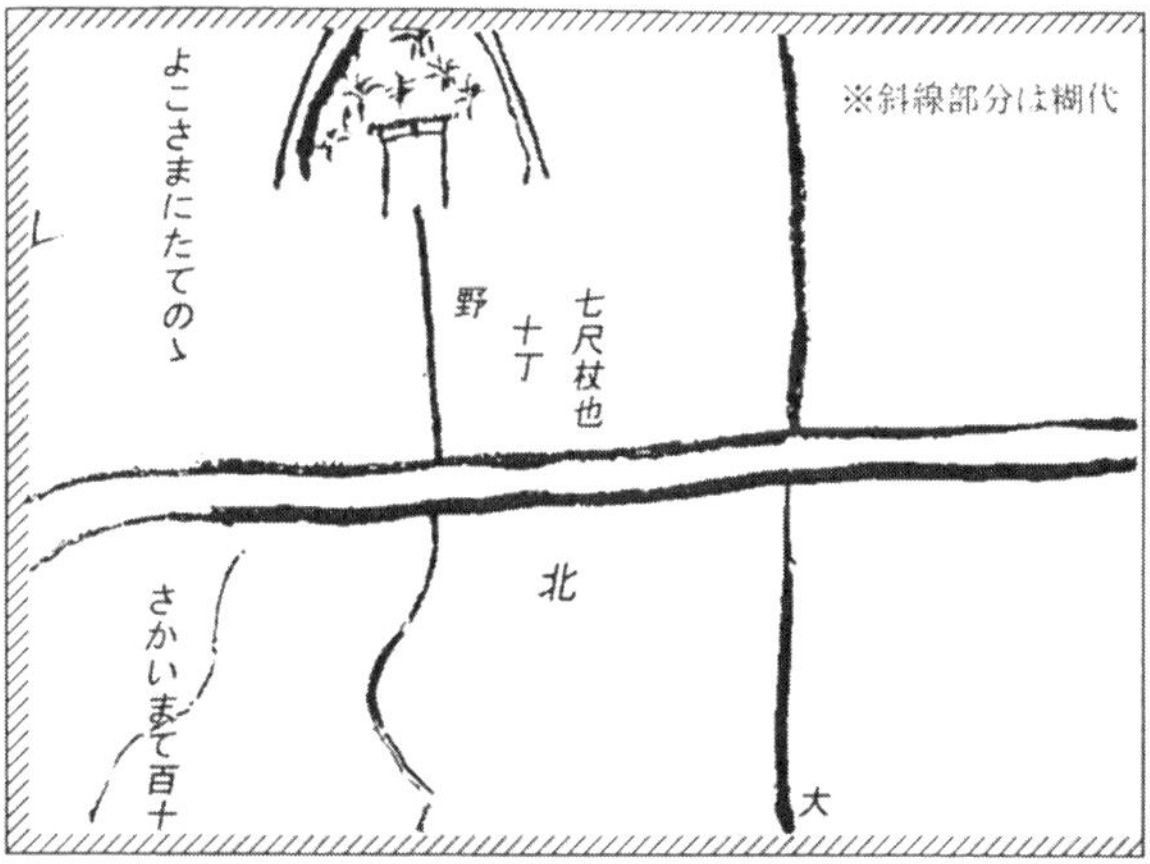

図１　金沢文庫保管「下総国毛呂郷絵図断簡」
清水（2002）から転載。井上聡氏作成。

⑦「鎌倉大道」は、県道結城野田線〈近世の関宿通多功道〈日光東往還〉〉か、それに近接した位置を通っていたと考えられる。

以上、前稿で明らかにした七つの論点を踏まえ、「暁尊寄進状」と図1に示された毛呂郷の領域を可視化し、「鎌倉大道」に関わる史跡などをマッピングしたものが図2である。

2 中世毛呂郷の景観と「鎌倉大道」

本節では、前稿での成果および本稿執筆のために実施した現地調査[7]の知見を踏まえて、中世毛呂郷の景観を理解する手がかりとなる史跡(およびその候補)と「鎌倉大道」の現況について述べていきたい。

本節における記述のベースとなるのが図2である。この図に①〜⑨、a・b1・b2としてマッピングしたポイントについて、検討・解説を進めていく。

①毛呂堰

「暁尊寄進状」における毛呂郷の境界は、西→北→東→南の順に記されている。「暁尊寄進状」では、毛呂郷の西堺について「西、毛呂河農西岸次」と記している。暁尊は、毛呂河(西仁連川)自体を毛呂郷のなかに取り込み、その用益権を主張しているのである。

そして、北の境界については「限北、大町界・武井堺於毛呂河農堰面江掘堺」と記され、「毛呂河農堰面」に向かって北の堺堀が掘られていたことがわかる。また、南の境界については「(前略)自其毛呂与志目波田乃堺江見充天、毛呂河江堀於掘〈但、堰代仁武井郷内田弐段加之、委細絵図并坪付別紙在之、此内自余分無之〉」と記されている(〈 〉内は割注を示す)。すなわち、暁尊は毛呂堰に関わる水利権を主張しており、その維持のために武井郷内の田地二反を

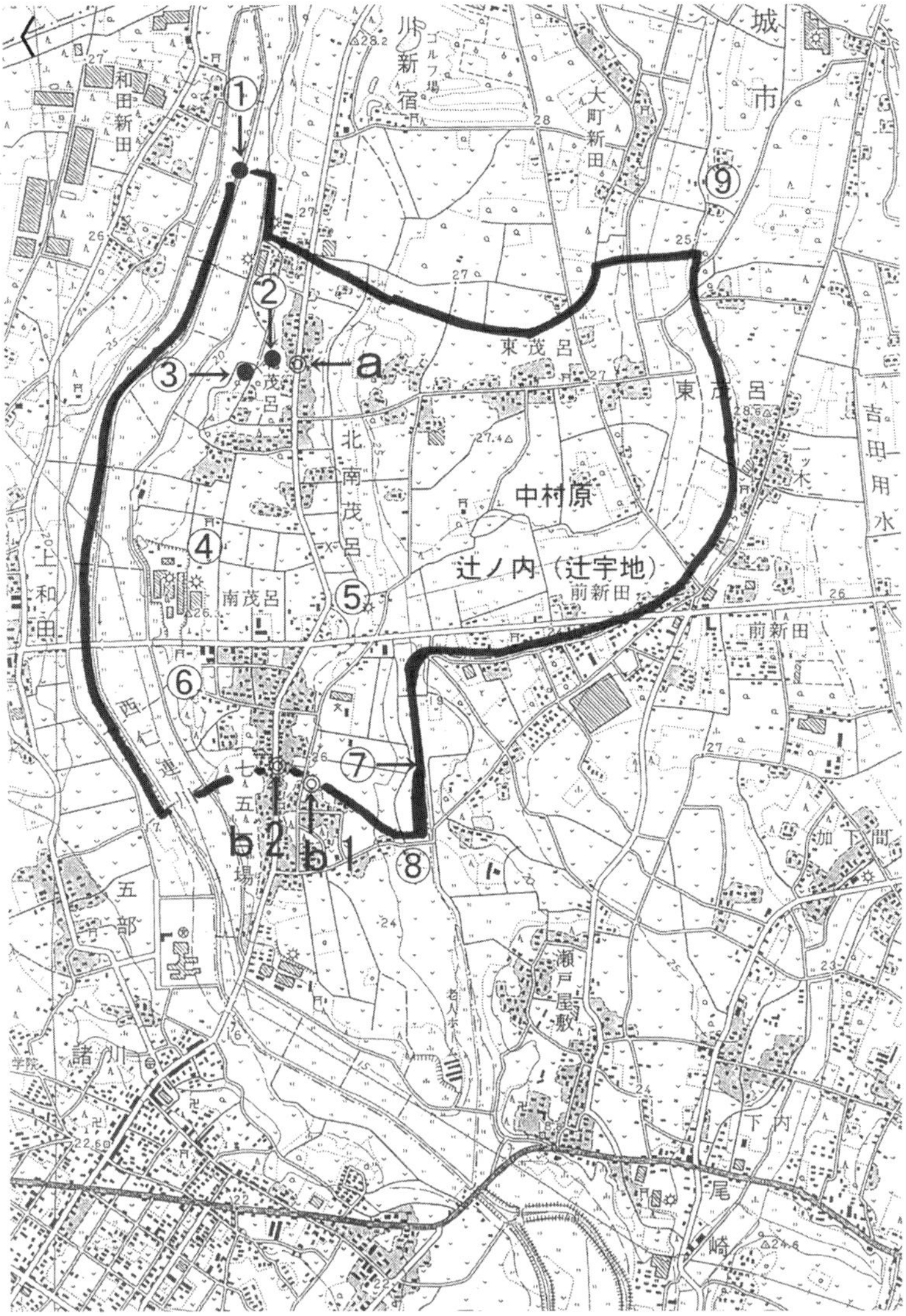

図２　毛呂郷の中世遺跡と「鎌倉大道」

＊国土地理院 25000 分の 1 地形図「諸川」をベースマップとして作図。

①毛呂堰　②稲荷塚古墳　③伝結城氏舎弟居館跡　④香取神社　⑤「東能香取」故地
⑥諏訪神社　⑦「加々間堀」（船橋川）　⑧「加々間堀乃橋」故地　⑨「大町農香取宮森」故地候補
a…「鎌倉大道」故地候補 1
b 1…「鎌倉大道」故地候補 2
b 2…「鎌倉大道」故地候補 3（近世の関宿通多功通〈日光東往還〉、現県道結城野田線）
＊黒線は「暁尊寄進状」に示された毛呂郷の境界線の推定復元案である。

「堰代」として毛呂郷内に繰り込んでいたのである。

毛呂堰を毛呂郷内に繰り込み、同郷の北の境界とする「暁尊寄進状」の記述は、現況からも裏付けられる。西仁連川の左岸、結城市北南茂呂と武井新宿の境界付近に、西仁連川から取水して北南茂呂の田地を灌漑する堰を確認できた。この堰が毛呂堰に比定される。さらに、北南茂呂と武井新宿の境界線を北南茂呂側からみると、毛呂堰付近の西仁連川沿岸部分のみが北に突き出ているのである(図2)。

②稲荷塚古墳

稲荷塚古墳は、全長約四〇メートル、後円径二〇メートル、高さ三・五メートル、前方推幅二〇メートルの前方後円墳であり、六世紀前半以降に築造された小首長の墓と考えられている。[8] 先述したとおり、図1に描かれた塚は、この稲荷塚古墳と考えるべきであろう。

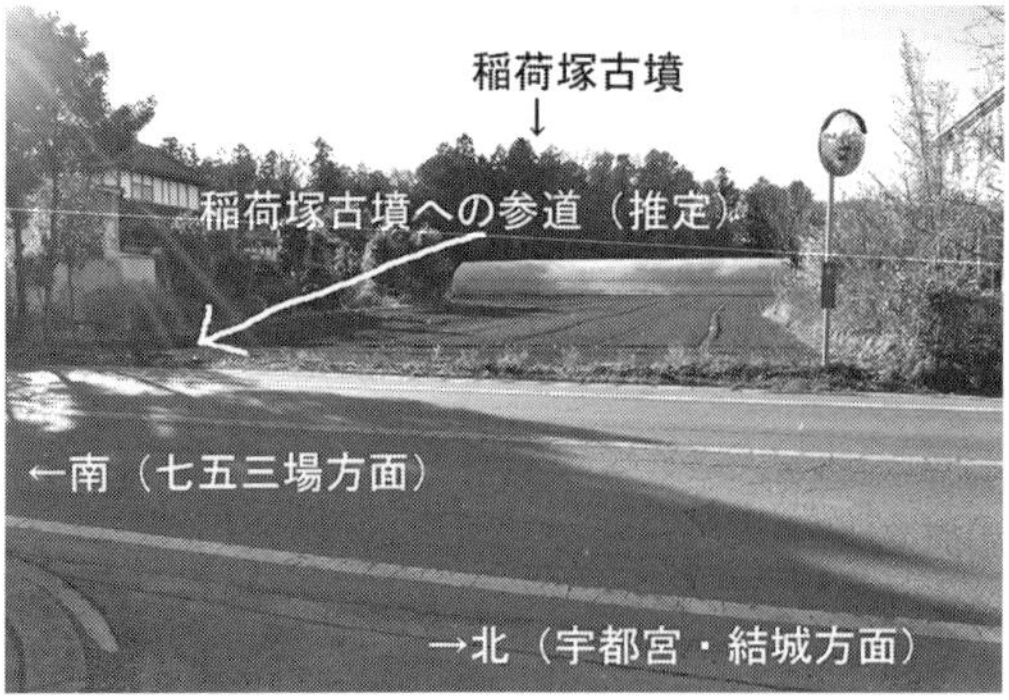

写真1　「鎌倉大道」故地候補1

a…「鎌倉大道」故地候補1

さきにふれたとおり、前稿では、図1を南北に通る二本の線が「暁尊寄進状」の「鎌倉大道」にあたると考えた。この「鎌倉大道」との連続性を有する道が、近世の関宿通多功道(日光東往還)[9]である。前稿で述べたように、関宿通多功道(日光東往還)は「往古鎌倉街道」という伝承を有している。[10]

この関宿通多功道(日光東往還)のルートをおおむね継承しているのが、現在の県道結城野田線である。すなわち図1の「鎌倉大道」は、県道結城野田線と重なるか、その近傍を通るルートであったと考えられる。

これらの点を踏まえると、「鎌倉大道」の重要な候補地点が判明する。図1では、稲荷塚古墳と思われる塚の参道と「鎌倉大道」が交差していたことがわかる。すなわち、県道結城野田線が稲荷塚古墳の脇を通るポイントを、図1中の参道と「鎌倉大道」の交差点におおむね比定できる。それを図2中に示したのがaの地点である(写真1)。

③伝結城氏舎弟居館跡

稲荷塚古墳の西に、結城氏の舎弟が居住していたという伝承を有する地点がある。当該地点を踏査した結果、曲輪や堀の跡などを確認できた。その縄張や機能の詳細については今後の本格的調査を要するが、中世城館跡と考えて誤りないだろう。なお、この城館は「鎌倉大道」に近い立地であり、城館に沿って「鎌倉街道」伝承を持つ道が南北に通っている。この伝「鎌倉街道」については、次節で述べたい。

④香取神社・⑤「東能香取」故地

④地点に現存する香取神社については、北南茂呂村の村社であったことが「下総国結城郡外五郡神社明細表」(明治初年頃の成立。東京大学史料編纂所所蔵。以下「明細表」と略称)によって確かめられる[11]。

「東能香取」は、さきにふれた元亨元年(一三二一)四月五日付、結城郡西毛呂郷田畠在家坪付注文(『三』一六)に見いだされる。聞き取り調査によると、⑤の地点に香取神社が存在していたという(現在は工場になっている)。この香取神社が「東能香取」に比定される。また、「明細表」によると、東茂呂村の字「南香取」に無格社の香取神社があったことがわかる。地点⑤は北南茂呂内だが大字東毛呂に隣接しており、近世から近代初頭においては東茂呂村に属していたのかもしれない。

なお、④の香取神社についても元亨元年(一三二一)の時点で成立していた可能性が高い。「東能香取」は「西毛呂郷」内に所在する「東の香取神社」と解釈できる。したがって、同郷内には、他にも香取神社が存在していたと考えるべきである。「東能香取」との位置関係からみて、④の香取神社がそれに該当すると考えられる。

⑥諏訪神社

諏訪神社は、「金沢文庫文書」永享十一年（一四三九）二月日付、毛呂郷年貢銭勘定状（『三』五七）に「一貫文　輙防（諏訪）神役」と記載された神社であろう。この諏訪神社は、「明細表」においても北南茂呂村の村社として登録されている。諏訪神社近傍にも「鎌倉街道」伝承が確認されている。

⑦「加々間堀」（船橋川）・⑧「加々間堀乃橋」故地

「暁尊寄進状」に示された毛呂郷の南界の基準となるのが「加々間堀乃橋」である。この「加々間堀乃橋」の位置について、前稿では、結城市北南茂呂・七五三場と古河市尾崎（尾崎郷）の境界地点（⑧）に比定した。以後の記述においては、この比定に基づいて記述を進める。(12)

「加々間堀」は、毛呂郷内を南北に通る広く浅い谷戸の中を流れる船橋川に比定される。聞き取り調査の結果、（a）二四・二五年前に区画整理を実施するまで、船橋川はこの谷戸の中央を流れていた、（b）船橋川周囲の谷戸田はもともと深田であり、舟を使って移動していた、（c）約六〇～七〇年前には、この谷戸の左岸で尾崎の南にあたる古河市瀬戸屋敷に船着場があったことが判明した。

これらの情報を踏まえると、「船橋川」の名称の由来は、舟で川を横断していたことにあったと考えられる。船橋川を挟んで結城市七五三場・古河市尾崎双方に小字「船橋」があり、七五三場の「船橋」には船橋姓の方が複数居住されている。したがって、「暁尊寄進状」に記された「加々間堀乃橋」は舟橋であった可能性が高い。(13)

b1…「鎌倉大道」故地候補2

b2…「鎌倉大道」故地候補3

これらのポイントは、「暁尊寄進状」で「限南、尾崎与志目波（七五三場）・毛呂三ヶ郷乃加々間堀乃橋与利西江六尺杖定、弐町捌段四杖者鎌倉大道於限」と明記された、「鎌倉大道」の重要な候補地点である。「鎌倉大道」が毛呂郷と七五三郷の境を縦断していたことは明らかであるから、「鎌倉大道」の故地は、北南茂呂と七五三場の境であった可能性が高い。

そして、県道結城野田線が「鎌倉大道」と連続性を有することからみて、県道結城野田線と北南茂呂・七五三場の境界線との交点が、「鎌倉大道」故地の最有力候補となる（b２・写真２）。

しかし、「暁尊寄進状」中の「鎌倉大道」故地候補をb２に限定することには一応慎重でありたい。「暁尊寄進状」によると、「鎌倉大道」の位置は、「六尺杖」（一杖＝六尺）として「加々間堀乃橋」から「弐町捌段四杖」の位置にあたると解釈できる。一段を長さの単位とすると六間＝約一一メートルであるから、「鎌倉大道」は「加々間堀乃橋」の西三〇〇メートル強の位置を南北に通っていたと考えられる。

しかし、「加々間堀乃橋」のある谷戸から県道結城野田線までは約五〇〇メートルの距離があり、「暁尊寄進状」の記述とは必ずしも合致しない。そこで、もう一つの候補として挙げられるのがb１である（写真３）。この地点は、結城市立江川南小学校に沿って南北に通る道と北南茂呂・七五三場の境界線が交差するところである。現状では、b２・b１双方を「鎌倉大道」故地の候補として併記したい。

写真２　「鎌倉大道」故地候補３

写真３　「鎌倉大道」故地候補２

⑨「大町農香取宮森」故地候補

この地点は、毛呂郷の東・北の堺堀を掘った際のランドマークであったと考えられる。すでに原田信男が指摘しているとおり、この神社は、結城市東茂呂を南北に走り、ついで西に曲がって「加々間堀」と合流する谷戸の左岸にあった。[14] このことは、聞き取り調査によっても確認できた。「明細表」によると、大町新田村の字「尾毛土」に所在する無格社として「香取神社」が見いだされる。「大町農香取宮森」は、おそらくこの神社と考えられる。

3　毛呂郷域内の伝「鎌倉街道」

中世毛呂郷域には、これまで述べてきた「鎌倉大道」以外にも複数の「鎌倉街道」伝承を確認できる。これらを図示したのが〈図3　毛呂郷域の「鎌倉街道」〉である。これらのルートのうち、中世史料で確認できる「鎌倉大道」に関わるものをA1・A2、それ以外の「鎌倉街道」伝承を有するルートをB〜Fとする。

以下、これらのルートをA〜Fの順に紹介し、それを踏まえて中世の「鎌倉大道」との関係について考えてみたい。

〈ルートA1・A2〉

ルートA1は、「暁尊寄進状」にみえる「鎌倉大道」の推定ライン（現在の県道結城野田線・近世の関宿通多功道〈日光東往還〉）である。図2のb2は、このライン上を通っている。しかし、前節で述べたとおり、「鎌倉大道」は「加々間堀乃橋」（図2の⑧）から「弐町捌段四杖」（約三〇〇メートル）の位置を通っており、それはA1の東であった可能性がある。そこで、結城市立江川南小学校沿いの南北道であるA2をもう一つの推定ルートとした。図2のb1は、このルートA2上に位置している。しかし、ルートA2に関する聞き取り調査そのほかの傍証作業は今後の課題である。したがって、現状ではルートA1を「鎌倉大道」の最有力候補としたい。

〈ルートB〉

このルートについては、前稿で「鎌倉街道」伝承ルートの候補として提示した。聞き取り調査によると、西仁連川の渡河点であったと推定される小字「樽場」・「古屋敷」を起点として、[15] 西仁連川左岸の台地沿いに北上するルートである。起点となる「樽場」・「古屋敷」は工場化しており、後述するルートCとの合流地点付近より南の道を確認することは難しい。

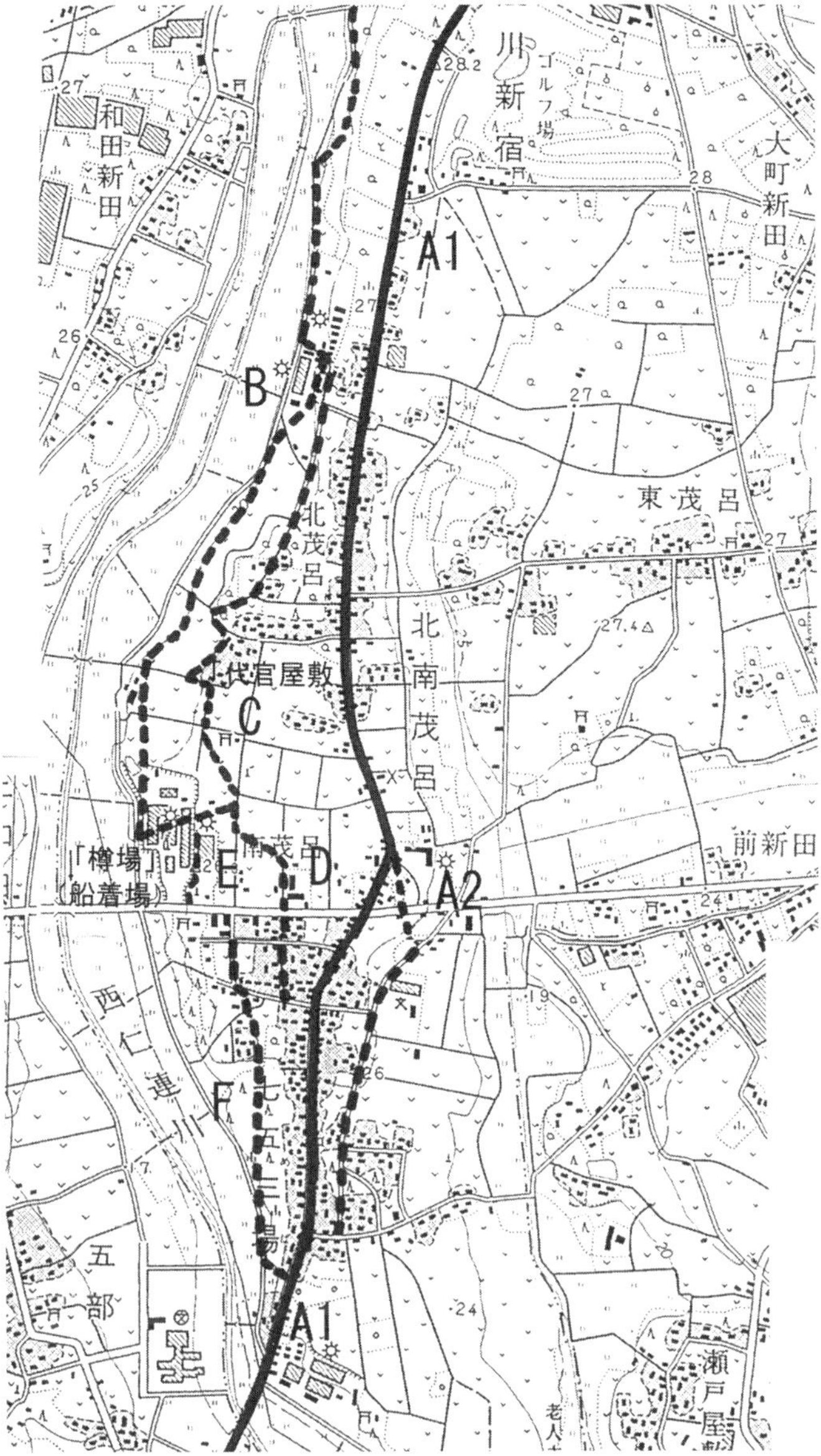

図３　毛呂郷域の「鎌倉街道」
＊国土地理院 25000 分の１地形図をベースマップとして作図。

〈ルートC〉

このルートについても、前稿で、聞き取り調査による「鎌倉街道」伝承ルートとして紹介した。すなわち、ルートBと同じく「樽場」・「古屋敷」を起点として、北東の台地上に進み、香取神社の南部でその境内を避けるように北西に向かい、「代官屋敷」と通称される地点[16]に沿って北上するルートである。このルートは、伝結城氏舎弟居館跡の東、稲荷塚古墳の西に接しており、さらに北上してルートBに合流する。

〈ルートD・E・F〉

ルートD・E・Fは、内山俊身・茨城大学中世史研究会の聞き取り調査によって見いだされたものである。これらのルート記述の責任は清水にあるが、伝承発見の功績は内山・茨城大学中世史研究会に帰するべきものである。

ルートDは、香取神社境内の南を起点としてルートCから南下するルートである。ルートFは、諏訪神社境内の東を南下し、結城市七五三場の南部で県道結城野田線に合流する。ルートEには「鎌倉街道」伝承を確認できないが、現在でも道の跡は残っている。なお、図には示していないが、諏訪神社境内の西部を通る南北道にも「鎌倉街道」伝承があったという。

〈中世毛呂郷域における「鎌倉大道」と伝「鎌倉街道」〉

以上、中世毛呂郷域における「鎌倉街道」伝承ルートを概観してきた。これらの内、ルートの存在を立証できる中世史料と近世・近代の伝承を具備しているのはルートA（A1・A2）のみであり、ルートB以下は、聞き取り調査によって存在を確認しえたものである。この違いは、どのような事情に由来しているのであろうか。

ここで、「大道」と呼ばれたことが確認できるのが、ルートAのみであることに留意したい。江田郁夫は、鎌倉街道中道（奥大道）とそれに接続する中世道を中心に、中世「大道」の特質を検討し、「大道」とは狭くとも二間前後の道幅を有し、軍勢の移動に耐えうる程度の「広い道」であったことを指摘している。[17]この指摘を踏まえると、ルート

Aは、毛呂郷域において卓越した主要陸道であったと考えられる。

もちろん、西仁連川の渡河点を起点とするルートB・ルートCをはじめとした諸ルートが、中世段階で陸道として存在・機能していなかったとはいいきれない。とくにルートCは伝結城氏舎弟館跡に隣接しており、ルートAと併存していた可能性が高い。

しかし、これまでに検出しえただけでも、毛呂郷域における伝「鎌倉街道」は、ルートB・C・D・F（および諏訪神社境内の西）など、四つないし五つにのぼっている。これら全てが中世の道でなかったとまではいえない。だが、これらが「鎌倉街道」として機能していた証左は見いだせず、ルート自体も断片的にしか見いだせないのである。

右の事実は、ルートAが中世「鎌倉大道」として卓越した規模を有しており、それに次ぐ道が、猿島郡に連絡しうるルートB・Cであったことを示唆している。そして、その他のルートは、基本的には郷内の連絡道としての性格を有していたと考えるのが自然であろう。

ルートB以下が「鎌倉街道」と呼ばれるようになった経緯についても確言はできない。ただ、ルートAが、近世に「往古鎌倉街道」伝承を持つ主要陸道（関宿通多功道〈日光東往還〉）として機能したことが、当該地域の諸ルートに影響を与えた可能性は考えられるのではないか。すなわち、関宿通多功道（日光東往還）が「鎌倉街道」として知られるようになったため、近世の北南茂呂村・七五三場村内を通っていた複数の南北道が、関宿通多功道（日光東往還）の支線として「鎌倉街道」と呼ばれるようになったという経緯を想定したい(18)。

この見通しの当否を確かめるためには、他地域における「鎌倉街道」やその伝承のあり方と比較検討する必要があるが、それは今後の課題である。

おわりに

以上、三節にわたって、中世毛呂郷域の「鎌倉大道」およびそれに関わる同郷域内の中世史跡、伝「鎌倉街道」を概観してきた。そのなかで、中世毛呂郷域が、茨城県内において鎌倉時代の「鎌倉大道」の存在を確認できる貴重なフィールドであること、地域において「鎌倉街道」という呼称が形成・展開していく過程を考える好個の事例でもあることを主張してきた。これらの古道や史跡の紹介が、当該地域の歴史理解を深める一助となることを願い、擱筆する。

註

(1) 清水亮「金沢文庫所蔵『下総国毛呂郷絵図断簡』に関する一考察」(『荘園絵図史料のデジタル化と画像解析的研究』〈二〇〇〇(平成一二)年度〜二〇〇一(平成一三)年度科学研究費補助金基盤研究(B)(2)研究成果報告書、研究代表者黒田日出男〉、二〇〇二年)。以下「前稿」と略称。

(2) 本稿における中世毛呂郷関係の文書史料は、主に『三和町史資料編　原始・古代・中世』第二編第二章「町外資料」第二節「古文書・金石文」から引用し、文書番号を「『三』番号」の形式で引用するものとする。

(3) 鎌倉幕府の「特権的支配層」については、細川重男『鎌倉政権得宗専制論』(吉川弘文館、二〇〇〇年)、同『鎌倉幕府の滅亡』(吉川弘文館、二〇一一年)を参照。

(4) 山川氏については、網野善彦「鎌倉幕府と北下総」第二・四・五節(『三和町史通史編　原始・古代・中世』第二編第二章、三和町、一九九六年)、市村高男「結城氏と鎌倉幕府」・「金沢称名寺領毛呂郷」(『結城市史第四巻　古代中世通史編』第二編第二・四章、結城市、一九八〇年)、同「鎌倉末期の下総山川氏と得宗権力」(『弘前大学國史研究』一〇〇、一九九六年)、同「金沢・安達氏と下総結城・山河氏」(『六浦文化研究』六、一九九六年)、同「下総山河氏の成立とその背景」(千葉歴史学会編『中世東国の地域権力と社会』岩田書院、一九九六年)、山田邦明「室町時代の山川」(『三和町史通史編　原始・古代・中世』第二編第三章第三節、三和町、一九九六年)、峰岸純夫「結城一族の館跡」(『結城市史第四巻　古代中世通史編』第二編第三章、結城市、一九八〇年)など。

(5)　前稿では、同図を「金沢文庫所蔵『下総国毛呂郷絵図断簡』」と表記した。しかし、この表記はミスであり、正確には称名寺所蔵・神奈川県立金沢文庫保管である。ご所蔵者の称名寺、保管にあたっておられる神奈川県立金沢文庫の方々には衷心よりお詫びを申し上げたい。

(6)　二〇一四年二月二三日、茨城県立歴史館特別展『常陸南北朝史』にて、図1の原本を熟覧する機会を得た。そして、同図の天・奥の糊代は料紙の表面に、地の糊代は裏面にあたることを確認した。すなわち、「下総国毛呂郷絵図断簡」は上部および左から順に料紙を貼りついだと判断される。なお、上記の所見は、『特別展　常陸南北朝史』九一頁(茨城県立歴史館、二〇一四年)に収載された同図のカラー写真でも、おおむね確認できる。

(7)　二〇一三年一二月二八日・二〇一四年一月四日に、茨城県歴史の道調査委員会中世史部会メンバーのご協力を得て実施した。

(8)　今井尭「古墳時代の結城地方」(『結城市史第四巻　古代中世通史編』第一編第二章、結城市、一九八〇年)。

(9)　矢口圭二「近世における結城地方の交通」(『結城市史第五巻　近世通史編』第三編第五章、結城市、一九八三年)。

(10)　結城郡物産共進会協賛会『結城郡案内記』一四四頁(一九一三年)、今井隆助『北下総地方史』一〇〇・一〇一頁(崙書房、一九七四年)、内山俊身「結城市・古河市周辺の鎌倉街道」(『茨城県歴史の道調査事業報告書中世編「鎌倉街道と中世の道」』茨城県教育委員会、二〇一五年)。『結城郡案内記』では「茂呂松並木」を立項し、「往古鎌倉街道と言ひ、徳川氏に至りて、日光東街道と稱す。」と述べている。註(9)矢口論文四八五〜四八七頁の論述を踏まえると、この記述は近世の状況や伝承を反映したものと考えるのが自然であろう。なお齋藤慎一は、当該ルートを鎌倉街道下道の支線として、内山俊身は広義の「鎌倉街道中道」の一つとして位置づけている(齋藤「鎌倉街道中道と下野国」〈栃木県立文書館編『戦国期下野の地域権力』岩田書院、二〇一〇年〉、内山「下総西部の『中世の道』について」〈『常総の歴史』四三、二〇一一年〉)。

(11)　東京大学史料編纂所ホームページ「所蔵史料目録データベース」で、「明細表」の原本画像を確認できる。

(12) 市村高男・清水亮は、「加々間堀」を現在の船橋川に比定している。市村前掲註(4)「金沢称名寺領毛呂郷」、清水前掲註(1)論文。それに対して、原田信男は、古河市尾崎の東部の地名「加下間」の近辺に「加々間堀」の位置を想定している(原田『中世村落の景観と生活』二八九・二九〇頁、思文閣出版、一九九九年)。

(13) 舟橋については齋藤慎一『中世を道から読む』七一〜八七頁(講談社現代新書、二〇一〇年)を参照。なお、「暁尊寄進状」で「加々間堀」について「水面者半分進退」と注記されていることからも、船橋川が流れる谷戸は舟での移動を要する深田であったことが推測できる(内山俊身氏のご教示による)。

(14) 前掲註(12)原田著書二八九・二九〇頁。なお、本文で述べた「加々間堀」の位置は、市村高男・清水の比定に基づく(註12)参照)。

(15) 茨城大学中世史研究会の聞き取り調査によると、小字「樽場」・「古屋敷」は、船着場として機能していたという。

(16) 茨城大学中世史研究会の聞き取り調査による。

(17) 江田郁夫「奥大道と下野」(同『中世東国の街道と武士団』岩田書院、二〇一〇年、初出二〇〇一年)、同「中世東国の大道」(同『中世東国の街道と武士団』岩田書院、二〇一〇年、初出二〇〇七年)。

(18) 以上、「鎌倉街道」伝承を持つ道、とくにルートD以下の位置づけについては本稿執筆の準備過程で実施した現地調査(註(7))において、内山俊身氏から大きな示唆を得た。

考古資料からみた茨城県内の中世道路

比毛　君男

はじめに

本稿は、主に発掘調査等に基づく考古資料をもとに中世における茨城県内の道路遺構を集成し、考察することを目的とする。(1)

1　中世考古学における道路研究回顧

(1)　中世遺跡の発掘調査例の増加等

中世を考古学の研究対象としてみなすのは、陶磁器や板碑等一部の資料研究を除くと比較的新しい。一九六〇年代以降拡大する国内の開発に伴い、埋蔵文化財の記録保存を目的とする行政調査が増加した。なかでも中世遺跡が発掘調査の対象として認識されるようになるのは一九七〇年代以降であり、京都・鎌倉等の都市遺跡や大都市近郊の城館の発掘調査事例が目を引く。特に前者では、街路や町割り区画としての道路遺構が検出され、記録の対象として深化されるようになっていた。

一九八〇年代以後は大規模開発が更に増加し、都市遺跡以外のいわゆる「宿」や「市」、「都市的な場」とみなされる調査事例も関東地方を中心に散見されるようになった。埼玉県の堂山下遺跡、栃木県の下古館遺跡、千葉県の山谷遺跡はその代表例である。

現在までの状況を総じて言えば、伝承のある古道比定地を除いて発掘調査で道路遺構を発見するのは偶発的である。神奈川県から東京都・埼玉県・群馬県にかけては、いわゆる「鎌倉街道(上道)」、栃木県から東北地方の一部にかけては「奥大道」「奥州道」の調査事例が確認されるが、その他では「道路状遺構」として断片的に発見された遺構に限られる場合が多い。橋や河川の渡し場等に至っては、地質的に沖積地に当たることから発見は難しく、さらに調査事例は乏しい。

中世の交通遺跡として国からの文化財指定を受けた事例は、中世都市鎌倉に関するもの(2)や寺社信仰に関する街道(3)のほかは特殊な事例に限られる。(4)関東地方でいわゆる鎌倉街道として市町村指定を受けたものは、埼玉県や茨城県内の一部に見られるものの少数である。(5)指定の根拠を中世に限定して、道路遺跡を抽出することが困難であることを、この数は示している。(6)

また、文化庁主導で全国の「歴史の道」事業が進められた結果、都道府県ごとに特色ある歴史的な古道の調査が行われ、地域の歴史を回顧する契機となった。熊野古道、伊勢斎宮の道のほか、鎌倉街道も各地で見直され、地域に根ざした文化財として、整備・周知の対象となりつつある。博物館等での展示や、シンポジウムの開催等により、近年は特に古道への関心が深まっている。

(2) 研究者による先行研究

中世の都市遺跡や道路遺構の調査事例の増加を受けて、文献史学者と考古学者らによる中世古道の個別事例研究や総体化が進められている。

藤原良章や飯村均らによる「中世みちの研究会」は代表的なもので、シンポジウムや研究事例の集約により、全国的に中世の道研究は著しく深化した。

齋藤慎一は、軍事道路としての鎌倉街道に着目し、古文書や古記録に記される合戦の季節や渡河の形態等の制約に留意しながら、鎌倉街道上道と中道の復原を試みている。(7)

浅野晴樹は、道路状遺構としての鎌倉街道に着目しながらも、資料的限界はあるものの希少性のある遺物分布や遺跡の性格から、考古学的に復元しうる中世街道の実情を検討している。(8)大消費地と流通拠点を考古学的に分別し得るかとの根源的な問題提起には耳を傾けるべきである。

飯村均は、全国的な発掘調査事例を通観し、遺跡で見つかる「みち」の特徴を一定程度相対化しながら、既出事例の中から今後注意すべき事例を予察している。(9)中世の道路遺構を研究する上で、基本的な成果である。

2　中世遺跡で発見される道路について

(1) 希少性の高い遺物について

前述の浅野の論考を受け、以下に茨城県内の「希少性の高い遺物」分布を検証したい。ここでいう希少性の高い遺物とは、当時の高級品・高価値であった品ではなく、本来は小・中規模の地域流通品であるにも関わらず遠隔地で発見された資料をさす。
①山茶碗〔尾張産〕　鹿嶋市の厨台遺跡群で一例発見されている。小片の場合、東海産須恵器または灰釉陶器に似る。
②石鍋〔九州長崎・肥前西彼杵半島産〕　つくば市島名熊の山遺跡、茨城町宮ヶ崎城跡、土浦市神出遺跡、水戸市堀

遺跡の四例で出土が確認されている。
③南伊勢系土鍋　現在までのところ未確認である。外面がハケメ調整のため、小片では古墳時代前期の甕に似る。
④鍔釜〔畿内以西の一般的煮炊具〕　現在までのところ未確認。
⑤珠洲窯製品〔能登〕　現在までのところ未確認。
⑥東播系甕〔神出窯、魚住窯〕　現在までのところ未確認。
⑦瓦器〔畿内周辺〕　現在までのところ未確認。
⑧上野型壺　筑西市小栗裏山遺跡から蔵骨器として出土している。
⑨猿投東山産四耳壺　古瀬戸成立前の灰釉の無い陶器壺で、土浦市入ノ上遺跡から口縁部一点が出土している。

以上はいずれの例も武蔵・上野以上に茨城県内では少数である。発掘調査時の認識が乏しく、他の器種と見誤ったり、記録対象から抜け落ちた可能性も否定できないが、東海道最奥部にある茨城県には流通の実数も少ない可能性も思量される。

極少数ながらも、これら希少性の高い遺物が出土する遺跡は、城館跡・屋敷跡など地域支配の拠点にある傾向がある。特に水戸市堀遺跡は古代郡衙・官道もあり、中世にも道と城館が営まれるなど、街道を意識した遺跡と判断できる。ただし浅野が説くように、希少遺物の出土地が流通の反映となるのではなく、拠点遺跡は物資流通の街道に近い地点に選地されたと考えるべきであろう。

(2) 関東地方の主な道路遺構発掘調査事例

ここでは、関東地方の主な道路遺構の発掘調査例を振り返る。表1には浅野の論考に基づき、いわゆる鎌倉街道や奥州道・あづま道の調査事例を挙げる。

埼玉県（武蔵北部）内の一部の町では、掘割と呼ばれる鎌倉街道上道の伝承地が以前から指摘されていた。いずれの場合も台地から低地に通じる部分に、切通状に幅広い道を緩やかな坂にしていることが共通し、周囲に宿や河川の渡河点がある等、交通上重要な地点に当たっている。行政調査による発見事例でも、野津田上の原遺跡や十条久保遺跡は、丘陵・台地と低地との転換点に発見されている。

鎌倉街道上道・奥州道とされる事例の多くは、路面幅は概ね四～五メートル以上で、道の両側に側溝をもつことが基本的な条件とされている。側溝を含めるとさらに幅員は数メートル増加する。

(3) 茨城県内の主な道路遺構発掘調査事例

ここでは茨城県内で発掘調査された中世の道路遺構を集成し、主な傾向を検討する。事例は中世に限定し、他の時代や時期不明のものは除いた。管見の限りで五六遺跡一〇八事例確認できたが、事例の詳細は報告書に拠っていただきたい。

概観すると、道路遺構の遺存状態は遺跡の立地や地理的・歴史的環境の影響を強く受け、中世当時の生活面下に掘削し構築したものか、埋没した事例が主となる。さらに後代まで利用されることが多いため、浚渫等で硬化面や側溝等が失われた、最終的な形態で遺存することになる。

換言すると、地下に構築された事例か偶然埋没した事例に限られ、さらに後代の影響が強く残るため、根源的な資料的制約は否めない。無論、良好な遺存状態のもとでは、硬化面が数枚にわたって検出される可能性も残るが、調査事例を検討する限り、部分的に残る硬化面の遺存状態を記録する事例が多数を占めた。

また県内外を問わず調査報告を通観すると、道路遺構の記載方法に多様性がある。例えば道路幅の記載の場合に、両側溝を含めた外側同士の幅、路面部分の内矩、側溝の芯芯間の距離を示す場合等が見られた。また、側溝がない事

備考
中世路面2面と近世路面2面が現道下に確認。居館2箇所(12～14世紀)と大規模墓地(14～16世紀)が接する。
側溝には水流痕が明瞭。浅間B軽石降下時点で側溝は埋まっているが，人の足跡は多く残る。
浅間山B軽石を当初面とし，6枚以上の硬化面がある。中世居館(12～14世紀)と接する。
路面幅は4と同程度である。硬化面は不明瞭，側溝は浅間B以後の土で埋まる。
浅間山噴火(1108年)からそれほど経過しない段階で最古路面形成。6枚の路面改修痕(うち3枚は近世後半以後)があり，最下層には波板状凹凸が残る。
確認時の幅のため，実際は拡がる可能性あり。側溝は小礫が敷き詰められる。付近を鎌倉街道が通過。
「市」もしくは「宿」とされる。遺跡内で道路交差する。
東側溝を確認するが西側は調査区外。6の南に位置する。
10次調査では3面の硬化面と両側溝を持つ道路跡と，溝で隔てた建物群を検出し，14～15世紀代の奥大道集落と推定。
外城遺跡の南側にある遺跡で，道路跡と両側溝を検出。
鎌倉街道と推定。
路面は2面確認。側溝は基本1条だが2～3条と複雑に重複する箇所もあり，改修跡と推定。14世紀頃の小山氏関連の館跡の下から発見されたため，13世紀後半頃の道路と推定。外城遺跡以前の奥大道の可能性。
古くから掘割状遺構として遺存。部分的に硬化面が確認される。長さ70ｍにわたり調査された。東側溝(SD01)は幅約80ｃｍ，深さ約50㎝。路線には六大塚等中世に形成された複数の塚が近接する。周囲には「塚田宿」が存在したと想定される。
古くから掘割状遺構として遺存。ゆるい舟底を呈する形態。昭和初期まで道路として利用。
以前より掘割状の遺構を残す。硬化面あり。西側側溝は湧水有り。改修を繰り返し行い，規模は必ずしも一定ではない。
以前より掘割状の遺構を残す。現道より約60ｃｍ下で路面が2ｍ程東側に寄る。
道の両側が数次にわたり発掘調査されている(トレンチ調査を含む)。出土遺物や鰐口の銘文などから遺構群は「苦林宿」と推定される。
台地からの地山を削り取り形成した埋没谷上に立地。南北に約220mにわたる第1号道路址は，両側溝間を路面とし。中世から近代まで重層的に掘り直される。側溝は箱堀状と浅い掘り込みと2者あり，後者が古い。波板状凹凸あり。第2号道路址は斜角で1号と交差する。
市街地を部分的に調査した結果，国分寺に向かう南北方向や，府中崖線を東西に渡る道路が複数確認される。複数回利用の硬化面，箱掘り状の側溝，波板状凹凸をもつ。轍痕と推定される路面もあり。側溝を設けていない箇所も見られる。
国分尼寺の北側の崖線を切り通して，鎌倉街道が通り，両側の台地上には土塁に囲まれた寺跡と塚が残る。
1～3号の道路状遺構があり，いずれも断面Ｖ字状を呈し，底面に多数のピットをもつ。1号は全長230mのうち低地寄りが幅・深さ共に大きく，丘陵上は広狭あり。深さ4.5mで，道路幅は12～1ｍと幅がある。
道遺構全面の調査でないため，両側溝の有無は不明。拡張調査箇所で路面は12ｍ前後。波板状凹凸を有する。
鎌倉街道中道と推定。調査では硬化面の幅は不規則であった。波板状凹凸を有する。
硬化面の幅は1ｍ程度と狭い。
断面逆台形の堀状に掘り窪められた道路跡とされる。やや道路面の幅が狭い。道の両側には溝によって区画された屋敷地が存在する。

※ 浅野晴樹2006「鎌倉街道の考古学」を基に作成。引用文献の明示無いものは[浅野2006]による。

表1　関東地方の主な道路遺構発掘調査事例

No.	遺跡名［引用文献］	所在地	路面幅［m］	側溝形態	通称
1	小八木志志貝戸遺跡［坂井 2004］	群馬県高崎市小八木町	2.5	両側溝	あづま道
2	菅谷石塚遺跡［坂井 2004］	群馬県高崎市	7.0～11.2	両側溝	
3	今井道上道下遺跡［坂井 2004］	群馬県前橋市今井町	2.5	両側溝	あづま道
4	酒盛遺跡［坂井 2004］	群馬県伊勢崎市堀下	2.5	両側溝	あづま道
5	田部井大根谷戸遺跡［坂井 2004］	群馬県伊勢崎市田部井	3.2	両側溝	あづま道
6	南蛇井遺跡［坂井 2004］	群馬県富岡市南蛇井	3	側溝	
7	下古館遺跡	栃木県下野市	7～13	両側溝	うしみち（おうしゅうみち？）
8	諏訪山北遺跡	栃木県下野市	—	側溝	うしみち
9	外城遺跡［鈴木 2006］	栃木県小山市大字神鳥谷字宿屋敷	10前後	側溝	奥大道
10	宮内北遺跡［鈴木 2006］	栃木県小山市外城	約8	両側溝	奥大道
11	金山遺跡	栃木県小山市	3.4～5.4	両側溝	奥大道
12	神鳥谷遺跡［秋山 2010・2011］	栃木県小山市大字神鳥谷	7	両側溝	奥大道
13	赤浜天神沢遺跡・六大塚遺跡［小林 2004］	埼玉県大里郡寄居町赤浜	5～6	両側溝	鎌倉街道
14	鎌倉街道上道跡［毛呂山町 2004］	埼玉県比企郡小川町伊勢根	5～8	両側溝	鎌倉街道
15	鎌倉街道A遺跡（掘割遺構）［佐藤 2016］	埼玉県入間郡毛呂山町市場	約2.80～3.20（4以上の可能性）	両側溝	鎌倉街道
16	鎌倉街道B遺跡（掘割遺構）［毛呂山町 2004］	埼玉県入間郡毛呂山町大類	2以上	両側溝	鎌倉街道
17	堂山下遺跡	埼玉県入間郡毛呂山町大類・川角境	—	側溝	鎌倉街道
18	十条久保遺跡［牛山 2004］	東京都北区十条台	5前後，側溝芯芯間は約5.4，最終期は約2.8	両側溝	鎌倉街道
19	武蔵府中［荒井 1999］	東京都府中市内	9前後（643次調査区）	両側溝	鎌倉街道・陣街道
20	伝祥応寺跡（武蔵国分尼寺跡）	東京都国分寺市	—	—	鎌倉街道
21	野津田上の原遺跡［後藤・新開 2004］	東京都町田区野津	12～1	一部に側溝	鎌倉街道
22	中ノ宮北遺跡	神奈川県横浜市泉区和泉町	12	側溝	鎌倉街道
23	笠間中央公園遺跡	神奈川区横浜市栄区笠間町	3.8～9.5	両側溝	鎌倉街道
24	天羽田稲荷山遺跡	千葉県市原市	1以上	側溝	鎌倉街道
25	山谷遺跡	千葉県袖ヶ浦市	2.2～3.1	両側溝	鎌倉街道

様相	出土遺物	出典	備考
尾根を縦断する形で南北に伸びる。浅い溝状もしくは硬化面として検出。1・2号溝と重複し分断される。	無	『岩本前遺跡発掘調査報告書』1995年日立市教育委員会	
尾根を縦断する形で南北に伸びる。浅い溝状もしくは硬化面として検出。	無		
尾根を縦断する形で南北に伸びる。浅い溝状もしくは硬化面として検出。	無		
尾根を縦断する形で南北に伸びる。溝状を呈し、断面形は鍋底状もしくは皿状。硬化面は3～4面あり、覆土に砂層を含む。	無		
尾根を縦断する形で南北に伸びる。溝状を呈する。	無		
近接する溝との切り合い関係から判断。硬化面の断面は台形状を呈する。	無	『県報告第357集根岸西遺跡2』2012年茨城県教育財団	

様　相	出土遺物	出典	備考
Ⅱ層下層中で確認。古代以降の確認面が直下のⅢ層上面であることから古代以後と判断。	無	『台渡里廃寺跡』2005年水戸市教育委員会	
遺跡は春秋氏の居城長者山の外郭部にあたる。調査区2区・3区で古代瓦を敷いた道跡を発見。伴出遺物から時期が明確化。	内耳土鍋、常滑片	『アラヤ遺跡(第2地点)』2007年水戸市教育委員会	幅40～60、深20cmの箱堀状の側溝を持つ
側溝を有する硬化面が前後4時期に累積使用される。同一地点に繰り返し構築。那珂郡衙(台渡里廃寺跡)と推定郡衙正倉別院(大串遺跡)を結ぶ伝路に比定。ピットあり。	土師器、陶器等	『町付遺跡(第1地点)』2009年水戸市教育委員会	側溝はa面で上18～48、下10～20、深4～18cm
溝状を呈するが土層断面に3枚の硬化面が確認される。正倉院の内部だが主軸が異なるため重複する中世城館遺構と判断。	縄文土器	『台渡里1』2009年水戸市教育委員会	
硬化面を有し、古代瓦や礫を敷く。アラヤ遺跡第2地点の年代観を援用。	無	『台渡里3』2011年水戸市教育委員会	
断面は弧状または逆台形。硬化面をはがす過程で路面東側に波板状凹凸を確認。小礫混じりの黒色土で、道幅全体が硬化する。	常滑、土師質土器	『県報告第179集十万原遺跡1』2001年茨城県教育財団	
Ⅲ郭のほぼ中央を走り、南北に二分する。北側虎口付近では溝SD03が側溝の役割を果たす。	無	『石神城跡』1992年東海村教育委員会	
2号土橋から虎口・建物SB05に延びる東西道路。門跡SB04から連なる。	無		
遺構確認面である黒色土面を二分した1条の砂層面を確認。集落廃絶後に海岸に向かう道路として使用か。	瀬戸美濃皿、釘等	『県報告第284集村松白根遺跡2』2007年茨城県教育財団	
整地面を何らかの目的で区画した遺構。高さ45cm。	無		
第77号建物跡外側を区画する遺構。高さ50cm。	無		
3面からなる。1面はSD9を側溝とする。2面は1面の上5cmで厚さ2～3cmの黒色土が硬化。3面は確認面直下で厚さ3～4cmの黒色土が硬化。	1・2面間で古瀬戸瓶子	『水戸海道遺跡』2008那珂市教育委員会	かさ上げながら補修。
層位から3時期に細分。台地端部と斜面部の一部で礫を敷設した路面を確認、斜面部にはU字形の側溝あり。斜面を登ると第1号塚がある。	京焼風陶器、染付	『県報告第316集旧宝幢院跡』2009年茨城県教育財団	
掘り込みの底面全体が硬化。廃絶後に溝として利用か。重複関係から判断。台地と低地を結ぶ道である。	無		
底面全体が硬化。東部では轍状の凹凸を確認。第2号溝とほぼ平行する。重複関係から判断。	無		
重複関係から判断。第1号道路と平行。第1号以前の台地と低地を結ぶ道。重複関係から判断。	無		
第2号道路と平行。台地部を結ぶ道路。重複関係から判断。	無		
7号溝の底面を踏みしめて道路化。段差を持つ箇所があり、複数時期に渡る可能性あり。	常滑壺(鎌倉後期)	『塙谷遺跡2』2011年笠間市教育委員会	
下層から底面に黒色土の硬化面あり。	かわらけ	『県報告第168集古峯B遺跡』2000年茨城県教育財団	
2条の溝からなり、轍の可能性あり。断面は弧状または逆台形。黒色土の硬化面あり。	無		
断面弧状、黒色土硬化面。	無		
断面弧状、不整楕円形の硬化面。波板状凹凸を持つ。	瓦質土器、土師質土器片		
第15号溝が埋没する過程で中央部を道路と使用。硬化面あり。	無	『県報告第293集羽黒山遺跡2』2008年茨城県教育財団	
断面U字状、溝や土坑と切りあい関係。直線的で掘り込みの全体または部分的に硬化面。面は下場よりも上位にある。	かわらけ、瀬戸美濃端反皿、火鉢、鉄滓他	『県報告第314集小幡城跡外4遺跡』2009年茨城県教育財団	
断面U字状、溝や土坑と切りあい。第1号と合流し、同時期に機能。直線的、底面より上位に硬化面あり。	内耳土鍋		

表2① 茨城県内の道路遺構発掘調査事例【県北 2遺跡 6事例】

No.	遺跡名	所在地	遺構名	時代	幅【m】	深さ【cm】	厚さ【cm】	側溝
1	岩本前遺跡	日立市小木津町岩本前地内	1号道	中近世	—	—	—	無
2			2号道	中近世	—	—	—	無
3			3号道	中近世	—	—	—	無
4			4号道	中近世	上1.2 下0.5	—	—	無
5			5号道	中近世	—	—	—	無
6	根岸西遺跡	日立市大久保町字根岸2473番地	第1号道路跡	中世	0.5～0.55	—	10	無

表2② 茨城県内の道路遺構発掘調査事例【県央 16遺跡 27事例】

No.	遺跡名	所在地	遺構名	時代	幅【m】	深【cm】	厚【cm】	側溝
7	台渡里廃寺跡	水戸市渡里町字アラヤ2984－2A他	硬化面	古代以後	0.45～0.6	—	—	無
8	アラヤ遺跡（第2地点）	水戸市渡里町字アラヤ3061－4地先	瓦礫道	15世紀以降	1	—	30～40 （12～17）	2号・4号溝と並走
9	町付遺跡（第1地点）	水戸市酒門町字町附638-1	SF-01a・b・c・d	古代・中世	a面で上3.35～3.8 下2.5～3.44	25	—	2
10	台渡里廃寺跡（長者山地区）	水戸市渡里町字長者山外	SF0 1	中世	上1.2～1.5、下0.7	38～45	—	無
11	台渡里官衙遺跡	水戸市渡里町字長者山	瓦礫道 SF01	中世	上面幅1.5	—	—	無
12	十万原遺跡	水戸市藤井町字十万原1726他	第1号道路跡	中世か	1.51～2.28	—	—	無
13	石神城跡	東海村大字石神内宿字城ノ内地内	SF0 1	中世～現代	—	不明	不明	1
14			SF02	中世～現代	1.5	不明	不明	無
15	村松白根遺跡	東海村村松白根146-25	6区ＳＦ－1	17世紀前半以降	1～3	—	—	無
16			第1号区画状遺構	17世紀頃	0.4	—	—	無
17			第2号区画状遺構	16世紀末～17世紀初頭	2.2～2.4	—	—	無
18	水戸海道遺跡	那珂市瓜連６４８他	SF 1	14～15世紀	1	—	2～3、3～5	1
19	旧宝幢院跡	城里町那珂西2378他	第1号道路跡	第1・2次16～18世紀前半、第3次18世紀前半以降	上1.04～4.28、下0.34～0.58	3～30	—	1
20			第2号道路跡	中世	上0.42～1.72、下0.21～1.56	3～12	10	無
21			第3号道路跡	中世	上0.82～1.38、下0.33～0.82	4～11	—	無
22			第4号道路跡	中世	上0.42	12～38	—	無
23			第5号道路跡	中世	上0.32～1.18、下0.22～0.96	3～12	10	無
24	塙谷遺跡	笠間市小原48他	1号道路跡（7号溝）	中世	上0.74～0.15、下23～74	15～74	—	無
25	古峯A遺跡	笠間市南小泉字古峯1135他	第1号道路跡	中世以降	0.36～1.2	12～36	—	無
26			第2号道路跡	不明	0.2～0.5	6～30	—	無
27			第3号道路跡	不明	0.44～0.5	18	—	無
28	古峯B遺跡	笠間市南小泉字古峯145他	第1号道路跡	中世	1.1～1.74	—	—	無
29	羽黒山遺跡	茨城町大戸字宿ノ内2013	第3号道路跡	15世紀後半～近世	0.34～0.5（復元1.2）	—	5	溝の下場凹む
30	小幡城跡	茨城町大字小幡字中折1758他	第1号道路跡	中世後半～近世	上1.63～6.40、下1.43～4.56	12～60	—	無
31			第2号道路跡	中世後半～近世	上2.61～4.8、下2.43～4.8	27	—	無

現道と並行し，側溝7条を伴う。東半は現道以下に延びる。層厚28ｃｍの構築土中に4面路面確認。松川陣屋や夏海宿を結ぶ旧街道か。	瀬戸美濃，青磁，土器	『県報告第384集千天遺跡』2014年公益財団法人茨城県教育財団	
現道と並行するが，北半が現道下のため不詳。	礫，鉄滓等		

様相	出土遺物	出典	備考
遺跡は鰐川に面した低地。両側に幅20cmの側溝。地盤は軟弱な腐植土層で大量の砂で埋め立てて構築される。	木製品、鉄製品、煙管、銭等	『鉢形地区条理遺跡発掘調査報告書』1990年鹿島町教育委員会	
堅固にしまった溝状の形態で、中央部底面に楕円形のピット(40～80cm長)が約40cm間隔で並ぶ。8世紀後半の住居を切って延びる。	無	『鹿島神宮駅北部埋蔵文化財調査報告書XⅡ』1996年財団法人鹿嶋市文化スポーツ振興事業団	
第10号溝上で検出し、表面が硬化。中世墓域に向かって延びることから判断する。	土師器・須恵器片	『県報告第165集西平遺跡五安遺跡』2000年茨城県教育財団	
東西に直線に伸びる硬化面が2条あり、第1号堀と平行する。南側は2層硬化面があり、長期間使用されたか。	土師器高台付杯、常滑甕片	『県報告第298集新畑遺跡』2008年茨城県教育財団	
島崎城外郭部にあたり土塁に沿う形で硬化面。郭内の通路と推定。	無	『茨城県牛堀町　内野B遺跡』1997年牛堀町教育委員会	

様相	出土遺物	出典	備考
外曲輪を南北に延びる現況道の調査。近世までは道遺構は溯り、中世の土地区画の合流点を踏襲する。	かわらけ、青花、土鍋	『史跡真壁城跡Ⅱ—外曲輪中央部の調査概要—』平成17年真壁町教育委員会	
堀を埋め戻した跡(SX666)の上に構築。2本の溝(ＳＤ1540、ＳＤ665ａ・ｂ)に挟まれる。	無	『史跡真壁城跡Ⅴ—中城南部の調査概要—』2008年桜川市教育委員会	
断面皿状、東西に走る。	開元通宝	『県報告第73集裏山遺跡』1992年茨城県教育財団	
硬化面は幅0.7～1ｍ、深8cm。道の両側は墓域であり、道と墓と相互に関連する。	瀬戸美濃系稜花皿、須恵器他	『県報告第222集辰海道遺跡』2004年茨城県教育財団	
東側に偏り硬化面。第1号道路に接続する。	内耳鍋、須恵器他		
路面は2面。地面を浅く溝状に掘り込んだ後、褐色土を主体とした地業を行い、踏み固める。	須恵器版、羽口、砥石	『県報告第224集当向遺跡1』2004年茨城県教育財団	
自然礫は道路構築土の最上層から出土し、道路に敷いたものと想定。溝が埋没しかけた際に、道を構築する。	内耳鍋、古瀬戸、礫	『県報告第248集犬田神社前遺跡2』2005年茨城県教育財団	
路面は硬化。第71号溝の覆土上面に当たり、溝を礫で敷き詰めて道路を構築したか。	内耳鍋、かわらけ、陶器外	『県報告第270集犬田神社前遺跡3』2007年茨城県教育財団	
1号溝(SD-1)を側溝とする。地山のローム面を掘削した箇所があり、波板状圧痕の可能性。上下2層の硬化面は時期差と想定。	土師器破片数点、かわらけ	『仲道遺跡発掘調査報告書』平成3年関城町教育委員会	1号溝上幅18～25、底部幅12～15、深さ15～28cm
大溝遺構(SD2)の人為埋没後、上層に硬化面が形成。溝は長20m、上端幅2.44～3.1、深1.49～2.01m、底幅35～45cm、断面薬研堀。	溝の下層から常滑片、かわらけ片		かわらけは回転糸切で古式
第5号溝の覆土上面が硬化、溝の廃絶後に道路利用か。出土遺物と重複関係から判断。	内耳鍋片	『県報告第295集菰冠北遺跡外1遺跡』2008年茨城県教育財団	
台地平坦部と谷津の往来により成立か、隣接する3号道と形状と主軸を踏襲することから同一目的と判断。	無		
台地平坦部と谷津との往来により成立。断面皿状。	土鍋、陶器、磁器細片		
長さ4.10m，路面は3面。第1面では地山を6～10cm掘り込んで側溝構築。幅0.20～0.48m，深さ12～24cm，側溝間は2.14～2.22m。2～3面は近世改修。	瓦質土器焙烙	『県報告412集宮後東原遺跡』2016年公益財団法人茨城県教育財団	
長さ21.40m，路面は2面。第1面は部分的に硬化面，地山を8～10cm掘り込み側溝構築，幅0.26～0.38m，深さ10～14cm，側溝間は0.64～0.82m。第2面は近世に側溝を埋戻し，盛土して形成。	磁器椀		
道路遺構は無いが，調査区西側を南北に「鎌倉街道」「結城街道」が走る。調査では建物，井戸，墓坑，火葬施設等を検出。屋敷と墓域と判断される。	—	『県報告375集作野谷南遺跡』2013年公益財団法人茨城県教育財団	

様相	出土遺物	出典	備考
中世の12号遺構(3号溝)に切られて存在する。	古墳後期土師器坏、縄文土器	『外城遺跡発掘調査報告書』1986年石岡市教育委員会	粘土と砂混じりの堆積土
永楽通宝を副葬する土坑墓と切れ合い関係。墓地の機能時期に使用。表面硬化。	無	『石岡市片野城跡』2006年石岡市教育委員会	

32	千天遺跡	大洗町神山町 796 番地ほか	第 1 号道路跡	中近世	—	—	—	7
33			第 2 号道路跡	中近世	—	—	—	1

表 2 ③　茨城県内の道路遺構発掘調査事例【鹿行　5 遺跡　5 事例】

No.	遺跡名	所在地	遺構名	時代	幅【m】	深さ【cm】	厚さ【cm】	側溝
32	鉢形地区条里遺跡	鹿嶋市鉢形字町田地内	道路状遺構	古墳時代以降～近世か	0.9	—	—	2
33	厨台No.6 遺跡(LR 8 調査区)	鹿嶋市大字宮中厨台 4105 他	道路状遺構 SR 1	不明(平安・中世以後)	上 1.8 ～ 2、下 0.8	20	—	無
34	西平遺跡	鹿嶋市津賀 1262 他	第 1 号道路跡	中世	上 0.72 ～ 0.83、下 0.23 ～ 0.6	—	—	無
35	新畑遺跡	鹿嶋市大字下塙 886-6	第 1 号道路跡	平安末～中世初頭	下(北側硬化面) 0.4 ～ 1.1、(南側硬化面) 0.4 ～ 11	15	3 ～ 14	堀に沿う
36	内野 B 遺跡	潮来市島須字内野 453	道路状遺構	戦国～近世初頭	1.2	—	—	—

表 2 ④　茨城県内の道路遺構発掘調査事例【県西部　9 遺跡　16 事例】

No.	遺跡名	所在地	遺構名	時代	幅【m】	深さ【cm】	厚さ【cm】	側溝
37	真壁城跡	桜川市真壁町古城字瀬戸 489 他	道路遺構	近世(区割りは中世後半)	—	—	—	—
38		桜川市真壁町古城字中城 441 他	道路状遺構	戦国～近世初頭	1.9 ～ 2.1	—	—	2
39	裏山遺跡	桜川市磯部字裏山 539-25 他	第 1 号道路跡	不明(古墳以後、最新遺構)	1.5 ～ 2.5	—	6 ～ 14	無
40	辰海道遺跡	桜川市岩瀬町長方字北辰海道 155 他	第 1 号道路跡	16 世紀	上 2.3 ～ 3.6、下 1.8 ～ 2.5	11 ～ 40	8	無
41			第 4 号道路跡	16 世紀	上 0.75 ～ 1.5、下 0.5	15	—	無
42	当向遺跡	桜川市岩瀬町大字堤ノ上字当向 32 他	第 1 号道路跡	中世以降	上 0.8 ～ 2.9、下 0.2 ～ 1.1	12 ～ 17	15	無
43	犬田神社前遺跡	桜川市犬田字根ノ下 341-1	第 1 号道路跡	15 世紀後半～近世	上 2.9、道 2	14 ～ 60	—	無
44		桜川市犬田 691-2	第 1 号道路跡	15 世紀～近世	上 1.72 ～ 2.86	—	20 ～ 28	無
45	仲道遺跡	筑西市井上字仲道地内	道路状遺構 SF-01	中世か	1.2 ～ 1.8	上位で 20、下位で 40	20	1
46			道路状遺構 SF-02	中世(13 ～ 14 世紀？)	—	100	—	無
47	菰冠北遺跡	筑西市田宿字菰冠 312-2	第 1 号道路跡	16 ～ 17 世紀	上 0.5 ～ 1.9	—	—	無
48			第 2 号道路跡	16 ～ 17 世紀	上 0.2 ～ 0.6	—	—	無
49			第 3 号道路跡	16 ～ 17 世紀	上 0.7 ～ 1.4	—	—	無
50	宮後東原遺跡	筑西市宮後字東原 541 番地 6 ほか	第 1 号道路跡	15 世紀？～江戸	2.62	—	—	2
51			第 2 号道路跡	15 世紀？～江戸	3.3	—	—	2
52	作野谷南遺跡	結城市結城字作野谷 466 番地	—	室町	—	—	—	—

表 2 ⑤　茨城県内の道路遺構発掘調査事例【県南部　24 遺跡　54 事例】

No.	遺跡名	所在地	遺構名	時代	幅【m】	深さ【cm】	厚さ【cm】	側溝
53	外城遺跡	石岡市田島一丁目 5246 他	13 号遺構	中世以前	1.7	15	5	無
54	片野城跡	石岡市根小屋字台 401-1	道路状遺構	中世末～近世初頭	0.5 ～ 0.7	—	5	無

遺構最上層硬化面と，覆土掘り下げ後の最下層硬化面の２者がある。溝状の轍痕が複数条重複して確認。幅10.8～54.8センチ，最大深５㎝，２条の芯々間は約1.4ｍ。部分的に車輪痕と想定される硬化した溝跡があり，幅9.7～14.5㎝，深２～８ｃｍで断面箱形。	近世陶磁器	『部原五本松遺跡』2015年石岡市教育委員会	
	須恵器		
硬化面を持つ。溝との切れ合い。付近に土坑２基あり。	無	『上高津貝塚ふるさと歴史の広場年報』第３号1998年土浦市教育委員会	
方形居館の北西部の溝内寄りに硬化面幅約1mの硬化面が長さ6m程連続。	常滑鉢Ⅰ類片	『神明遺跡(第1次・第2次調査)』1998年土浦市教育委員会	両方の溝は同一であり，13世紀代の方形溝の一辺である。
13世紀代の方形居館跡の堀を道として利用。40cm前後埋没後に硬化面を形成。	かわらけ、内耳鍋、土器香炉	『山川古墳群(第2次調査)』2004土浦市教育委員会	
硬化面あり。断面逆台形。	無	『神出遺跡外2遺跡』1999年土浦市教育委員会	中世の屋敷・墓地に伴う溝。
断面浅い皿状、硬化面あり。	無		
断面浅い皿状、硬化面あり。	かわらけ、常滑鉢Ⅱ類、古瀬戸平碗片		
断面逆台形、鍵の手状。5号道に切られる。硬化面あり。	内耳鍋、かわらけ、常滑Ⅱ類鉢外		
断面浅い皿状、L字形に曲がる。硬化面あり。	近世陶磁器片、かわらけ		
底面硬化。小ピット群を区画する位置にある。	無		
確認面から深度35ｃｍで長(6)ｍ幅15～50cmの硬化面を断続的に検出。溝方向と一致。硬化面に接して東側でマシジミ貝ブロック(径35×厚2～3cm、75ｇ122個)を検出。	土師器高台付椀、かわらけ、耳皿、渥美、白磁	『中高津西原遺跡』2007土浦市教育委員会	周囲には古代末～中世前半のピット群や土坑を伴う。
覆土下方に硬化面を2面確認。下部の硬化面をはがすと多数のピットが存在。ピット底面に小石や土器砕片が敷き詰められる。	土師器、須恵器	『小松貝塚』2012年土浦市教育委員会	
一部に波板状凹凸面をもつ。	土師質土器擂鉢、常滑？片	『赤弥堂遺跡(西地区)』2011年土浦市教育委員会	両者は同一である。
第5区SF01の延長。一部に波板状凹凸面をもつ。	縄文土器、土師器片		
現道幅5ｍ､旧道下に部分的に残る硬化面を確認する。ローム、焼土、炭化物を含む層が硬化面をなす。最も状態が良い。道西側に断面U字状の落ち込みあり。	無	『県報告第60集旧鎌倉街道外5遺跡』1990年茨城県教育財団	旧道沿いには永国十三塚が点在する。
硬化面あり。	無		
硬化面は失われていた。	無		
硬化面あり。	無		
硬化面上下2時期あり。道東側に断面U字状の落ち込みあり。	無		
土層観察から1から5期に細分。第1号溝・第2号道路廃絶後に構築。	無	『県報告第358集新堀東遺跡』2012年茨城県教育財団	戦国期の直線堀と土塁施設。
第1号道路に切られる。クランク状に屈曲。掘り方は溝状。第1号溝の土橋に対応する可能性あり。	無		
上面硬化。現況の切り通しと一致。堀と重複する軟弱地盤部分のみ地業。	瀬戸美濃系鉄釉小坏	『玉取遺跡―火葬場建設に伴う発掘調査報告―』平成12年つくば市教育委員会	
2面の硬化面、断面皿状を呈する。	土師器	『県報告第93集柴崎遺跡Ⅱ・Ⅲ区』1994年茨城県教育財団	
底面からかわらけ、覆土下層が硬化。	かわらけ、内耳鍋	『県報告第149集熊の山遺跡Ⅲ』1999年茨城県教育財団	側溝幅40、深20cm
溝の覆土の一部が路面を形成。7区3号道につながる可能性。	陶器片	『県報告第166集熊の山遺跡Ⅳ』2000年茨城県教育財団	
断面箱薬研堀状。溝が埋没する過程で道路として利用。7区の第3号道路状遺構につながる。	無	『県報告第174集熊の山遺跡Ⅴ』2001年茨城県教育財団	
側溝を持つ。3期にわたって使用。7区の第2号道路状遺構につながる可能性。	常滑甕片		側溝幅16～55、深30～50cm
溝の底面が硬化。南側に中世の墓壙があり、区画的な機能を果たすか。	かわらけ	『県報告第280集島名熊の山遺跡XⅢ』2007年茨城県教育財団	
溝の底面が硬化。北側中世墓壙の区画的な機能を果たすか。16号道と規模と形状が似る。	かわらけ、内耳鍋		
底面には幅19～32㎝轍痕と硬化。17号道と同一の道で同時に機能。	五輪塔片他		
断面浅いU字状を呈する。	―	『県報告第360集島名熊の山遺跡』2012年茨城県教育財団	
断面浅いU字状。南西側の側溝を長25.6ｍ確認。北東側も他の溝が機能した可能性もある。	―		

55	部原五本松遺跡	石岡市部原1番41外	SF0 1（最上層硬化面）	近世,「瓦会街道・宇都宮街道」	—	—	—	無
56			SF01（最下層硬化面）	古代か	—	—	—	無
57	霞ヶ岡遺跡	土浦市霞ヶ岡2440-1他	道路跡	中世以後	—	—	—	—
58	神明遺跡（1次調査）	土浦市常名2774他	1号溝	中世後半	0.8	—	15～10	無
59	山川古墳群(2次調査)	土浦市常名字山川2740他	道状遺構(SD06B)	15世紀後半以後	0.8	30	5～14	無
60	神出遺跡	土浦市小岩田東一丁目1582－1他	1号道	中世後半	1.1	10	—	無
61			2号道	中世後半	1.0～1.5	0.2	—	無
62			3号道	中世後半	0.9～2.4	0.2～0.6	—	無
63			4号道	中世後半	1～1.6	50	—	無
64			5号道	中世後半	0.5～1	20	—	無
65			6号道	中世後半	1.2	10	—	無
66	中高津西原遺跡	土浦市中高津二丁目849-3	第1号溝跡	12～13世紀以後	上2、下0.32～0.58、幅15～60	35	—	無
67	小松貝塚	土浦市富士崎二丁目1256他	第2号溝	古墳時代以降	4～3	20	15	無
68	赤弥堂遺跡（西地区）	土浦市下坂田1173他	第5区　道路状遺構SF01	中世	上2.6、下1	13	—	無
69			第8区　道路状遺構SF01	中世	1.59	44	—	無
70	旧鎌倉街道	土浦市永国地内	A地点	中世	4	—	10	1
71			B地点	中世	2.5	—	5～10	無
72			C地点	中世	—	—	—	—
73			D地点	中世	2.5	—	10～40	無
74			E地点	中世	2.2	—	5～20	1
75	新堀東遺跡	土浦市手野町字新堀3997-3	第1号道路跡	中世後半	2.72～1.38	68	—	無
76			第2号道路跡	中世後半	0.88	10	—	無
77	玉取遺跡	つくば市玉取1671他	1号道路跡	17世紀前半	0.6～1	0～30	—	無
78	柴崎遺跡（II区）	つくば市柴崎字谷ツ向189外	第1号道路跡	平安以降	0.65～0.90	15	—	無
79	島名熊の山遺跡(7区)	つくば市島名字香取1964外	第3号道路状遺構	15世紀後半以後	—	—	10	1
80	島名熊の山遺跡(8区)	つくば市島名字香取1964他	第5号道路状遺構	中世	溝上1.8～2.8	—	—	無
81	島名熊の山遺跡(8区)	つくば市島名字道場前1640他	第5号道路状遺構	中世後半	1.72	—	—	無
82			第9号道路状遺構	中世以後	下0.9、0.75	—	—	1
83	島名熊の山遺跡	つくば市島名地内	第16号道路跡	16世紀前半	上2.98～6.2、下0.94～1.42	40～82	—	無
84			第17号道路跡	16世紀前半	上3.93～4.45、下1.9～2.58	67	—	無
85			第18号道路跡	16世紀前半	上1.48～2.48、下1.36～2.05	20～48	—	無
86	島名熊の山遺跡(15区)	つくば市島名字中代地内	第19号道路跡	中近世	上0.4～1.6、下0.2～0.8	15	—	無
87	島名熊の山遺跡(16区)		第20号道路跡	中近世	上1.7～2.3、下0.7～1.1	10～36	—	1

4期の使用面をもつY字形道路。1次で2条、3次で1条側溝状の掘り込みをもつ。第3期には円形状の掘り込みが同幅で連続し、凹部には小石と黒褐色土をつき固める。近辺の溝埋没後に構築か。	かわらけ、土器擂鉢、古瀬戸、銭他	『県報告第334集上野古屋敷遺跡4』2010年茨城県教育財団	
上面が硬化。溝との重複関係から判断。掘り込みをほとんど持たない。	無		
溝との重複関係から判断。掘り込みをほとんど持たない。	土師質土器		
溝との重複関係から判断。掘り込みをほとんど持たない。	無		
硬化した路面が東方向に直線状に延びる。確認できた長さ22.88 m。路面には道路の延長方向と直交して波板状凹凸が交互に連続配置。凸部は地山を掘り残し，凹部は家訓面で長さ82～110cm，幅25～49 c mの長楕円形状の畝状で掘り込みの間隔は20～50cm。掘方の深さは10～38cm。路面の両側で幅15～40cm，深さ18～35cmで浅いU字状の窪みを確認，轍痕の可能性あり。	土器片，椀状滓3点	『県報告第389集島名熊の山遺跡』2014年公益財団法人茨城県教育財団	
溝を埋め戻した上位に構築される。水路利用の第513号溝に沿って延びるか。	無	『県報告第390集島名熊の山遺跡』2016年公益財団法人茨城県教育財団	
長さ15.60mのうち長さ9.43m幅2.48mの範囲で波板状凹凸20箇所を確認。長楕円形で長さ68～153cm幅26～48cm深さ3～17cm，掘り込みは0.6m程の等間隔で配置。後代の堀に掘り込まれる。			
長さ14,1 m，浅いU字状に掘り込み，硬化面を形成。	内耳鍋片		
標高の高い北半はローム上面を浅く掘削し盛土・硬化し，傾斜してやや低い南半は長軸20～100cm，短軸20～80cm，深20cmほどの穴を列状に掘削し固めながら上部に盛土する。周辺には中世墓群在。	無	『つくば市内遺跡‐平成26年度発掘調査報告‐』2015つくば市教育委員会	城の時期に伴うと推定。
近世の溝・建物・井戸等よりも古い。2本の溝状を呈し、底面は硬化。間隔が不一定のため轍よりも2つの機能時期の差と判断。	無	『鹿島神社遺跡(小張城跡)』2006年伊奈町教育委員会	溝の間隔は0.12～1.1 m
底面は硬化。土橋・虎口・掘立柱建物が近接。側溝をもつ。直線で遮蔽施設を持たない。	内耳鍋、かわらけ、青磁、陶器他	『県報告第184集長峰城跡』2002年茨城県教育財団	
ローム粘土層が固く締まる。直線道。現在の地形図に記載ある道である。	無	『常陸源臺遺跡』1989年牛久市教育委員会	
断面逆台形、一部中央部に溝状の窪み。ピットが不規則に連続。現在の地割に一部合致。	陶器、内耳鍋等	『県報告第64集西郷遺跡外6遺跡』1991年茨城県教育財団	
東西方向に長さ20mにわたり掘り込みの無い硬化面が部分的に確認される。	無	『県報告第296集薬師入遺跡2』2008年茨城県教育財団	
西側の谷に降りるための道路。	無		
谷部に向かってほぼ直線的にのびる。17世紀の墓坑に掘り込まれる。	無		
中世の7号道路に切られることから判断。西側の谷部への道路。	無		
硬化面幅0.28～1.24 m、断面は浅い皿型。	かわらけ、内耳鍋、陶器片	『県報告第347集篠崎遺跡』2011年茨城県教育財団	
第1号曲輪跡内の第1号・第2号土塁の間に位置、大手郭方面に向かう。	無	『県報告第376集木原城跡』2013年茨城県教育財団	

88	上野古屋敷遺跡	つくば市大字上野字西久保439他	第23号道路跡	16世紀後葉	上0.68～5.20、下2.28～4.2	1.3	8	2～1
89			第24号道路跡	16世紀後半	0.61～0.92	—	4	無
90			第25号道路跡	16世紀後葉	0.66～0.88	—	2～8	無
91			第26号道路跡	16世紀後葉	0.24～2.80	—	4	無
92	島名熊の山遺跡(15区)	つくば市島名	第31号道路跡	16世紀前半以降	1.60～2.48	—	—	無
93	島名熊の山遺跡(15区)	つくば市島名1140-2番地ほか	第32号道路跡	不明～現代	—	—	—	無
94			第30号道路跡	15世紀後半まで	1.89～3.35	—	—	無
95	島名熊の山遺跡(16区)	つくば市島名字寺ノ前1672番地の3ほか	第6号道路跡	室町	0.84～1.08	—	0.13	無
96	上ノ室城跡(第3次)	つくば市上ノ室字熊ノババ1809-1	道路跡	中世後半	1	—	—	両端は溝状に低い
97	鹿島神社遺跡	つくばみらい市小張字西耕地4712他	1号道路跡	近世以前	上1.2、下0.6	0.1	—	無
98	長峰城跡(長峰遺跡・長峰古墳群)	龍ヶ崎市長峰字竜ヶ井695他	第1号道路跡	15～16世紀	2～4.7	—	—	2
99	源臺遺跡	牛久市久野町上久野地内	第1号古道	古代・中世？	0.9	—	—	無
100	西郷遺跡	阿見町阿見字香取前地内	第1号道路跡	中世	1.52～3.03	15～30	—	無
101	薬師入遺跡	阿見町吉原字正上内2719－2他	第1号道路跡	中世	0.34～0.98	—	—	無
102			第6号道路跡	中世	0.22～0.54	—	—	無
103			第7号道路跡	中世	上0.47～1.3、0.3～0.94	16～25	—	無
104			第5号道路跡	中世以前	0.26～0.54	—	—	30・9号溝と並行
105	篠崎遺跡	阿見町大字吉原字篠崎2291-1	第1号道路跡	中世以降不明確	上1～2.4、下0.55～1.75	5～8	—	無
106	木原城跡	美浦村木原1568他	第1号道路跡	中世後半	1.48～1.95	—	10～22	無

例では、硬化面の幅をもって道路幅とする場合や、硬化面の外側の状況も踏まえて道路幅を想定する場合等があった。多様性は観察条件を付記しない限り、同一条件の比較が難しくなる。換言すると統一性を失う恐れがある。筆者も意識していなかったが、道路遺構の発掘調査時には様々な点を考慮した上で道路幅は決定し、計測数値は項目ごとに明示した方が望ましいと感じられた。

(4) 遺跡の性格と道幅について

続いて、一覧表のうち道路幅のみに限り、遺跡の種類ごとに平均値を求めてみたい。数値は幅があるものは最大値でとり、上幅と下幅があるものは下幅の値を用いた。

まず城館や防御施設に関する遺跡に限ると、8・10・11・14・36・38・74・75・97・105の一〇例がある。30・31の小幡城跡は堀底を利用した道であるため除外した。これらの平均は一・八二メートルである。

側溝を有する「街道」と解釈できる遺跡は、9・18・43～45・69～73の一〇例である。これらの平均は二・四八メートルである。この中で特に土浦市の鎌倉街道A地点は、二枚の硬化面があり最大幅四メートルを測ることから、いわゆる鎌倉街道の一部と考えても矛盾しないと判断できる。

墓地に関係する道路遺構は、12・34・40・41・53・59～64・95の一二例が挙げられる。これらの平均は、一・三六メートルである。

最後に、時期的に十五～十六世紀を主とする集落遺跡である、つくば市島名前野東遺跡と同市上野古屋敷遺跡に限って平均値を求めたい。両遺跡ともに広範囲に調査が及び、往時の集落の大部分を含むとみなし得る事例である。この二者の平均は一・九二メートルである。

上記の数値を見ると、「街道」と解釈される遺跡は平均値として最も幅が広い。しかしながら他の関東地方の事例に比べると、狭小の印象はぬぐえない。遺存状態に左右された結果が最大の理由と思われるが、鎌倉街道上道や奥大道の事例のようなしっかりした両側溝をもった調査事例は現在までのところ茨城県内では発見されていない。墓地に関する道路遺構は最も平均値が低い。墓が近接し、改葬等の影響もある上に、それほど大規模な道を必要としない事情もあるのだろう。

重要な点として、城館や防御施設に関する遺跡、及び十五～十六世紀の集落遺跡の道路幅平均値が、一間(約一・九メートル)に近いという事実は注目すべきだろう。これらは数値に幅のある事例の平均であるため、事例によっては実情と離れた部分があることは否定できず、遺存状態の良し悪しというバイアスもある。しかしながら筆者は、各事例を均一化した場合での傾向であるため、当時の道路のあり方をこの数値は一定程度反映しているものと考える。すなわち、中世後半での道路構築時または利用時において、幅に関しては一間という長さが意識され、概ねイメージされていたのではないだろうか。この裏付けには統計的により信頼できる事例をもっと集めなければならず、少なくとも五〇～一〇〇例程度の母数をもって初めて信頼できる数値となる。そのため今後の仮説として、中世後半での城館や集落での道路幅は一間が基本幅であった可能性があるという点を挙げておきたい。

おわりに

本稿では、中世考古学における道路遺構について先行研究を回顧し、茨城県内の事例集成と検討を行った。今後も調査事例は増加することが予想されるため、一層の集成に努め、考古資料からみた中世の道遺構に対して研究を深化させてゆきたい。

註

（1）本稿は、平成二十四年（二〇一二）十二月一日開催の第8回茨城大学人文学部地域史シンポジウム「茨城の鎌倉街道—その歴史と沿道の文化遺産—」基調講演、及び『常総中世史研究』第2号掲載の「考古資料からみた中世常陸・下総の道」に基づき、全面的に改定を加えている。

（2）化粧坂、亀ヶ谷坂、巨福呂坂、若宮大路、大仏切通、朝比奈切通、名越切通、和賀江島、一升枡遺跡等。

（3）高野参詣道、熊野参詣道、大峯奥駈道、廃補陀落寺町石（三重県伊賀市）が挙げられる。

（4）関東大震災に伴い出現した旧相模川橋脚、東大寺再建資材運搬のための水路佐波川関水（山口県山口市）、河川交通上最古の記念碑笹神の文字岩（岡山県高梁市）が挙げられる。

（5）埼玉県小川町・毛呂山町・深谷市・東京都国分寺市・茨城県利根町・土浦市が挙げられる。

（6）これは発掘調査による時期の限定が難しいことに加え、古記録等史料の欠如に起因すると思われる。

（7）齋藤慎一「中世東国における河川水量と渡河」（『東京都江戸東京博物館研究報告』4号、一九九九年）・同「鎌倉街道上道と北関東」（『中世東国の世界1　北関東』高志書院、二〇〇三年）。

（8）浅野晴樹「鎌倉街道の考古学」（『鎌倉時代の考古学』高志書院、二〇〇六年）。

（9）飯村均「遺構としての「みち」、「みち」からみえる遺跡」（『中世のみちと橋』高志書院、二〇〇五年）。

参考文献〔五十音順〕

秋山隆雄　二〇一〇『小山氏文化財調査報告書77集　神鳥谷遺跡Ⅰ（第1分冊）』小山市教育委員会
秋山隆雄　二〇一一『小山氏文化財調査報告書83集　神鳥谷遺跡Ⅰ（第2分冊）』小山市教育委員会
浅野晴樹　二〇〇六「鎌倉街道の考古学」『鎌倉時代の考古学』所収
荒井健治　一九九九「武蔵府中を取り巻く道路網」『中世のみちと物流』所収
飯村　均　二〇〇五「遺構としての「みち」、「みち」からみえる遺跡」『中世のみちと橋』所収
牛山英昭　二〇〇四「石神井川を渡り岩淵へ」『中世のみちを探る』所収
小林　高　二〇〇四「推定鎌倉街道上道跡」『中世のみちを探る』所収
後藤貴之・新開英樹　二〇〇四「多摩丘陵の鎌倉街道上道」『中世のみちを探る』所収

埼玉県立嵐山史跡の博物館　二〇一二『シンポジウム「鎌倉街道」を検証する』資料集
齋藤慎一　一九九九「中世東国における河川水量と渡河」『東京都江戸東京博物館研究報告』4号
齋藤慎一　二〇〇三「鎌倉街道上道と北関東」『中世東国の世界1　北関東』
齋藤慎一　二〇一〇『中世東国の道と城館』東京大学出版会
坂井　隆　二〇〇四「「あづま道」、上野のポスト東山道」『中世のみちを探る』所収
佐藤春生　二〇一六「鎌倉街道A遺跡（掘割遺構）確認調査」『町内遺跡発掘調査報告書（8）』毛呂山町教育委員会
鈴木一男　二〇〇六『小山氏文化財調査報告書68集　外城遺跡Ⅲ』小山市教育委員会
高崎市歴史民俗資料館　二〇一二『幻の鎌倉街道上道』
藤原良章・村井章介編　一九九九『中世のみちと物流』山川出版社
藤原良章編　二〇〇四『中世のみちを探る』高志書院
府中市郷土の森博物館　二〇〇九『武蔵府中と鎌倉街道』
宮瀧交二　一九九九「北武蔵地域における中世道路研究の現状と課題」『中世のみちと物流』所収
毛呂山町歴史民俗資料館　二〇〇四『鎌倉街道の世界』第14回特別展図録

第2部　資料編

鎌倉街道下道現況調査報告

資料編　凡　例

一　本編は、茨城県教育委員会が平成二十七年三月に刊行した、茨城県歴史の道調査事業報告書中世編『鎌倉街道と中世の道』のⅡ各論のうち、鎌倉街道下道にかかわる項を抜粋し、全面的に改稿・再編集したものである。

一　資料編の編集と論考編の関東地域地形図、資料編の茨城県域地形図の編集は、茨城県教育委員会文化課の承諾を得て、高橋 修の指導のもと、宇留野主税が担当した。

一　各論は、右記の調査報告書と同じ執筆者が担当し、それぞれの主旨に大きな変更はないが、構成を改め再編集したほか、内容を補足・訂正した部分がある。

一　鎌倉街道の路線説明については、南北道は南から北へ、東西道は西から東へと論述した。

一　鎌倉街道の路線が複数ある場合は、判別のため、「○○線」等、仮称の路線名を付している。

一　掲載した地形図は国土地理院発行の電子地形図２５０００（定形図郭版）ＤＶＤ茨城を複製したものである。

一　地形図以外に掲載した写真・図面は各執筆者が撮影・作成したが、それ以外の資料がある場合は、出典、提供者を明示した。

下総との国境　湿地に浮かぶ台地の道

■北相馬郡利根町■

1　概況

鎌倉街道下道は、鎌倉幕府によって整えられた三本の主要街道の一つで、その道筋は鎌倉から大船↓最戸↓弘明寺↓井土ヶ谷↓岩井↓帷子↓神大寺↓片倉↓新羽↓日吉↓丸子↓池上↓新井宿↓芝↓忍岡↓浅草↓千住↓松戸↓龍ヶ崎↓土浦↓常陸国府を結び、さらに奥州へと至るものと考えられている。[1] ここで紹介する利根町の鎌倉街道は、下総台地から利根川を経て常総台地へと至る南北に展開するルートであり、下総・常陸両国の「国界」であった「衣川」(旧鬼怒川の河道、図1)を渡河する地点にあたる。

現在でも、利根町には鎌倉街道として伝承される古道が残り、すでに調査成果も蓄積されているが、[2] その周囲は、圃場整備が進み、低湿地は水田として利用されている。現況では見る影もないが、かつては「衣川」の流れによって形成された低湿地の中に、あたかも「浮島」のように浮かぶ台地が点在しており、[3] 台地状の「浮島」を結ぶように街道が通過していたところに、利根町の鎌倉街道の特徴があ

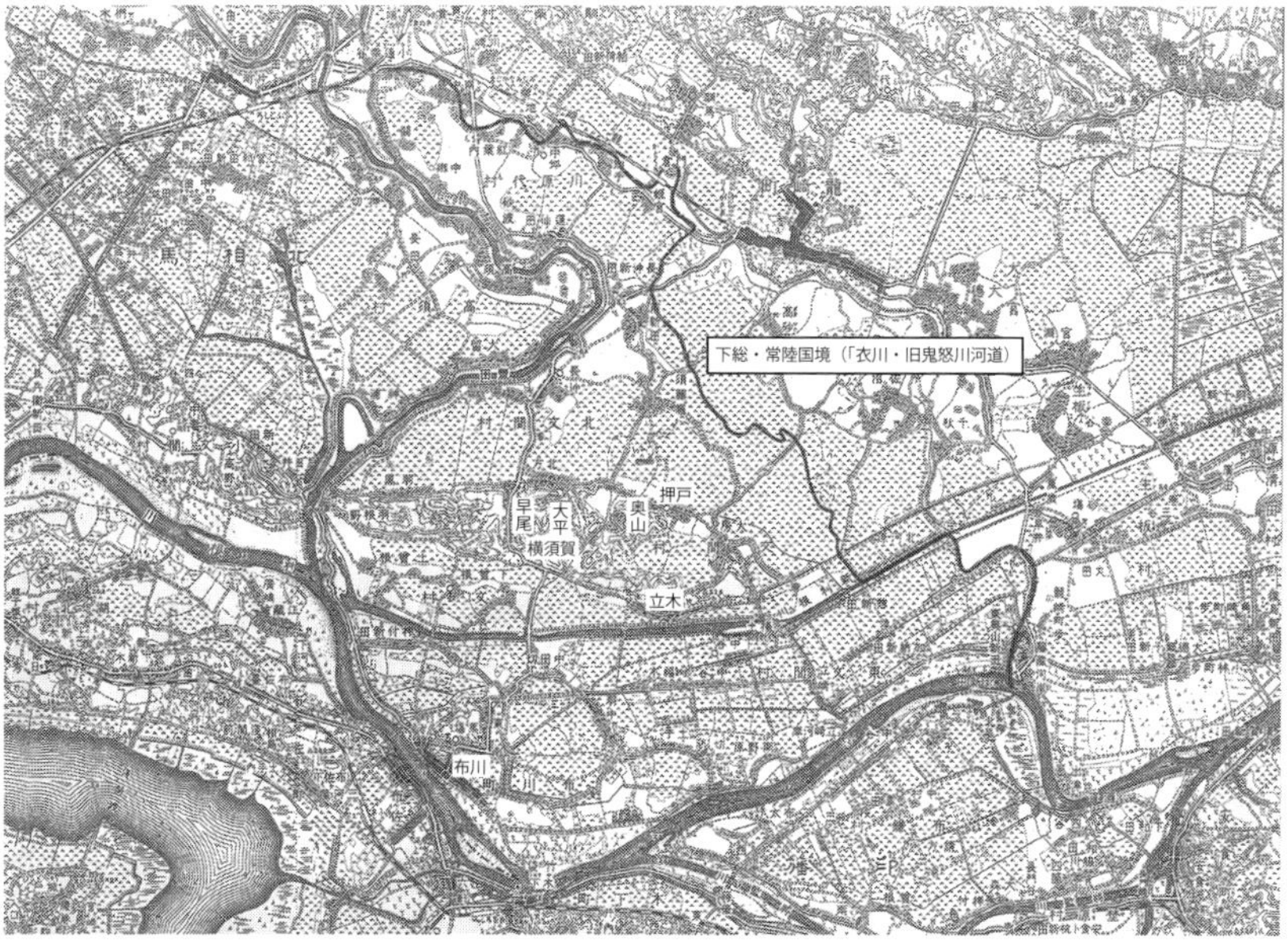

図1　布川周辺地図（国土地理院 明治42年発行1:50,000地形図「龍崎」をもとに作成）

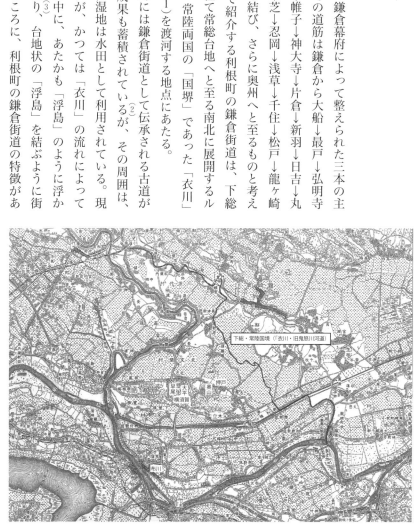

る。

鎌倉街道と「衣川」の渡河点は、鎌倉時代には相馬御厨の領域に含まれ[4]、布川津(茨城県北相馬郡利根町布川)がおかれていた。室町時代に入ると、布川は鎌倉公方の奉公衆を勤めた豊島氏に与えられたものと推測されるが、豊島氏が布川に進出・定着した過程は不明である。戦国時代に入ると、豊島氏の活動が次第に明らかになり、天正六年(一五七八)霜月廿一日付福田民部少輔宛豊島貞継船役免許状には、「於当津に、年中穀船壱艘・塩船弐艘、以上三艘、令免許了、仍一札如件」とある[5]。福田氏は古河公方の領国内で活動していた「流通商人」とされ[6]、豊島貞継は「穀船壱艘」(穀物を運ぶ舟)や「塩舩弐艘」(塩を運ぶ舟)などの「三艘」の船役を「免許」(免除)する権限をもっていた。

ここで注目されるのは、「当津」(布川津)と鎌倉街道との関係である。布川は鬼怒川や手賀沼などを始めとする河川や湖沼に接する河岸を持ち、鎌倉街道が通過する地点でもあった。したがって、陸路と河川交通の両方にアクセスできるのが戦国期の布川であり、豊島氏はその管理・運営を鎌倉公方より認められた領主だったのであろう。

2　道筋と歴史的景観

◈中世布川の景観

ここでは利根町に伝承される鎌倉街道およびその周辺の景観について見ることにする。利根町に伝承される鎌倉街道は、下総台地から利根川を経て常総台地へと至る南北に展開するルートである。

下総と常陸をつなぐ「玄関口」として機能していた中世の布川津だったが、寛文年間(一六六一〜七三)の利根川東遷工事によってその役割を終えてしまう。現在、布川と布佐(千葉県我孫子市布佐)の間に利根川が流れているのも東遷工事によるもので、かつては利根川ではなく、「衣川」(旧鬼怒川河道)が龍ヶ崎市須藤堀町から利根町惣新田に向かって流れていた[7]。

つまり中世の布川は「衣川」の作り出した広大な低湿地の中に、下総側から北東方向に向かって鋭く突き出た舌状台地の先端部に位置していたものと推測される。そして布川の北側には、早尾・大平・横須賀・奥山・押戸・立木

写真1　立木から押戸の台地を望む

写真2　府川城跡遠景

（以上、利根町）の各地区が集まる台地（写真1）が、あたかも「浮島」のように横たわり、さらにその北方に常総台地（龍ヶ崎市）が展開していた。

したがって中世の布川は、下総台地から常陸方面に向かうとすれば、これらの低湿地を通って北上していく際の橋頭堡として位置づけることができる。低湿地の中でひときわ目立つ布川の台地は、常陸から下総をめざすときにも下総のランドマークとして良い目印になったであろう。

◆府川城跡

さて、布川を起点にしながら鎌倉街道の推定ルートをたどり、沿道に残る文化財を紹介していこう。まずは布川の中心部にあって中世後期の豊島氏の居城とされる府川城跡（写真2）を訪れよう。

栄橋から北側に見える台地上に位置していた府川城は、天正十七年（一五八九）前後に作成された小田原一手役書立写（『安得虎子』十）には「ふかわ豊島新六郎」、同十八年の小田原北条家人数覚書（『毛利家文書』）には「一、十島　同　ふ川の城　百五十騎」と記されるように、戦国末期には小田原北条氏に従った豊島氏の居城府川が北条方の支城として位置づけられていたことが窺える。天正十八年三月に豊臣秀吉による小田原攻めが始まると、北条方であった豊島氏は浅野

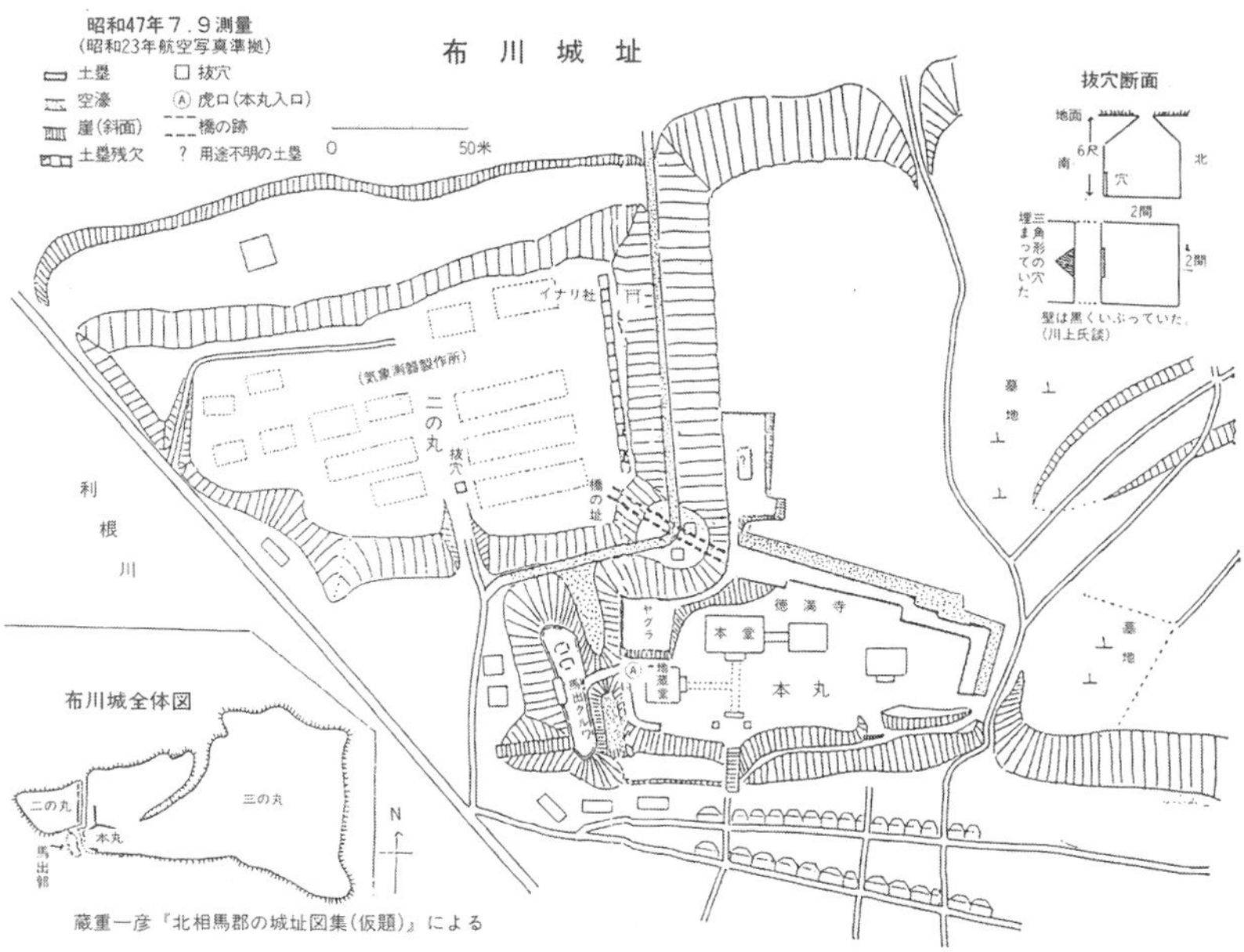

図1　府川城跡縄張図(『利根町史(3)－通史・古代中世編－』より転載)

長政の攻撃を受けて、滅亡したものと推測される。この後、豊島氏に替わって徳川家康の家臣であった松平信一が布川五千石の城主として配置されたが、慶長六年(一六〇一)に信一は三万五千石に加増されて土浦城主として転じ、府川城は廃城になった[8]。

府川城の特徴は、大きく三つの曲輪にわかれ、それぞれが土塁と堀で区画されていることで、とくに本丸と二の丸は直接つながらずに、堀底道で結ばれていることだろう[9]。現在、本丸跡にある徳満寺は、海珠山多聞院の山号をもつ真言宗の寺院で、元亀年間(一五七〇～七三)に祐誠上人によって中興され、慶長九年に寺領二十石を賜ったといわれる[10]。本丸の西側にある馬出郭の跡に建つのが琴平神社で、創建時期は不明だが、大物主命を祀り、天明六年(一七八六)に再建、万延元年(一八六〇)に修築されたといわれる[11]。廃城後に同社が勧請されたのではないかと推測される。

◆布川の町並み

府川城の城下集落が発展したものとされる町並みは、西から東に向かって、内宿・浜宿・中宿・上柳宿・下柳宿の順に並んでいる(扉の図参照)。利根川対岸の布佐から栄橋で河を渡ると、そこが内宿で、その南東方向に浜宿がある。利根川沿いを南東に向かって五〇〇メートルほど進むと、北側からの通りと交差し、そこを左折すると三〇〇メートルほどの直線の通りがある。その両側が中宿である。上柳宿と下柳宿は左折せずに川沿いを歩いた先にある。中宿の直線道を北に進めば右折のクランクがあって、下屋敷の集落をへて、宇台を抜け、中田切に通じている。

◈「古横町通り」と布川不動堂

町並みのなかには、浜町と中町を結ぶ、「古横町通り」と称される中通がある。この道もクランクした道筋で、通りの角に布川不動堂が建っている。(12) 堂内には二尊の仏像が安置されており、ヒノキ材を用いた寄木造の木造大日如来坐像は、鎌倉時代に、もう一尊の木造不動明王坐像は、同じヒノキ材の寄木造で、南北朝時代に制作されたものと推定されている。

◈来見寺と豊島頼継

さて中宿の通りを北上すると、来見寺(写真3)に至る。来見寺は瑞龍山龍海院来見寺と称する曹洞宗の寺院で、永禄三年(一五六〇)府川城主豊島頼継(三郎兵衛・紀伊守)が開基し、小田原最乗寺の独峯和尚が開山したとされる。当初は開基の名前を取って頼継寺と称していたが、天正十八年に徳川家康が関東に入部した際に、この寺に宿泊し、「我来見」したとして頼継寺を来見寺と改め、府川を「衣川」に因んで布川と称するように命じたと伝わっている。(13) 境内には宝暦五年(一七五五)に建てられた赤門(利根町指定文化財)があり、本堂裏の墓地には豊島頼継の墓塔を納めた石殿がある。

◈中宿から布川神社

さて来見寺から通りを東に四〇〇メートルほど進むと、布川神社(写真4)の門前に至る。布川神社は布川大明神とも呼ばれ、社伝によると、寛元年中(一二四三〜四七)に豊島摂津守が建立し、久々能智之命を祀ったという。例大祭は六月十四日から十六日に行われ、神輿還御の時に尋撞舞が行われた。これは舟形に長さ八間(一四・四メートル)ば

かりの帆柱を立てて、雨蛙の面をつけ、竹弓を持った舞人が、柱に登って舞を舞った祭礼である。(14)

◆布川から中田切へ

布川神社から北に一キロメートルほど進むと、中田切の集落に至る。集落の北側に位置する水田の中に、「フルケイド(古街道)」と呼ばれる道がある。地元では、「フルケイド」とは旧街道のことを指し示しているのではないかとの口碑が残っている。(15)

写真３　米見寺赤門

写真４　布川神社鳥居

◆中田切から横須賀、早尾へ

中田切からさらに一キロメートルほど北上すると、横須賀の集落に入る。永徳二年(一三八二)十月二十九日付の足利氏満寄進状によると、鎌倉公方足利氏満は「瑞泉寺殿」(足利基氏)の「御菩提」として「別願寺」に「下総国相馬御厨内横須賀村」を「寄進」していたことがわかる。(16)したがって中世の横須賀は、鎌倉公方によって把握されていたことが窺える。

横須賀の集落を抜けて北西方向に台地を上っていくと、早尾の集落に着く。この通り沿いに、応永年中(一三九四〜一四二八)に創建されたといわれる早尾天神社がある。祭神は菅原道真である。(17)

◆早尾から大平、奥山へ

さて早尾から大平の集落に進み、さらに東側に一・五キロメートルほど進んでいくと、もえぎ野台の住宅地を抜けて、奥山の泉光寺に至る。泉光寺は円通山大慈院泉光寺と称する真言宗の寺院である。[18] 本尊の木造観世音菩薩立像は、鎌倉時代に制作されたものと推定される寄木造の仏像である。

◆奥山から押戸へ

泉光寺からもえぎ野台の住宅地の方向に戻り、住宅地の東端に進むと八幡神社がある。この八幡神社から山林を通る小道が、地元で鎌倉街道と伝承されてきた道筋（写真5）である。[19] 八幡神社から東に二〇〇メートルほど進むと、それぞれ「庚申塔」「青面金剛王」「猿田彦大神」と彫られた三基の庚申塔が建っている。ここで道が十字路となっており、東側に進むと押戸の集落に、南側に進むと立木の集落に、北側に進むと王子神社に至る。王子神社は建御名方命を祀り、元禄元年（一六八八）に創建されたといわれている。[20]

庚申塔から東側に進み、山道を下っていくと、押戸の集落に至る。台地の縁辺には、根本寺が建っている。根本寺は持宝山無量院根本寺と称する真言宗の寺院で、創建は不明であるが、鎌倉街道沿いの寺院の一つとして成立したものとみられる。[21] 本尊は木造両界大日如来坐像で、法界定印（胎蔵界）と智拳印（金剛界）の両界を表した特異な像容であり、鎌倉時代に制作されたものと推定されている。

写真5　鎌倉街道現況

根本寺から北側に進むと、押戸の集落に入る。押戸の集落の真ん中には、船着場の跡といわれる場所があり、かつてはここから舟を使って北に向かっていったという。[22] 利根町の鎌倉街道は、ここで終わり、その先は低湿地の中を舟で北北西に四キロほど進めば、龍ケ崎へと至るのであった。

（前川辰徳）

註

（1）鎌倉街道下道のルートについては、三浦勝男「鎌倉街道」（『国史大辞典第三巻』吉川弘文館、一九八三年）を参照。

（2）利根町の鎌倉街道については、利根町教育委員会・利根町史編さん委員会編『利根町史(3)―通史・古代中世編―』（利根町、一九八九年）、平成十五年度利根町立文間小学校六年生編『鎌倉街道―利根町探検―（リーフレット）』（同、二〇〇一年）、中村智子「人々との交流を作り出すフィールドワーク調査（六年）―幻の道探検・鎌倉街道―」（宮崎清孝編『総合学習は思考力を育てる』一莖書房、二〇〇五年）などを参照。

（3）中世の内海世界の景観については、網野善彦「霞ケ浦四十八津と御留川」（『歴史学研究』一九二、一九五六年）、市村高男「内海論から見た中世の東国」（市村高男監修・茨城県立歴史館編『中世東国の内海世界―霞ヶ浦・筑波山・利根川―』高志書院、二〇〇七年）、久保純子「「常総の内海」香取平野の地形と歴史時代における環境変遷」（前掲市村監修書）などを参照。また利根町の一部を領域としていた相馬御厨の立荘・伝領については、岡田清一『中世相馬氏の基礎的研究―東国武士団の成立と展開―』（崙書房、一九七八年）、同「中世相馬氏と島津氏・三池氏―「あひこむら」と尼しんねん―」（『常総の歴史』四、一九八九年）などを参照。

（4）註（3）岡田論文を参照。

（5）「福田昇造氏所蔵文書」五号文書（茨城県立歴史館編『茨城県史料中世編Ⅲ』同県、一九九〇年所収）。

（6）流通商人については、内山俊身「古河公方領国における流通―馬・船・商人―」（前掲市村監修書）参照。

（7）註（3）岡田論文を参照。また利根川東遷工事については、大谷貞夫『近世日本治水史の研究』（雄山閣出版、一九八六年）を参照。

（8）戦国期の豊島氏については、龍ヶ崎市史編さん委員会編『龍ヶ崎市史―中世編―』（同市教育委員会、一九九九年）の第五章「土岐・岡見氏時代の龍ヶ崎地域」の第三節「布川領の形成と豊島氏の動向」および第六節「戦国の終焉」を参照。

（9）府川城については、龍ヶ崎市教育委員会編『龍ヶ崎市史別編Ⅱ龍ヶ崎の中世城郭跡―城郭にみる龍ヶ崎のあゆみ―』（同市、一九八七年）、本間朋樹「布川城」（茨城城郭研究会編『茨城の城郭』国書刊行会、二〇〇六年）などを参照。

（10）赤松宗旦著・柳田国男校訂『利根川図志』（岩波書店、

一九三八年）、利根町教育委員会・利根町史編さん委員会編『利根町史(5)―通史社寺編―』（同町、一九九三年）などを参照。

(11) 註(10)に同じ。

(12) 註(10)『利根町史(5)―通史社寺編―』を参照。

(13) 註(10)に同じ。

(14) 尋撞舞については、利根町立歴史民俗資料館編『利根町のつく舞を偲ぶ』（同、一九九六年）を参照。

(15) 利根町教育委員会・利根町史編さん委員会編『利根町史(3)―通史・古代中世編―』（利根町、一九八九年）を参照。

(16) 「別願寺文書」（貫達人編『改訂新編相州古文書第四巻』角川書店、一九六九年）。

(17) 註(12)に同じ。

(18) 註(12)に同じ。

(19) 註(2)の平成十五年度利根町立文間小学校六年生編『鎌倉街道―利根町探検―（リーフレット）』（同、二〇〇一年）を参照。

(20) 註(12)に同じ。

(21) 註(12)に同じ。

(22) 註(19)に同じ。

内海世界と下道を結ぶ
■牛久市岡見とその周辺■
霞ヶ
土浦市
阿見町
阿見町
牛久市
鹿島神社
道標
大六天
鎌倉街道
鎌倉街道
八坂神社
宝積寺
岡見城跡
乙戸川
久野城跡
延命寺
鹿島
小坂共同墓地
道標
道標
小野川
小坂城跡
0
1500m
1
2

1
2
阿見町
久野城跡
延命寺
桂城跡
鹿島神社
倉街道
乙戸川
観音寺
権五郎の墓
金剛院
鹿島神社
小坂共同墓地
小坂城跡
道標
道標
浅間神社
井ノ岡神社
道標
墓碑
道標
熊野神社
字堀の内
鎌倉街道
浄妙寺
牛久市
慈眼院
鹿島神社
皇産霊神社
西光寺
願名寺
皇産霊神社
高福寺
御用河岸
小野川
龍ケ崎市
0
1500m

1 概況

利府町の布川から龍ケ崎の台地まで舟を使って北上したあと、鎌倉街道がどこを走っていたのか確認できないが、龍ケ崎の台地から小野川を越えた牛久市に入ると、乙戸川の間に挟まれた細長い台地上に鎌倉街道の伝承地が残る。

写真1　牛久市の鎌倉街道

この道は島田町から岡見町に向かう東西ルートをとるが、さらにその先は、①乙戸川を越えて阿見町下本郷・上本郷をとおり、土浦市荒川沖・中村西根を経て北上していくルートと、②途中で右に折れて実穀に向かうルートに分かれる。

鎌倉街道の名は、近世の史料に「巡見道・鎌倉道四辻江」や「字鎌倉海道」と記載されており、前者は道路としての、後者は地名としての「鎌倉街道」である[1]。近世の島田村・正直村・小坂村・岡見村は、この街道からやや離れた小野川沿いに面しているが、鎌倉街道の伝承地は、村々の境界、集落のはずれを一直線に通過することが特徴で[2]、街道の周囲は、現在も畑地・宅地・雑木林などが広がり、阿見町の下本郷周辺を除くと、街道沿いに集落が存在した形跡は見られない。

常陸国を通過する鎌倉街道下道は、東京湾岸→浅草→松戸→土浦→常陸国府に向かって北上すると推定されており、東西方向に展開する牛久・阿見地域の鎌倉街道とは、直交する関係になる。この鎌倉街道の性格について簡単に見ておこう。

江戸時代には、御用河岸から船を利用することで、小野川を通じて霞ヶ浦まで下ることが可能であった。小野川の河口部には、中世まで遡る古渡津と浦渡宿があって、外海までつながる内海世界の交易や流通によって繁栄した

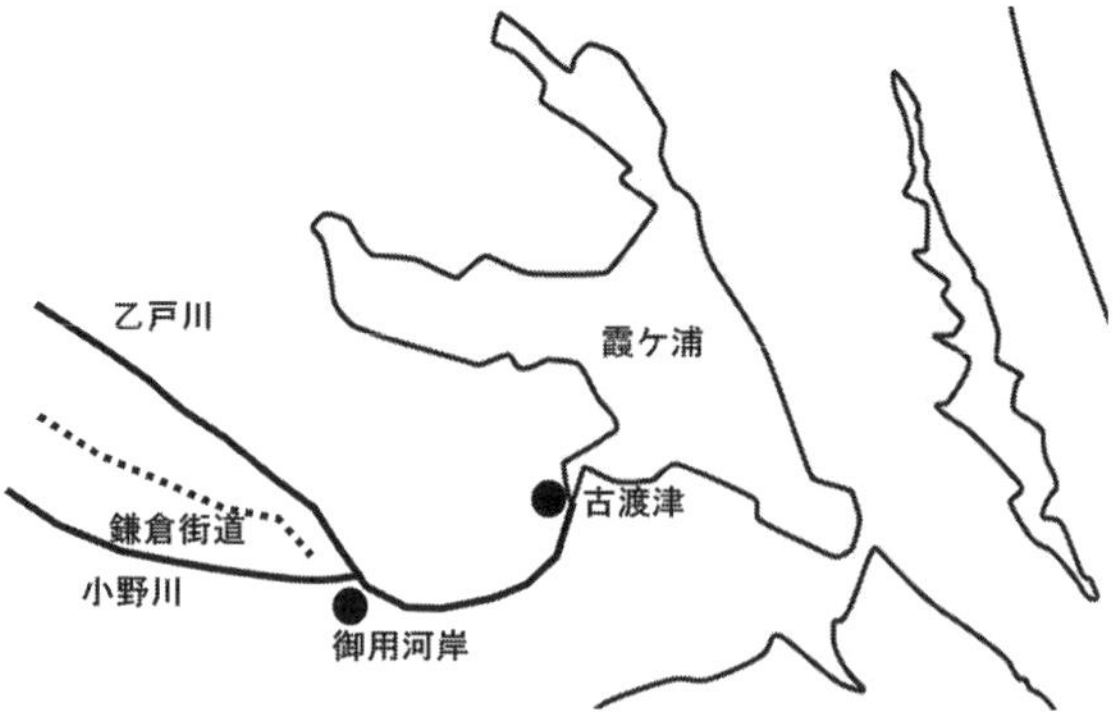

図1　御用河岸と霞ヶ浦

のだろう。また、この内海沿岸には鎌倉河岸の地名伝承のほか、源頼朝・北条政子に関わる伝承をもつ地名や寺社もある。鎌倉時代の後半には執権北条氏一門が信太荘に進出しているので、当地と鎌倉とは河川交通によって恒常的に結ばれていたことが想定できる。

つまり、牛久市を東西に抜ける鎌倉街道の伝承ルートは、小野川や内海世界などに見られる水上交通との関係から求められた支線の一つと考えられる。(4)

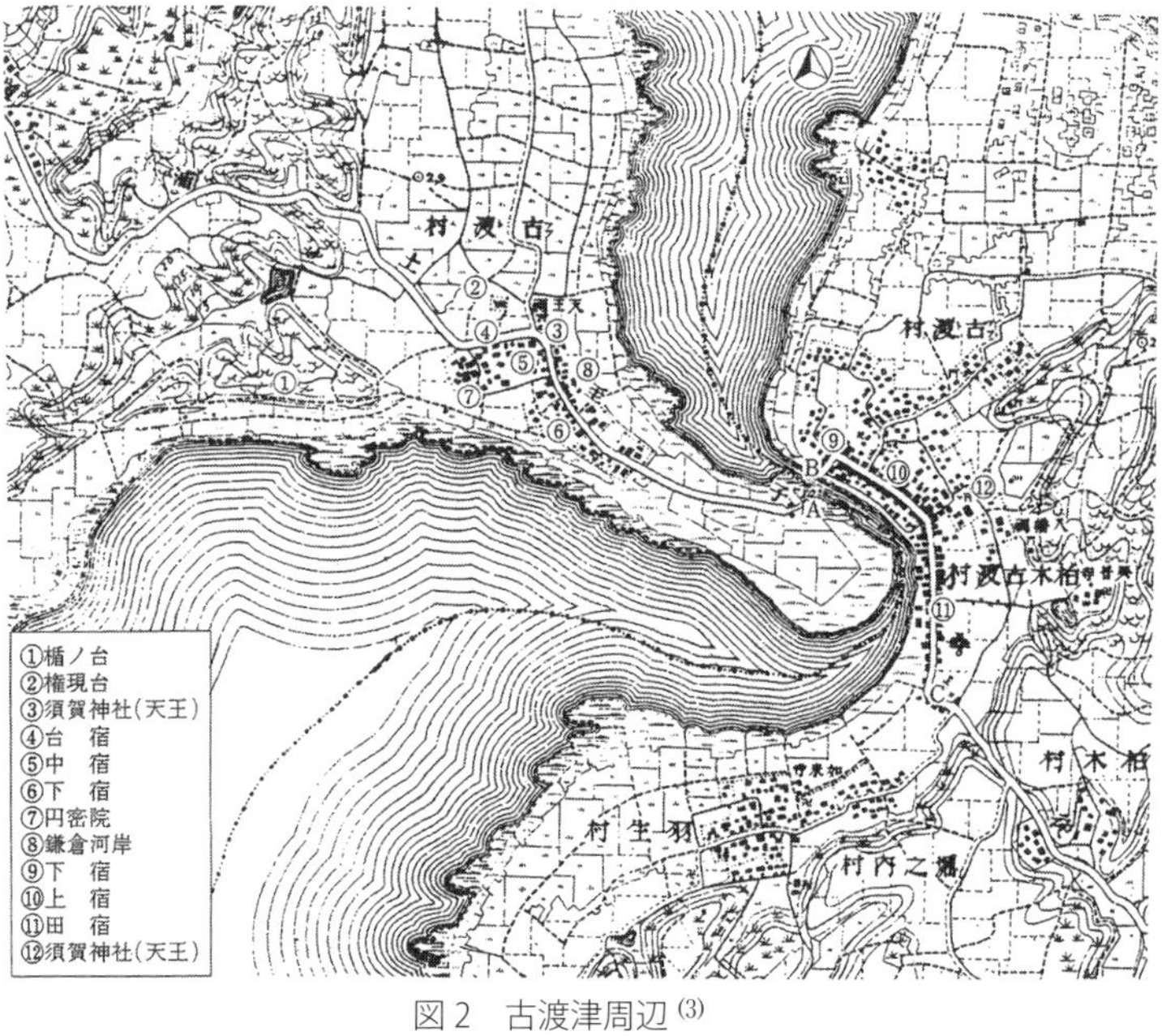

図2　古渡津周辺(3)

2　道筋と歴史的景観

◆牛久市の鎌倉街道～島田から久野・正直へ～

それでは鎌倉街道の道筋に沿って、周辺の歴史的景観を見ていきたい。牛久市の鎌倉街道は、島田町から岡見町へ向かう東西方向の道筋である。

乙戸川と最接近した低地の県道から始まり、北西へ五〇〇メートル進み、台地を上がったところに、道標が確認できる（『牛久市史料』石造物編25―K―28　以下、石造物の情報は同書の個体番号を示す）。この道標は一部欠損しているが、北は「木原　大和田」、西は「小坂　岡見　榧沢」、南は「島田」、東は「井ノ岡　江戸崎」の地名が見える。さらに東へ二五〇メートルほど先に十字路があって、浅間神社は北に折れたところにある。創建は天文十年（一五四一）で、富士浅間神社の分霊を勧請したと伝える。

写真２　青面金剛の石像

五〇〇メートルほど西に向かったところのY字路に、墓碑がある。「右　志またみち　左　いのをか　江戸さ記」とあり、道標としても利用されている。

このY字路から一キロばかり南東に進むと、島田の集落が見えてくる。島田の名は「岡見氏本知行等覚書写」[5]に見られ、戦国期には存在していた地名である。

高福寺（現島田公会堂）は天台宗の寺院で、応安七年（一三七四）、賢覚によって開山されたと伝えられ、阿弥陀如来が本尊である。敷地内にある五輪塔の残欠は、中世まで遡る。高福寺の北にある鹿島神社は、弘仁十四年（八二三）九月に鹿島神宮の分霊を奉斎したと伝えるが、記念碑には大同二年（八〇七）建立とある。境内には十数基の石造物があるが、いずれも近世から明治期のものである。

先程のY字路から五〇〇メートルほど西に進んだ商店の敷

地内に青面金剛の石像の背面を利用した道標がある（写真2）。北は「久野　土浦」、南は「龍ヶ崎　布川」、東は「江戸崎　安陂」、西は「榧沢　矢田辺」と刻まれている。

　青面金剛石像のある商店から西へ三〇〇メートルほど進んだ十字路を左に曲がると、旧正直村へ向かう。正直村の名は、島田と同じく「岡見氏本知行等覚書写」に「正直」とあり、戦国期には存在した地名である。

　この集落の中心に、皇産霊神社と西光寺がある。皇産霊神社の祭神は皇産霊命で、創建年代は天延元年（九七三）とされる。西光寺は正保三年（一六四六）、本寺である稲敷市（旧新利根町）の逢善寺二七世定俊の弟子舜栄によって開山されるが、境内には十六世紀代製作と推定できる六地蔵宝幢や宝篋印塔の残欠があることから（28―B―16）、前身となる寺院の存在を推測することができる。

　鎌倉街道より北側は久野町である。応永二十四年（一四一七）三月付の「上杉憲基寄進状」[6]では、久野郷が憲基から鎌倉円覚寺に寄進されたことが読み取れる。鎌倉街道から北に一・三キロほど、乙戸川北岸の舌状台地上に、久野城跡がある。五つの曲輪（もしくは三つの曲輪）から構成され、戦国期に土岐原（土岐）氏の支城として築城されたと考えられる。久野町にある延命寺は天台宗の寺院で、本尊は阿弥陀如来、本寺は江戸崎の不動院である。元禄七年（一六九四）以前、仙祐による開山が伝えられているが、『牛久市史』[7]では延命寺を中世由来の寺院であると推測している。

写真3　観音寺

　延命寺より東に約三〇〇メートルのところに、鹿島神社が鎮座する。創建は承和元年（八三四）正月とされ、承応二年（一六五三）二月に再興されたことが当時の棟札から確認できる。この鹿島神社の別当寺院が観音寺（写真3）で、嘉禄二年（一二二六）の創建、本尊の木造十一面観音坐像は、寄木造の室町中期の作とされ、鎌倉地方を中心に盛んであった宋風彫刻の影響が認められる。観音寺には棟札が数点残っており、最古のものは写しであるが、大永五年（一五二五）に観音堂が再建された際に作成された。(8)

この棟札の写には、嘉禄二年創建の由緒が書かれるほか、大檀那として江戸崎の土岐原（土岐）治頼と木原郷の近藤勝秀、小檀那として久野郷の領主・土岐原頼基の名が見え、久野郷は土岐原氏（土岐氏）の所領であったことがうかがえる。

観音堂の修復に関しては、永禄二年（一五五九）と天正五年（一五七七）にも実施され、大檀那として土岐治英を担ぎ出している姿が見て取れる。(9) 他にも、天文二年（一五三三）二月の紀年銘のある薬師堂板絵(10)と、境内にある土塁状の遺構が中世のものである。(11)

◇小坂から岡見へ

正直の集落へ向かう十字路から北西に七〇〇メートルほど進んだ畑の中に、二基の道標が確認できる。写真4は、天保十三年（一八四二）に建立された道標で、十九夜塔として建てられたものであり、正面上から如意輪観音像、十九夜の文字が刻まれている。その下に「いのおか（井ノ岡）、えどさき（江戸崎）、あば（阿陂）」の地名が刻まれる。角柱状の各面には、地名が刻まれ、北は「くの（久野）　かつら（桂）　きはら（木原）」、東は「おかみ（岡見）　ひのさわ（榧沢）　やたべ（谷田部）」、南は「いつみ（泉）　りうがさき（龍ヶ崎）」とある（24—H—2）。もう一基は、近代以降に造られたものと考えられ、西は「岡見　柏田　牛久道」、南は「泉　貝塚原　羽原　竜ヶ崎道」、東は「役場　井ノ岡　月出里　蒲ヶ山　江戸崎道」、北は「久野　吉原　阿見　土浦　道」とある（24—H—3）。

写真4　十九夜塔

写真5　小字「十三塚」にある塚

これらの道標から鎌倉街道と直交するような生活道路が、右に記した行き先まで通じていることが見て取れる。ここからさらに九〇〇メートルほど進んだ路傍に、道標が確認できる。先に見た道標に類似し、近代以降に造られたこの道標には、西は「岡見　柏田　牛久道」、南は「泉　貝塚原　羽原　竜ヶ崎道」、東は「役場　井ノ岡　月出里　蒲ヶ山　江戸崎道」、北は、「福田　小池　実穀　荒川沖道」とある(24—H—1)。

道標から北西に二〇〇メートルほど進み、鎌倉街道から小坂の集落に入るあたりが小字「十三塚」である。写真5のような塚状の盛り上がりが数基確認できる。その南の共同墓地に行けば、中世に遡る五輪塔・宝篋印塔・六地蔵石幢などの部材が数多く確認できる(24—G—5~9)。さらに南下すると、熊野神社がある。長禄元年(一四五七)に創建され、享保十四年(一七二九)に再建されたと伝えられる。

さらに台地を小野川に向かって下りたところに十一面観音を本尊とする慈眼院があり、その敷地内には五輪塔や六地蔵石幢の残欠がみられる(24—B—18・19)。近接する旧家は、江戸期には庄屋を勤め、屋号を「堀の内」と号した。

小坂の集落入口から北西へ五〇〇メートルほど進み、鎌倉街道から五〇〇メートル程離れた台地の縁に小坂城跡がある。年代は不確かだが、四つの曲輪を屈曲させた堀で区画し、土橋で曲輪間を結んだ縄張りで、十六世紀代に機能していたと想定されている。「小田家風記」[12]には小坂の地を岡見備前守なるものが領していたことが記されているが、その実状は不明である。

小坂町より鎌倉街道を北東へ進むと、岡見町を通過する。岡見の地名は、弘安二年(一二七九)の「常陸国作田惣勘文注進状案」[13]にみえる中世由来の地名である。また、室町時代初頭には、常陸小田氏一族の者がこの岡見郷に住したという。鎌倉街道から約一キロメートル南西に近世の岡見宿が展開する。

八坂神社は、寛正三年（一四六二）の創建といわれ、近傍の岡見城跡の存在からも中世に遡る可能性が高い。また宝積寺は、天正十年（一五八二）に岡見治部大夫治広による開基と伝えられ、境内には中世の宝篋印塔や五輪塔などがある（17―B―30・31）。

岡見城跡は、八坂神社から五〇〇メートルほどのところにある。「本殿」と呼ばれる区画の四方は堀で囲まれ、一部に二重土塁が残存する。その単純な縄張りは、築城年代の古さを推測させ、岡見氏の居城として機能していたと考えられる。

◈阿見町の鎌倉街道～岡見から下本郷・荒川沖へ～

阿見町に伝承する鎌倉街道については、前述したとおりであるが、市街地化の影響により、ＪＲ荒川沖駅周辺では不明なところが多い。ここでは、比較的に旧景観を残している牛久市岡見から下本郷へ向かう道筋を見ていこう。

岡見町から北上し、下本郷まで通じる道が鎌倉街道として伝承される。県道土浦稲敷線の計画道路までは牛久市と阿見町の境をとおるが、この道中については、中世まで遡る寺社等は見当たらず、周辺には畑地が広がる。図中破線で示すように、実穀の小字木崎から枝分かれするように、同小字兵崎までの断続的な小道も鎌倉街道の伝承が残る。[14]

乙戸川を渡り北上すると、下本郷に入る。下本郷一帯はかつて荒川本郷村であり、この本郷の地名は戦国時代以前の中世由来の地名であることが確認できる。[15]

乙戸川を渡った左手に、古道や鎌倉街道沿いに多く祀られる大六天が、現在は個人宅の氏神として祀られているという。[16]ここから約一〇〇メートル北に、大正五年（一九一六）建立の道標がある。北は「岡見龍ヶ崎方面」、西は「阿見原・土浦道　土浦二里」、南は「実穀・江戸崎道　江戸崎四里」、東は「荒川沖方面」を記している。

道標から三五〇メートルほど西へ進むと鹿島神社に到達する。天和三年（一六八三）の創建といわれるが、境内には五輪塔の火輪や宝篋印塔の部材（隅飾部と台座）、六地蔵石幢の幢身があり、中世のものと考えられる。他に稲荷神社・天満宮・金毘羅宮・清龍大権現などがみられる。この

写真6　阿見町の鎌倉街道

鹿島神社の脇を鎌倉街道が通っていたとされ、写真6の小道のことを指すと思われる。さらにここから荒川沖駅の方にむかって鎌倉街道が通っていたといわれているが、前述のように、市街地化の影響で詳細については不明である。このように下本郷の集落には、わずかではあるが、鎌倉街道が通っていたと思われる痕跡が見られる。

◆周辺の寺社や文化財

鎌倉街道伝承地に沿ってその歴史的景観を見てきたが、中世的景観の広がりとして、乙戸川の沿岸についても触れておきたい。

久野町の東側の桂町では、中世由来の寺社・遺跡は、乙戸川の支流である桂川沿いにみられ、天文二十年（一五五一）の創建と伝えられる鹿島神社や、金剛院、桂城跡がある。金剛院は、寛治元年（一〇八七）、智円によって開山されたと伝承され、本尊である薬師如来像は宋風の作風から、鎌倉時代末期から南北朝時代にかけての作品とされ、この時代には金剛院が存在していた可能性を示す。金剛院の対岸には、鎌倉権五郎景政の墓があり、後三年合戦に参戦し、この地で戦死した権五郎の死を悼んだ里人が墓碑を建立したという。桂城

写真7　願名寺

跡は簡素な縄張りであるが、龍ヶ崎と木原を結ぶ道を押さえる立地にある。

井ノ岡町は、鎌倉末期に「飯岡郷」、戦国期には「井野岡」と表記され、中世由来の地名であることが確認でき、井ノ岡神社と浄妙寺が中世由来の寺社である。特に天台宗寺院の浄妙寺は、創建に関しては不明だが、本尊を含む阿弥陀如来三像は、宋風衣文などの特徴から、鎌倉時代後期の作であるとされている。

島田町の東は奥原町だが、奥原の名は中世の史料には見えず、近世初期になって初めてその名が確認できる。奥原では願名寺が中世由来の寺院である(写真7)。弘安三年(一二八〇)に、一遍上人が開山したと伝えるが、一遍自身は寺院を建立しなかったことが知られているので、この開山年代には検討の余地がある。しかしながら、本尊の阿弥陀如来坐像(茨城県指定文化財)は、定朝風の作風であり、その作成年代が鎌倉時代前期であるとされていることや、五輪塔などの石造物の残欠が存在することからも、比較的早い時代からこの地に寺院があったとしてもおかしくはない。

(額賀大輔)

註

(1) 牛久市史編さん委員会『牛久市史料近世Ⅱ』(牛久市、一九九七年)二章二〇号文書、牛久古文書研究会編『牛久古文書叢書　常陸国信太郡大和田村御用留Ⅰ』(牛久市、一九九六年)所収「弘化四年十月御用留」。以下、典拠資料については、同書の史料番号で、二―20のように表記する。

(2) 『牛久市史料近世Ⅱ』口絵「小坂村と岡見村芝野論裁許絵図」。

(3) 山本隆志「常陸国信太荘の知行構造」(『茨城県史研究』77、一九九四年)より転載。

(4) 阿見牛久地域の鎌倉街道に関する考察については、茨城県歴史の道調査事業報告書中世編「鎌倉街道と中世の道」(茨城県教育委員会、二〇一五年)に詳細が記されている。

(5) 牛久市史編さん委員会『牛久市史料中世編Ⅰ』(牛久市、二〇〇二年)四―195

(6) 『牛久市史料中世編Ⅰ』二―212

(7) 牛久市史編さん委員会『牛久市史　原始・古代・中世』(牛久市、二〇〇四年)。

(8) 『牛久市史料中世編Ⅰ』五―44

(9) 『牛久市史料中世編Ⅰ』五―45、46

(10) 『牛久市史料中世編Ⅰ』五―43

(11) 『牛久市史　原始古代中世』

（12）「小田家風記」（筑波町史編纂委員会『筑波町史　史料集第十編』筑波町、一九八六年）。
（13）『牛久市史料中世編I』一―24
（14）阿見町史編さん委員会『阿見町史編さん資料（7）　阿見の民俗』（阿見町、一九八一年）。
（15）『日本歴史地名大系8　茨城県の地名』（平凡社、一九八二年）。
（16）大六天については、阿見町文化財研究調査会民俗調査班『阿見町の昔ばなし』（阿見町教育委員会、二〇〇〇年）の中で触れられている。

霞ヶ浦を望む桜川・花室川の渡河点

土浦市

1 概略

阿見町の下本郷で乙戸川をこえた旧鎌倉街道は、土浦市内を南北に貫くように走る。この近世水戸街道以前の古道伝承地は市の文化財に指定されているが、そのルートは『土浦市史』(1)で、次のようにまとめられている。

「常陸での幹線道路は、国府石岡から西野寺・市村・下原の北部を通り、中貫の南端をかすめて真鍋の鎌倉坂を下る。そのまま南下して新川橋やや北を西に折れ、土浦二校の裏から田中八幡わきを経て、粕毛東部をかすめ、上高津に出る。天川団地の西辺を永国大聖寺裏に抜け、花室川を渡って中村西根に向かう。桜川にかかっていた橋を鎌倉橋、花室川を渡る橋を源平橋と称したという。原の前から第三中学校の裏を通り、常磐線を超えて荒川沖小学校前に出、荒川本郷の宿の東側を通って下郷に入り、東下根、岡部坪、中央と過ぎて島田から板橋に走っている」。

市史で中世道の根拠になっているのは、道沿いの土田に中根長者、中貫に竜開長者、右籾に信太長者といった長者地名のほか、右籾の日先神社、田中の八幡神社、中城の天満宮には源頼義・義家の伝説があること、道筋に近い宍塚・下高津・小松等に平安・鎌倉期の古刹があることなどである。

では、土浦市内の鎌倉街道と歴史的な景観を南から北に向かって順に紹介していこう(2)。

2 道筋と歴史的景観

◈乙戸川流域から花室川右岸台地への道

阿見町荒川本郷から部分的に残る旧道の痕跡を辿りながら北上していきたいが、このあたりは区画整理や急激な都市化が進んでいるため道の痕跡がよくわからない。ただ、乙戸川を渡河したすぐ先に北上する三本のルートは想定できそうである(扉地図参照)。

右のルート①は、現道との重複が激しく、景観は損なわれているものの、迅速図でほぼ想定できるルートで(3)、左のルート②も断片的な痕跡しか見えない。このルート②には「大道西」の伝えが残るので、大道がここを通っていたのかもしれない。

◆花室川右岸台地から花室川低地への道

ルート①と②は中村西根の集落前で合流すると、北東方向に北進するが、この合流点の北西に字「上宿」がある。町名変更により現在は失われたが、西根町二区の古道沿いに小字「大門」、花室川沿いの低地に「古堤」「新堤」があった(4)。

写真1　源兵衛橋

花室川は今でこそ直線的に流れているが、かつては蛇行していたことが地籍図の痕跡からわかる。鎌倉街道は源兵衛橋（源平橋・写真1）から花室川を渡って永国に至る。

◆花室川低地から桜川右岸台地への道

橋を渡った東側低地に小字「大門」があり、室町期には小田氏が整備した真言宗小田四カ寺の一つ大聖寺の正門があった(5)。ここから大聖寺に上るのだが、区画整理のため参道はよく確認できない。この大門の北で旧鎌倉街道に関わる遺跡が発掘されている(6)（図1）。調査の結果、道跡の硬化面が見つかり、遺存状態の良い場所では幅四メートルの路面と側溝と思しき断面U字状の溝を観察している。出土遺物はないが硬化面の切合から二時期あることがわかった。

写真2　宮脇庚申塚群

旧鎌倉街道の発掘地点から北に向かうと天川・上高津に至り、途中、宮脇庚申塚群（写真2）が沿道にある。ここには安

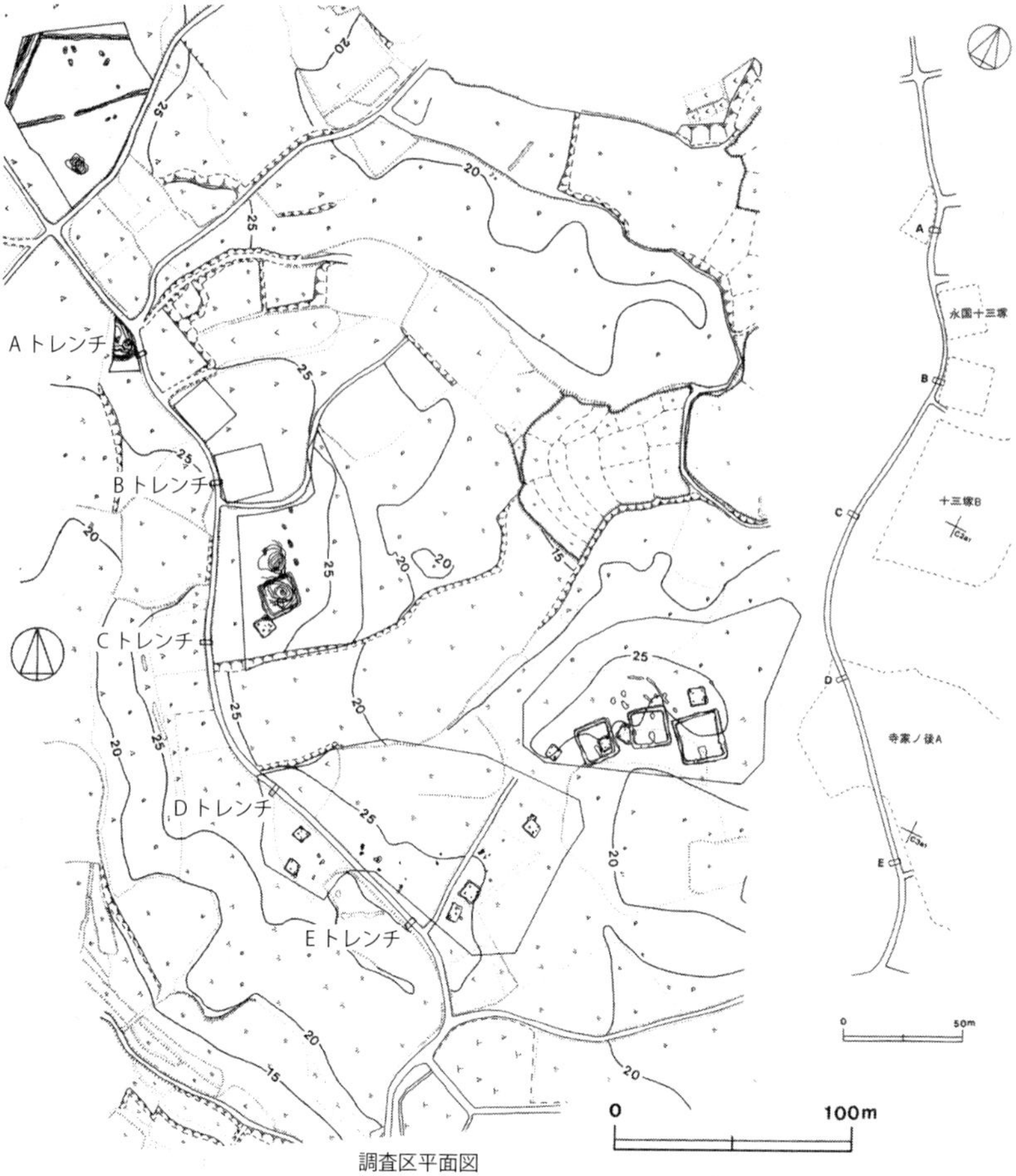

調査区平面図

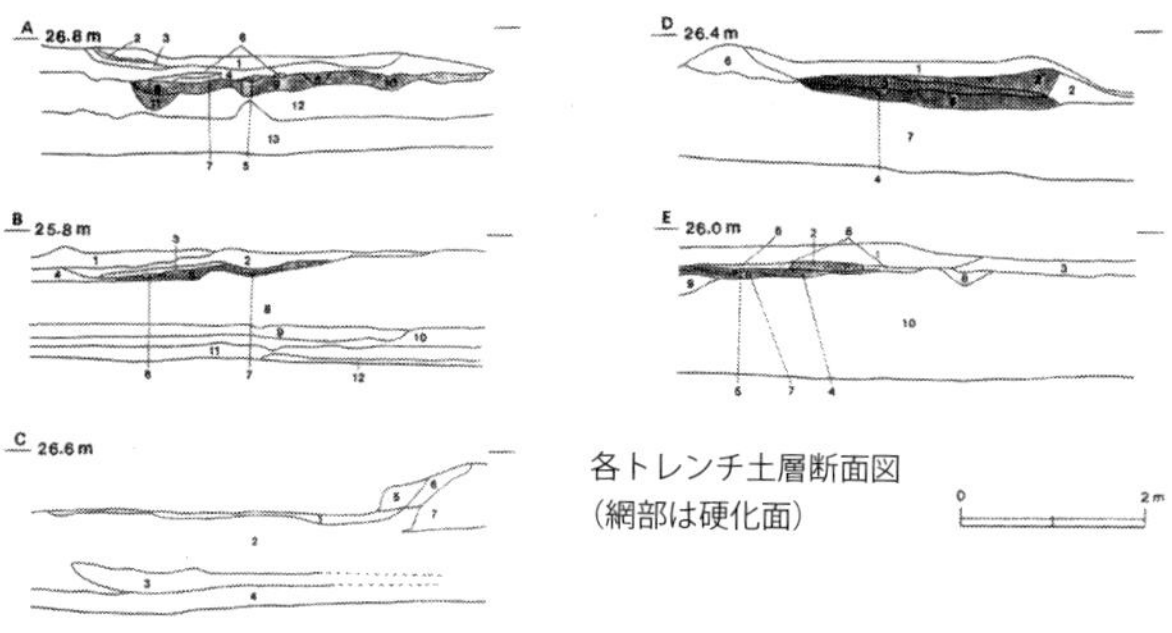

各トレンチ土層断面図
(網部は硬化面)

図1　旧鎌倉街道調査区(註6文献をもとに加筆作成)

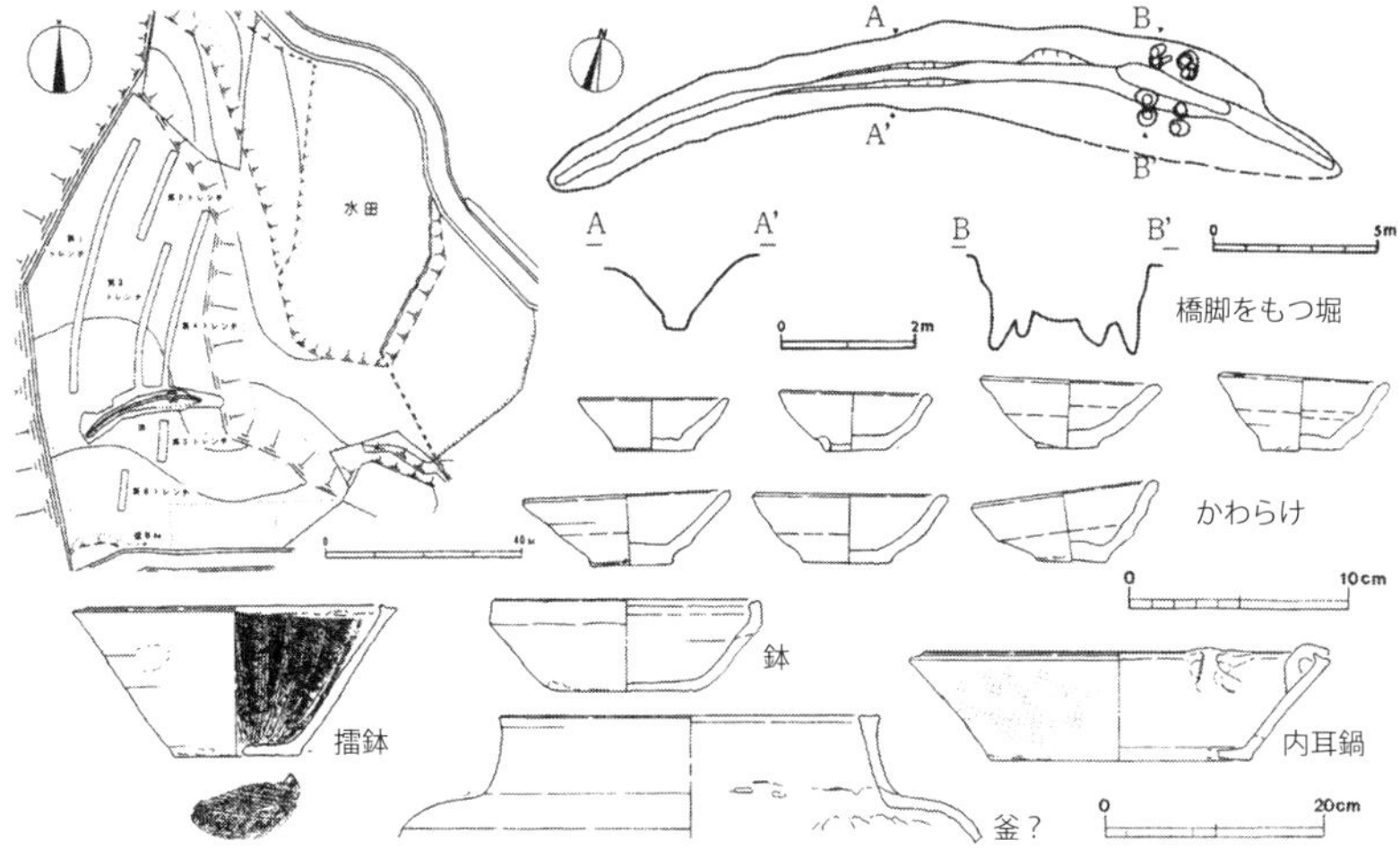

宮脇Ｂ遺跡　調査区および出土土器

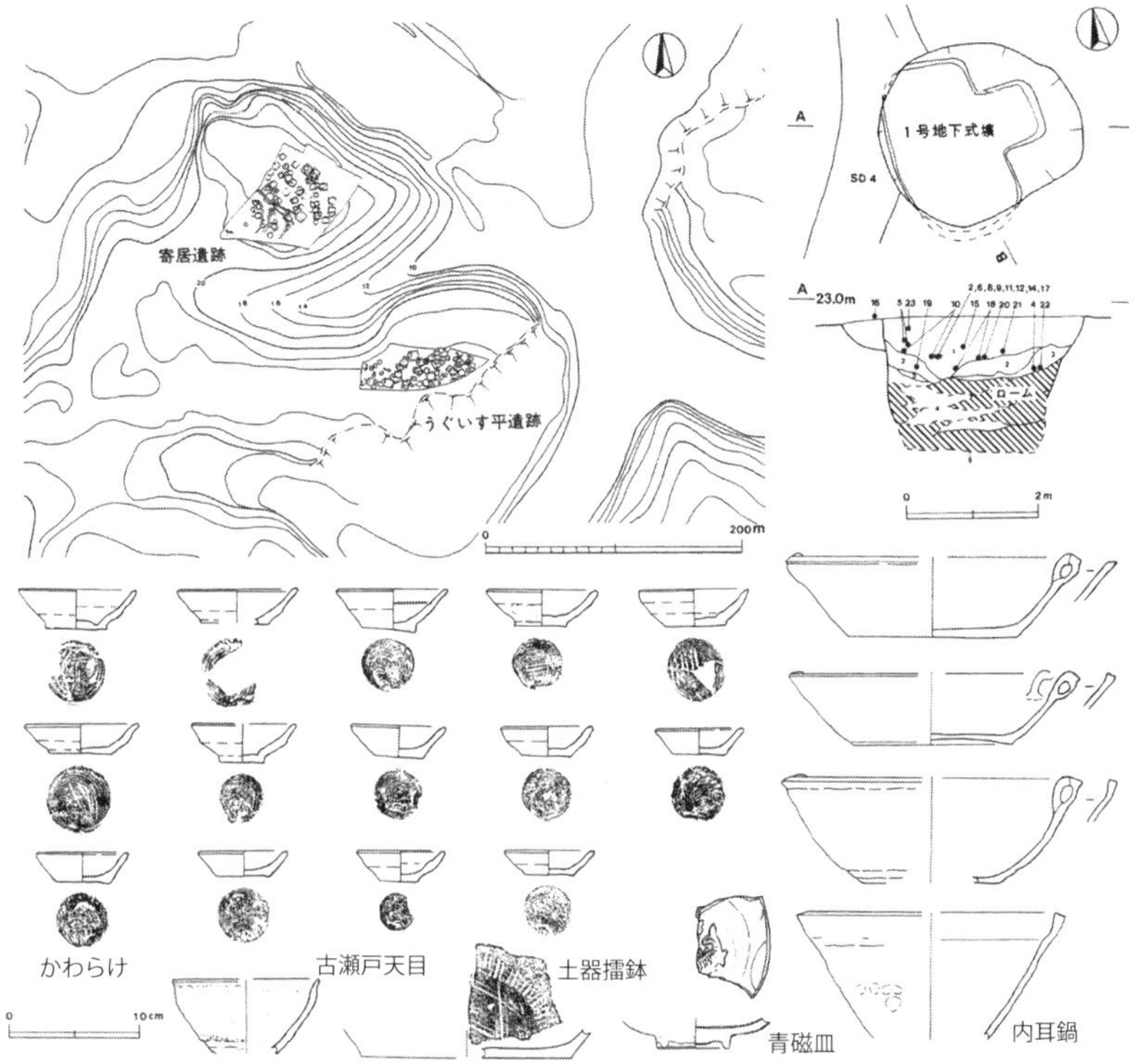

図２　宮脇Ｂ遺跡（上）と寄居遺跡（下）（註７・８文献をもとに加筆作成）

永五年（一七七六）銘十九夜塔ならびに青面金剛、天明三年（一七八三）銘十九夜塔、寛政二年（一七九〇）銘勢至菩薩供養塔などもある。

庚申塚をあとにして、上高津の台地上に上ると、発掘調査が数件あって、土橋をもつ堀を検出した宮脇B遺跡(7)、中世の墓と思しき地下式坑と溝、竪穴建物等が見つかった寄居遺跡（図2）、古墳～平安中期の集落であるうぐいす平遺跡(8)がある。宮脇B遺跡では、かわらけや青磁皿、土製内耳鍋・擂鉢の他、銚子産砂岩の宝篋印塔相輪部の破片等が出土した。中世の銚子産砂岩製石塔は市内ではこれが唯一だ。寄居遺跡では土器の皿・鍋、使用痕跡のある古瀬戸天目茶碗片、青磁双魚文皿片等が出土している。両遺跡の盛期は十五世紀後葉～十六世紀前葉で、銚子産砂岩の石塔は霞ケ浦を介した物資の流通を、青磁や天目は室町期に一定の富裕層がこの地域にいたことを窺わせる。

この他、道沿いにはヤマトシジミを主体とする中世の貝塚があって、地区の集団墓地内にも十五～十六世紀代の石塔が見られることから、上高津の台地上には中世後半に広く集落が展開していたことを十分に窺わせる。

この高津一帯は、中世には高井とも呼ばれ、近世に中高津が分立するまでは上下二郷に分かれていた。『東寺百合文書』によれば元徳二年（一三三〇）に上高井郷で四貫六四七文、下高井郷で二貫三二四文が、京進の年貢として課されている。永享七年（一四三五）の「常陸国富有人注文写」には「一　土浦郷　若泉三郎」とともに「一　高津郷　常福寺」とある。常福寺は現在下高津の旧水戸街道沿いの高台に立地し、平安末期の木造阿弥陀如来坐像（国指定重要文化財）を伝えている古刹である。また近世初期に整備された銭亀橋の名の由来には、『元禄常陸紀行』に「昔銭を負たる亀出故名付ト云」とあり、下高津周辺に中世の大量埋蔵銭が存在した可能性が指摘されている(9)。

その他、中高津西原遺跡(10)では溝に囲まれた中に掘立柱建物群が発見され、十二世紀代のものと推定される白磁碗や渥美産の甕、土器皿の破片が出土している。平安末期の拠点が、後述の大宮前遺跡と桜川を挟んで対岸に立地するあり方は興味深い。

◆花室川低地から桜川右岸台地への道

上高津の台地上の道は、宮脇B遺跡を過ぎると二つの説に分かれる。一方は坂を下って台地の根を通りながら桜川に向かうルートで、渡河するところに小字「宿町」、その近くには佐野子五輪塔（市指定文化財）がある。石塔の年代は十五～十六世紀とみられるが、江戸時代にこの地に移動したとの記録が残る。地元での聞き取りでは、佐野子集落が成立した頃の旧家の墓所に当たるともいう。

もう一つの道は台地上の高井城跡[11]に通じる北東に進む道で、その先で桜川を渡河するものだが、区画整理のため古道の連続性はたどれない。高井城跡（土浦市上高津字古舘・写真4）は、南北朝時代の康永三年（一三四四）「別府幸実軍忠状写」によると、小田方の城として北朝方により焼き払われた城の一つであるという。城跡の旧地形は戦後のバイパス建設に伴い大部分が失われ、一部のみ八坂神社境内として残る。境内裏には中世末の宝篋印塔のある六騎塚（写真5）があって、この戦いで戦死した武士を弔うものと伝える。なお、今は失われた小字に「舘下」「仲町」「下市場」「鍛冶作」が古舘の東隣にある。

台地の先端にある高井城のそばを抜けていくこの二つの古道は、いずれも昭和四十～五十年代の区画整理によってできた水田の中を通過する。道の痕跡はないのだが、桜川対岸の田中八幡神社に至るには、上高津から粕毛の東部を経て、伝鎌倉橋で桜川を渡河していたのではないかと想定される。粕毛東部には宝暦二年（一七五二）再建の弥陀堂が今に伝わる。

写真4　高井城跡

かつての桜川は、現在の流路よりもさらに北側に流れがあって、室町期に流路が変更されたと言われている。地質図「土浦」をみると、虫掛・田中・真鍋・大町にかけて自然堤防や砂洲が形成されていたこともわかる。佐野子の字宿町そばの学園大橋下では昭和の河川工事が行われた際に太い丸太が数十本見つかったと言われるが、橋脚痕か、室町期の河道付け替えの土留痕跡か、定かではない。いずれにしろ桜川の渡河点と田中の八幡神社に向かうルートは不明な点が多い。

写真５　六騎塚

◈桜川低地から桜川左岸台地への道

中心市街地に入ってからの鎌倉街道は、田中の八幡神社(写真6)を経由すると指摘されているが、その理由は八幡社が平安末期の仁平三年(一一五三)創建と伝わる市内有数の古社と認識されていたことによる。伝承では八田知家がこの社に石灯籠を寄進し、後に結城秀康が改めたという。あくまで伝承だが、社地の周辺は確かに若干高く、社も微高地上に立地し、土器等もわずかに散布する。この周辺は唯一、周知の遺跡として登録されている。

写真６　田中八幡

田中の八幡神社は近世土浦の中城地区の鎮守であるとされ、文政元年（一八一八）には土浦を代表する町人が石造愛宕祠（写真7）を境内に建立するなど、少なくとも近世後期の段階では、古社であると認識されていたことは確かである。しかし、田中から立田町・真鍋にかけては、市街化と区画整理が頻繁に行われ、現況から古道を推定するのは困難である。

わずかな痕跡を探っていくと、八幡神社の東に「五社明神跡」があり（写真8）、明治頃まで平国香を祀る神社があったという。[12] ここの字名は「明神」という。この付近を古道が走り、真鍋方面に向かったと伝えられる。

田中から真鍋に向かうとすれば、この近くで桜川（現新川）を渡河することになる。なお田中八幡社から真鍋までの沖積低地上には周知の遺跡はほとんどない。迅速図では、

写真７　愛宕祠

写真８　平国香の碑

写真９　鎌倉坂

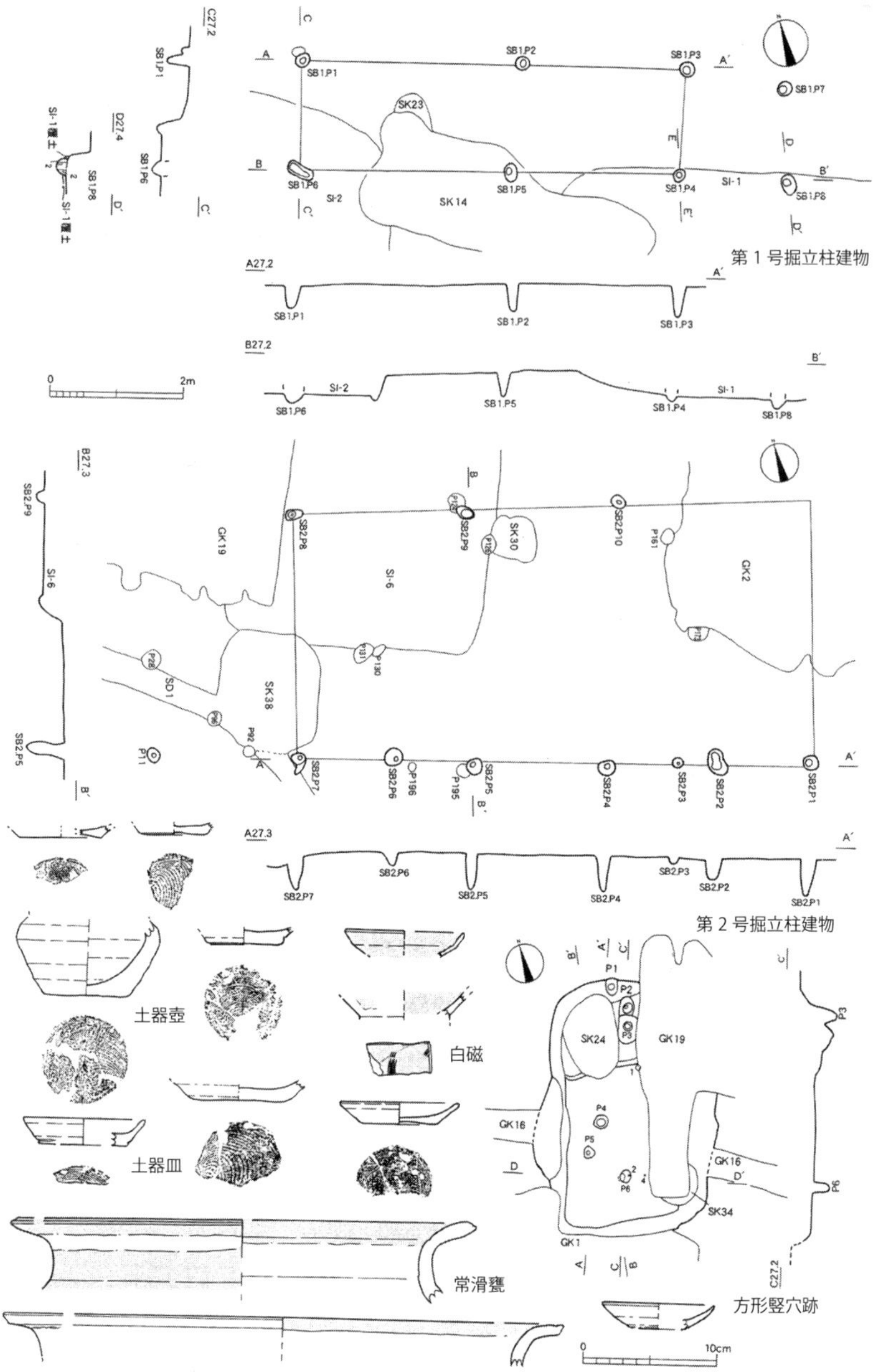

図３　大宮前遺跡（註 13 文献をもとに加筆作成）

八幡社から五社明神までを道として表現しているが、立田町から真鍋台下までは不明なところが多い。桜川を渡って真鍋に入ると、道は北に方向を変え、その先に「鎌倉坂」(写真9)と呼ばれる坂がある。ここから北進する道が鎌倉街道である。地元の伝承では、東隣の切り通しの坂道を登り、迂回する道も古道だと言われている。

大宮前遺跡は、真鍋小学校舎建設に伴う発掘調査で見つかった遺跡で、古代末から中世前期の掘立柱建物、土坑、方形竪穴、焼成跡のある遺構、土器の壺を埋めた遺構などもあった[13]。出土遺物には、白磁碗・皿片、常滑甕片、土器の皿・壺、鉄鎌、土製の漁労用錘などが出土した。年代は十二世紀代から十三世紀前半に限られ、台地端部の鎌倉古道に接した場所に屋敷が存在したことがわかる。

小字名には殿里との境に「西長土路」、台地下の旧水戸街道沿いに「東大道」「西大道」「宿」、旧国道六号と水戸街道の合流点に「合戦場」があった。

◈桜川左岸台地から国府方面への道

大宮前遺跡(真鍋小)の近くには古道の痕跡がわずかに残る。遺跡から北に向かう細い道がそれで、住宅街をぬうように蛇行しながら走る(県立土浦一高の裏)。この場所は区画整理前に宅地が増加したため、狭い道が残っている。

真鍋台地に関わる中世史料に、永禄七年(一五六四)正月、上杉謙信が小田氏治を攻撃した際、小田方に味方した敵の諸将をまとめて書き上げた「小田みかたのちり」(小田氏治味方地利覚書・上杉家文書)がある。そこには「一　さた

写真10　小字鎌倉周辺

けの陣所　まなへのたい　つちうらきんへん」とあり、真鍋の台と土浦近辺に佐竹義重が陣所を構えたことが記される。戦国期には土浦近辺と真鍋が南北道でつながっていたことを裏づけてくれる。

真鍋台地を下っていくと、赤池の西をかすめ北側別台地上の字「鎌倉」（写真10）に通じる古道がある。この字「鎌倉」は台地北端の斜面地全体を指し、切り通しされた道が一直線に下ってゆく情景は、埼玉県の鎌倉街道伝承地に面影が似ている。この古道は東若松町と木田余の境界でもあり、字「鎌倉」のあたりで田中・殿里方面からの道（後述）が合流する。ここから伝古代官道とも重複しながら道は北上していく。

迅速図では、木田余台上で部分的にルートを辿ることができるが、神立台以北はよくわからない。神立町・東中貫町の境界が直線状なのは古道の痕跡だとみる説もあれば、神立町地内を北東に進む旧道が古道だとする説もある。ともに区画整理で古道の景観は損なわれているが、神立から稲吉（かすみがうら市）に向かう点では一致する。

◈桜川低地から桜川左岸台地への道 再び

もう一度、田中八幡社まで戻って、別の鎌倉街道の伝承地を探ってみよう。八幡社から北西に向かってのびる古道は、殿里町から真鍋台に上がり、木田余の赤池、または小字「鎌倉」前後で本道に合流するルートとなる。田中より北側に広がる殿里の水田地帯には、中世に存在していたといわれる寺院「能西寺」と「長道路」の小字名が連なっている。田中八幡境内には、神社後方に建っていた道標が移設されており、「右　きよたき山向、左　一の矢つくば[14]（以下不明）」とあり、板東三十三観音霊場の清滝寺に向かう古道ともつながる可能性を示す。なお、今は使われなくなった小字に「長道路」の南西に「鍋作」「船隠」があった。

この鎌倉街道想定ルートから西に向かって一・五キロメ

写真11　道標

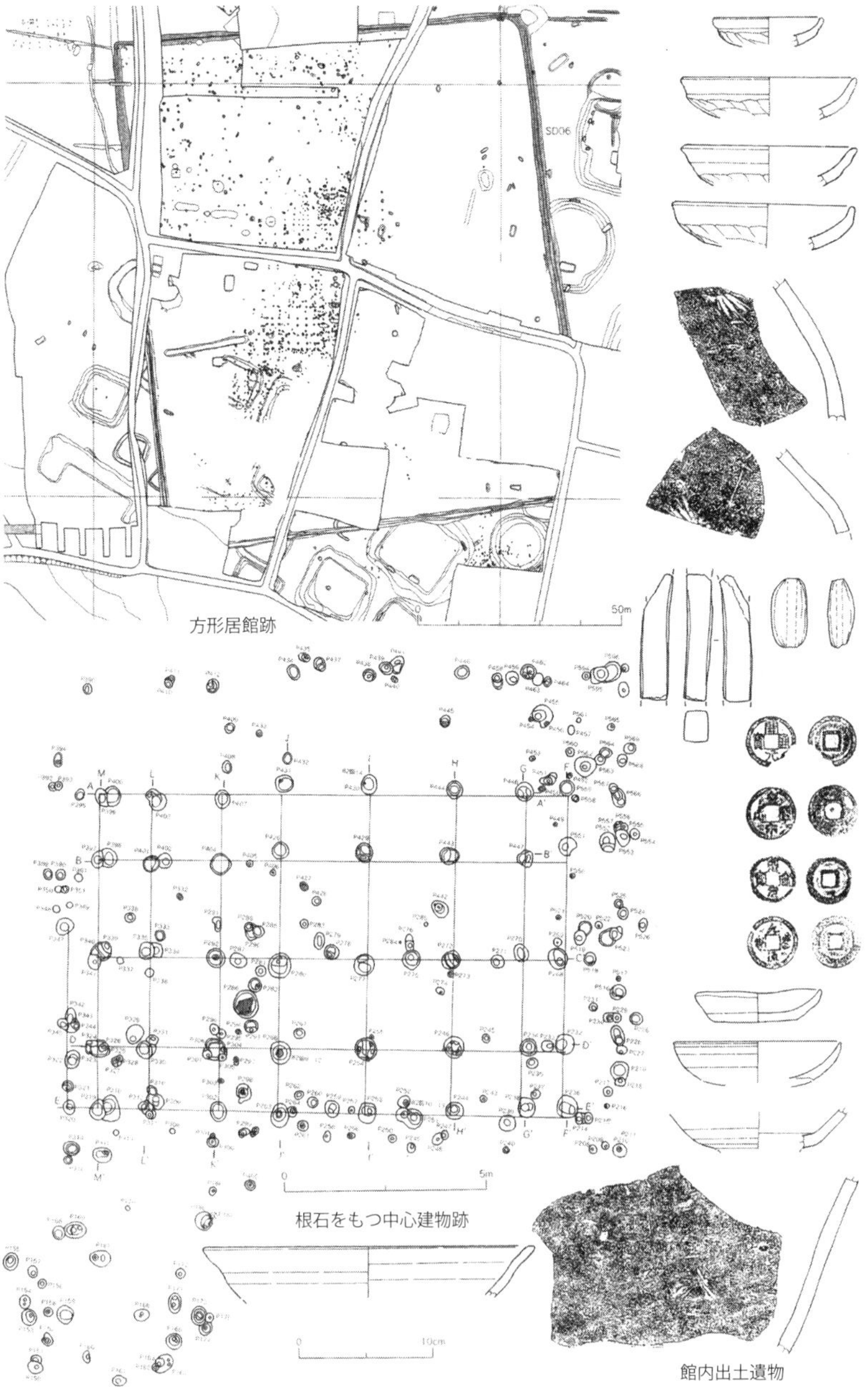

図4　神明・山川館跡(註15文献をもとに加筆作成)

ートルほどのところに、神明・山川館跡（常名・図4）がある。この周囲では平成五〜十七年度まで断続的な発掘が実施され[15]、方形に溝を巡らせた中に建物群を配し、館跡の周囲にも複数の建物群が見つかっている。時期は鎌倉時代である。この館と建物群は、内外の建物群の主軸がほぼ等しく、関連を持って同時期に機能していたと考えられる。館のほぼ中央には、柱穴の底に雲母片岩の根石を設置した大型の掘立柱建物が建っており、館の中心的な建物と推定される。

主な出土遺物には在地産土器（手づくね丸底皿、ロクロ糸切り平底皿）、常滑・渥美産の陶器（壺・甕・鉢）、宋代の龍泉窯系青磁劃花文碗片、中国唐・宋代の銭貨等が見られる。館跡の年代は、井戸の覆土下層から出土した遺物のうち、青磁劃花文碗の年代によって十二世紀後半から十三世紀代とみられる。出土数は全体に少数であったが、前代に遡る白磁がなく、後代に爆発的に増加する龍泉窯系青磁蓮弁文碗を含まないこと、掘立柱建物が二時期程度の重複であることから、比較的短期間で廃絶した、限られた存続年代の館跡であったと推測される。規模は約一町四方と大型で、ほぼ方形に定まる平面、統一のとれた建物群の配置からすれば、この近辺でも有力な領主層が営造したものと想定される[16]。館の主についての所伝等はない。

ちなみに、神明・山川館跡の南側を走る新治台地の縁辺に沿う道は、北西に進んでいけば小田氏の本拠小田城に至ることができる。途中の高岡には臨済宗の古刹法雲寺があって、観応年間（一三五〇〜一三五二）成立の「都のつと」には、歌人宗久が鎌倉山内から法雲寺を訪ねて一夏を過ごしたことが記される[17]。宗久は法雲寺から武蔵野を経て甲斐国木賊山（天目山栖雲寺）を訪ねている。この鎌倉街道と筑波の小田を結ぶ東西のルートは、常陸国府と筑波をつなぐ古代以来の府中道として重要な役割を果たしていたと考えられる。

（比毛君男）

註

（1）　土浦市史編さん委員会『土浦市史』（土浦市、一九七五、中世一―三―一七九〜一八〇頁）。

（2）　このほか土浦市の鎌倉街道に触れた書籍や論考に、『土浦市史民俗編』（土浦市史編さん委員会、一九七〇）、『図説新治村史』（新治村史編纂委員会、一九八六）、『図説土浦の歴史』（土浦市史編さん委員会、一九九一）、雨谷昭「鎌倉街道」（『第一回シンポジウム常陸の道（常総地域における交通体系の歴史的変遷に関する総合的研究）報告集』常総地域史研究会（研究代表者岩崎宏之）一九八八）、雨谷昭「土浦の鎌倉街道」（『ひたち野つちうら鎌倉街道を歩く奥村好太郎フォトハイク』所収、常陽新聞社、二〇〇〇）、越田真太郎「常陸南部の古代・中世交通路」（『茨城県考古学協会誌』第二五号、二〇一三）がある。

なお筆者は、職務上土浦市文化財保護審議会の事務局吏員を担当した際に、土浦市の文化財全般について雨谷氏をはじめ他の審議委員の指導・教示を受けた。

（3）以下迅速図は、明治十六〜十七年にかけて陸軍参謀本部測量課作成を引用する。

（4）以下現在使用されていない小字は、『土浦市史別巻　土浦歴史地図』（土浦市史編さん委員会、一九七四）を参照する。

（5）現在大聖寺の正門（山門）は、旧鎌倉街道よりも約二五〇メートル東側を走る水戸街道の西側に位置し、東の水戸街道側を向いて建立されている。

（6）財団法人茨城県教育財団『茨城県教育財団調査報告第六〇集　寺家ノ後A遺跡　寺家ノ後B遺跡　十三塚A遺跡　十三塚B遺跡　旧鎌倉街道』（一九九〇）

（7）上高津貝塚ふるさと歴史の広場「宮脇B遺跡」（『年報』第三号、一九九八、二六〜二七頁）。

（8）財団法人茨城県教育財団『茨城県教育財団調査報告第八四集　寄居遺跡　うぐいす平遺跡』（一九九四）。

（9）石川功「土浦市内で発見された中世埋蔵銭の新資料」（『筑波』第三号、一九九九、筑波の会）

（10）土浦市教育委員会『中高津西原遺跡』（二〇〇七）。

（11）『土浦市史』二一六〜二一八。

（12）土浦市文化財愛護の会『むかしの写真土浦』（一九九〇、一〇〇頁）、及び土浦市史編さん委員会『土浦市史民俗編』（一九七〇、二六八頁）。

（13）土浦市教育委員会『大宮前遺跡』（二〇〇四）。

（14）土浦市教育委員会『土浦の石仏』（一九八五、三一四頁）。

（15）調査区の関係から、この館跡は神明遺跡第1・3・4次調査と山川古墳群2・3次調査で全体のほぼ八割程度が判明した。ここでは便宜上、調査名から神明・山川館跡と仮称する。この館跡に関しては、以下の調査報告書に断続的に調査結果が掲載されているが、最後に刊行された山川古墳群第3次調査が最も詳しい。土浦市教育委員会『神明遺跡第一次・第二次調査』（一九九八）、『常名台遺跡群確認調査　神明遺跡第三次調査』（二〇〇二）、『山川古墳群確認調査　西谷津遺跡　北西原遺跡第六次調査　神明遺跡第四次調査』（二〇〇三）、『北西原遺跡第三次調査　山川古

墳群第一次調査』(二〇〇四)、『山川古墳群第二次調査』(二〇〇四)、『神明遺跡第五次調査』(二〇〇五)、『山川古墳群第三次調査』(二〇〇七)。

(16) 神明・山川館跡から北西に約五キロメートルの田宮古墳群では、発掘調査で土橋をもつ溝と土橋の両側から手づくねかわらけが複数出土した(茨城県教育財団『文化財調査報告第五七集田宮古墳群』一九九〇より)。出土状態を鑑みると、この溝も方形館の一部をなしていた可能性が高い。出土土器の年代は、神明・山川館跡にやや下り鎌倉時代後半以後と推定される。なお田宮古墳群からさらに約五キロメートル北西に小田城跡がある。

(17) 『新日本古典文学大系五一　中世日記紀行文集』(岩波書店、一九九〇、三四五~三六一頁)。

常陸国府と筑波に通じる二本の道

■かすみがうら市■

1　概　要

かすみがうら市域の鎌倉街道は、霞ヶ浦の高浜入りへ注ぐ恋瀬川と、同じく霞ヶ浦の土浦入りへ注ぐ桜川に挟まれた台地上をほぼ北東―南西方向に通過している。現在この地域の鎌倉街道は、土浦方面から常陸国府を抜けて北上するものと、土浦方面から石岡市柿岡方面へと抜ける道筋の二つのルートが想定されている(1)。この二つのルートのうち、便宜的に前者を下稲吉・国府線、後者を上稲吉・八郷線として紹介する。

下稲吉・国府線は、かすみがうら市下稲吉・同市新治を過ぎ、天の川を越えて同市西野寺、そして石岡市へと進む。現在では土浦市神立からかすみがうら市下稲吉にかけては開発が進み、旧道を確認するには困難な状況となってしまった。しかし、下稲吉地区の北部から西野寺に関しては、旧道を偲ばせる雰囲気が残り、当時をイメージしながら散策できる。下稲吉・国府線は、古代東海道を踏襲したルートで、中世においても常陸国府へ向かう重要な道筋であった。常陸国府内に大掾氏によって府中城(石岡市)が築城された後も、このルートは使用され続けたと考えられる。さらに戦国期には、下稲吉・国府線から分岐して大掾慶幹の次男常春が築城したとされる三村城へ向かうルートが設定されたようである。この分岐点付近には、大掾氏家臣の伊賀入道なる武将の拠点である江後田長者館跡もある。

一方の上稲吉・八郷線は、旧筑波町方面からの道筋(後掲越田論文)で、土浦市小山崎からかすみがうら市上稲吉を抜け志筑へ向かう道筋である。そして志筑から石岡市柿岡を経て、笠間市あるいは桜川市方面に山越えして北上する。現在、鎌倉街道として伝承があるルート以外にも時期差が想定されるもう一つの道筋がある。地図の破線で示したが、伝承があるルートよりも古相を示す下佐谷廃寺を通過する道筋で、下佐谷廃寺からは古代及び中世瓦が確認されており、地域の拠点的施設の存在が想定できる。当地は、西へ向かえば、土浦市永井や東城寺、つくば市小田そして北条方面となる。下佐谷廃寺は、常陸国府と常陸平氏の拠点となる多気城、小田氏が拠点とする小田城をつなぐ道筋のほぼ中間にあたり、下佐谷廃寺周辺が国府から西や南へ向かう際の分岐点であったとも想定できる。下佐谷廃寺は間接的に、古代・中世の交通網の存在を窺わせる重要な遺跡である。[2]

2　道筋と歴史的景観

◇下稲吉から新治—下稲吉・国府線—

写真1　二十三夜塔

下稲吉・国府線を下稲吉地区から見ていくと、ここには江後田長者伝説がある江後田地区がある。江後田長者は、戦国時代に府中の大掾氏家臣であった伊賀入道なる武将とされ、江後田原に拠点を置き、府中城の砦としたという。[3] 館跡は、石岡市三村の大原地区に管理される稲荷神社境内地にあり、東西方向の一条からなるわずかな高まりをもつ土塁痕跡のみが往時を物語る遺構と捉えられるが、迅速測図をみると周囲に土塁がめぐる方形館であったことが分かる。この江後田長者伝説には、江後田長者の娘にまつわる「むすめ街道」が登場し、この街道がいわゆる「鎌倉街道」と呼ばれていたという。[4] 伝説によると、江後田長者の娘が白鳥村（土浦市白鳥）の裁縫所へ向かう際にこの道を通っていたところ、ある時に何者かによって殺害されてしまい、いつの日かこの江後田長者の娘が通った道を「むすめ街道」と呼ぶようになったという。ここから約一〇〇メートル北に進むと道標を兼ねた二十三夜塔がたつ塚がある。二十三夜塔には、寛政元年（一七八九）銘と共に「右いなよし　つちうら」「左かんたつ　ての」とあり、石岡方面から来た人々に稲吉をぬけ土浦方面へ、神立をぬけ手野方面への道筋を示している。[5] 道標を後に北上すると二子塚地区となる。

二子塚地区は、八幡太郎義家の妻がこの地で双子を出産したとの伝説がある場所で、出産した子のうち一人が亡くなり、埋葬したところが二子塚古墳と伝承されている。(6) 二子塚古墳は、愛宕山古墳群の一古墳であり、周辺には現状で円墳四基が所在している。径二六メートル、高さ四・五メートルを測る二子塚古墳(愛宕山一号墳)は、墳頂部に子安神社が祀られ現在も子授かり・安産等の祈願参拝がある。木造の小祠内部には、木製の男根が納められ、子宝に恵まれない方が、この男根を持ち帰り、枕元に置くことで子を授かることができるのだという。子宝に恵まれた方は、借用した数の倍の数の男根を奉納する風習がある。二子塚古墳群を過ぎると十字路となり、右に曲がると二子塚集落、左に曲がると根当地区となる。この十字路にも道標がある。大正十二年(一九二三)に建てられた道標には「土田」とある他は摩耗のため判読できない。根当地区は、天の川中流域に面した右岸微高地に立地する集落で、稲荷神社や火防神を祀る根当神社が鎮座している。

再び鎌倉街道に戻り北上すると天の川の手前で中郷谷地区に曲がる交差点に二十三夜供養塔がある。板状の変成岩の表面には「寛政十三年庚申年　右□□　梵字サク　二十三夜供養　冬十一月吉日　左みむら□□」とあり、旧道の分岐点であることが分かる。(7) ここから東へ約五〇〇メートルの所には、中郷谷地区の真言宗寺院の宝蔵院がある。宝蔵院には、像高六七センチメートルを計る木造阿弥陀如来立像(県指定文化財)が安置されており、平安時代末期から鎌倉時代初期頃の制作と考えられている。

天の川を渡ると西野寺地区に胎安神社、東野寺地区に子安神社が鎮座する。両神社とも八幡太郎義家伝説がある。

胎安神社は、天平宝字六年(七六二)九月の創建とされ、経津主命を祭神とするが、後に山城国葛野郡の梅宮神社(酒解神)の分霊(胎安神)を相殿として祀っている。八幡太郎義家は、奥州攻めの際に近くの志筑に在陣し、胎安神社の胎内安全・安産子育・子授け守護の霊験あらたかなる噂を聞き、都に残してきた内室の安産祈願をしたと伝えられる。その後に、後三年合戦を終えた帰路の途中、義家たちは、胎安神社に立ち寄り凱旋を報告すると共に、嫡男誕生の九月九日を記念して例祭日と定めたという。本殿の手前には枯死してしまったが、五輪塔の火輪を抱え込み成長していた樹齢六百年といわれる松(通称子持ち松)があった。鎌倉街道と胎安神社参道が交差する場所には、寛政五年（一七九三）の年号を刻む二十三夜供養塔がある。この石造物は道標を兼ねており、「右ふちう　左つく葉」とある。土浦方面から来た人々から見て、ここは石岡や筑波に分岐する場所であったことが分かる。(8) さらに胎安神社の西南約二〇〇メートルに小字「古館」があり、高さ約一メートルの土塁がわずかに残存している。時期は不明であるが、一説には「野寺孫四郎」なる武将の屋敷跡と考えられている。(9)

写真２　子安神社

胎安神社が南から参道が伸びているのに対し、北から参道が伸びているのが子安神社である。

子安神社は、大同二年（八〇七）に鹿島大神と富士浅間大神を分霊したことに始まると伝えられている。八幡太郎義家は、奥州に向かう際に子安神社の正月七日の大祭礼に遭遇し、朝敵降伏・国家安泰を祈禱したという。後三年合戦後の凱旋の際に義家の軍勢は、子安神社に社殿修営や祭祀料を寄進したという。

子安神社から東へ約五〇〇メートルに地福院がある。地福院は、多聞山地福院吉祥寺という天台宗寺院で、県指定文化財の木造天部立像（平安時代末期）と県指定文化財の金銅多聞天立像（鎌倉時代）が安置されている。ここにも八幡太郎義家が奥州攻めの際に立ち寄り、戦勝祈願をしたとされる伝説がある。地福院の伽藍は一部がたくさんの矢の根で飾られたことから、この地域を矢の根村とも呼ぶことがあったという。また、地福院に隣接する東側台地上には土塁や堀が巡る西坪遺跡がある。

子安神社の北方約七〇〇メートルに、通称「衣がえ」とよばれる場所がある。ここにも義家が奥州攻めの際に旅で汚れた着衣を取り換えたという伝説がある。その他、子安神社から西へ約一キロメートルには、下志筑の幕の内地区があり、ここには義家が奥州に向かう際に幕を張って陣を構えたことから「幕の内」と名付けられ、さらに同じ下志筑の若宮八幡宮は義家が戦勝祈願したとも伝えられている。若宮八幡宮は、旧志筑村の村社で康平年間(一〇五八~一〇六四)に創建されたと伝えられる。子安神社から北の鎌倉街道は、台地を下り恋瀬川の河川敷及び流路となり、ここを渡ると常陸国府となる。

常陸国府内では、国府や国分寺の東側を通過し、園部川に至るが、ここには治承四年(一一八〇)に源頼朝が平広常に佐竹義政を討たせ、義政の首を埋めたという佐竹義政の首塚がある。園部川を渡ると中世石造物や鎌倉時代創建と伝えられる船玉神社が鎮座する小美玉市大谷地区があり、ここから以北の小美玉市域には義家伝説が連続し、五万堀の地名も多数存在する。ここからの延長は、次章に譲る。

◈上稲吉から上志筑—上稲吉・八郷線—

上稲吉・八郷線は、まず土浦市小山崎から東へ向かい、かすみがうら市上稲吉字馬立に入る。小山崎から西は、つくば市小田・北条地区に向かう方向である(後掲越田論文)。馬立地区には八幡太郎義家に関する伝説が二つある。義家の馬が製鉄に関連する「タタラ」を踏んだことから付けられた「タタライ」の地名の話、義家の馬の轡を掛けたとされる松があった場所に付けられた「くつ掛」地名の二つの話である。また、馬立地区の住民が、義家がこの地を立ち寄られた際に餅を搗いてもてなし、たいそう喜ばれたことから毎年元日の朝に餅を搗く風習ができたことや、義家が立ち寄ったことを記念して建てられた八幡神社なども義家との関係が伝えられている。

上稲吉馬立から東へ進むと道筋を北に変え[10]、後庵城跡の西側、天の川を渡って常陸平氏一族の佐谷氏の居城とされる笠松城跡の西側を北上する。後庵城は、土塁と堀跡が残存するが詳細については不明である。笠松城は、佐谷左衛門尉の居城や近世に交代寄合本堂家が入城した城跡とされるが不明な点が多い。しかし、土塁や城山などの地名があり、今後の調査が待たれる。

笠松城跡から雪入川を渡り、坂を上りきった場所が中佐谷字四万騎である。ここには明和七年(一七七〇)の花崗岩製の地蔵菩薩が立っており、道標を兼ねている。「右ふちう　左志津く山入」とみられ、道を北上する人々に対して石岡方面と志筑方面への分岐点であったことを示している。

小字「四万騎」は、源義家が奥州攻めの際に四万の兵を休息させたとか、四万の兵を募り集めたとの伝説がある場所である。[11] 四万騎を雪入川の左岸に沿って北上すると、以前は百八塚が所在した場所に至る。[12] 百八塚の供養塚からは「野州今泉村妙海禅尼供養　享禄二年」の銘がある経筒が出土している。百八塚には、土浦市沢辺に安置される五輪塔の銘文に登場する「頭白上人」の母おしとの関係を問う一説があるが定かではない。百八塚付近から東約一キロメートルには元弘四年（一三三四）の年号をもつ大日如来石造物が安置される横堀地区がある。大日如来は、元弘四年と共に慶安二年（一六四九）の年号が追記されている。[13] 百八塚を通過する途中、上佐谷には真言宗寺院の円明院へ向かう十字路がある。この十字路には、「文化十年　奉納百八十八ケ所供養」と刻まれた石造物がたつ。「右きよたき　左つちうら」の銘文もみえ、志筑方面から来た人々が、清滝や土浦へ向かうための分岐点であった。この十字路を北西に直進すると中世寺院と考えられる円明院や延徳二年（一四九〇）の年号をもつ石造物、通称「北根地蔵」がある。北根地蔵は、変成岩の板石の中央に地蔵菩薩を線刻し、その両側に祈願のための銘文や人名などを刻んでいる。[14]

写真３

鎌倉街道は、道標がたつ十字路から北東に方向を変え五反田を抜け、上志筑に至る。上志筑の西側には弘法大師開山や鎌倉期に乗海が中興開山したとされる志筑山惣持院願成寺跡（市指定文化財）がある。この場所は土塁と堀が巡り、地名が「堀の内」であることなどから寺院跡というよりは城館跡の要素が強い。しかし願成寺は、『吾妻鏡』などにも登場し、『閑居山縁起』などにも登場することから、閑居山の山麓のいずれかの場所には所在したものと思われる。閑居山の東側の中志筑には十三世紀後半の制作と目される木造千手観音立像が安置される千手観音堂、南北朝時代に攻防戦を繰り広げた志筑城跡などがあり、上志筑周辺は中世の歴史を色濃く残している。鎌倉街道は、上志筑からは道筋を北西に変え、恋瀬川の上流に向かう道筋で石岡市柿岡方面に抜け、湯袋峠や上曽峠を越えれば桜川市域（後掲宇留野論文のルートに接続）、一方で道祖神峠や板敷峠を抜ければ笠間市域となる。

（千葉隆司）

註

（1）『千代田村史』

（2）横浜市の称名寺が所蔵する「平経幹申状」（徳治二年：一三〇七）には、常陸平氏一族にとって代々引き継がれ、かつ墓地所在地である佐谷郷は特別な土地であることが記されている。下佐谷廃寺を含む佐谷地区の重要性が窺われる。

（3）『石岡市史』上巻

（4）『千代田村の民俗』

（5）河内郡から常陸国府へ向かう古代伝路という考えもある。後掲越田論文参照。

（6）源義家伝説については、史実として捉えられるものではなく、あくまでも参考程度の情報でしかない。しかしながら、古代東海道のルート上に数多くみられる事実は、このルートが歴史上において重要な役割を果たしていたことを示すものと考えられる。

（7）現在、新しい石碑に取り換えられている。

（8）この道は胎安神社から水戸道中沿いの下土田地区へ通じる。下土田字宿尻にある寛政十年（一七九八）の二十三夜供養塔には「これより子やす道」と記されており、西野寺から下土田への道筋は、子安道とよばれていたことが分かる。

（9）註（1）に同じ。

（10）道筋を北に変えず直線的に東北方向に向かう道は、註（4）に示した越田がいう河内郡―常陸国府への伝路となる。

（11）註（4）に同じ。

（12）註（4）に同じ。

（13）千葉隆司「石に描かれたみほとけ―線刻表現の石仏の分析―」（『筑波学院大学紀要』第四集、二〇〇九、筑波学院大学）。

（14）註（13）に同じ。

五万堀古道

■笠間市■

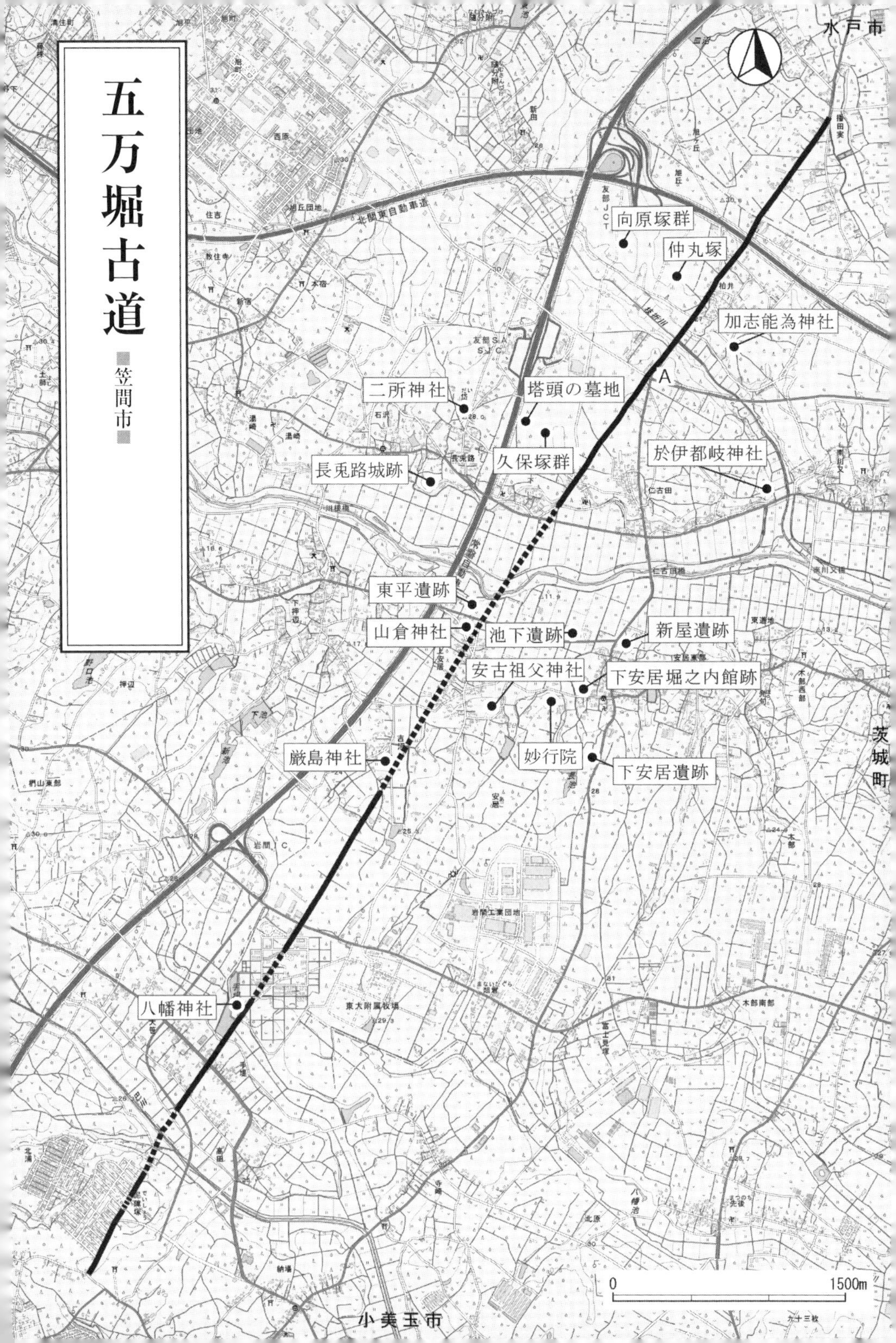
水戸市
向原塚群
仲丸塚
加志能為神社
A
二所神社
塔頭の墓地
久保塚群
長兎路城跡
於伊都岐神社
東平遺跡
山倉神社
池下遺跡
新屋遺跡
安古祖父神社
下安居堀之内館跡
妙行院
下安居遺跡
厳島神社
茨城町
八幡神社
小美玉市
0
1500m

1 概況

常陸国府のある石岡市周辺は市街地化が進み、鎌倉街道の痕跡を見つけることは難しく、中世の景観を残す志筑(かすみがうら市、前章)を過ぎ、恋瀬川を渡るとほぼ空白になるが、園部川を越えると古道伝承の一つ「五万堀古道」がある。

園部川以北・那珂川以南の小美玉市大谷から笠間市安居を通って水戸市渡里町まで北東方向へ直線のラインを引くと、その線上や周辺に「五万堀」という地名をいくつか見つけることができる。これらの五万堀地名は「義家伝説」の舞台として語り継がれてきたが、現在では常陸国府から河内駅家に向かう古代の駅路跡と推定されており、発掘調査によって「古道」であることが確認された場所もある。

常陸国府から北東方向に直進していく五万堀古道のルート上の地名を順にたどってみよう。まず、園部川を渡り小美玉市大谷に入る。小美玉市内を北東方向へ直進していくと、羽鳥・羽刈・江戸の五万堀を経て、納場の泥障塚に至り、巴川を渡る。続いて、高田・手堤の五万堀を経て、笠間市安居の吉沼に入る(地図参照)。笠間市内を同じように北東方向へ直進していくと、安居の上安居に至り、涸沼川を渡る。続いて、長兎路・仁古田の五万堀に至り(写真1)、枝折川を渡った後、柏井を経て、水戸市鯉渕に入り、やがて渡里町に至る。

写真1　長兎路・仁古田の境を通る五万堀古道

このルートは一般的に「五万堀古道」といわれ、「鎌倉街道」と呼んでいる事例は、史資料・地名・伝承のいずれも確認できない。しかし、沿線も含めると、源頼義・義家・頼朝の三代にまつわる伝説が残っているのは、五万堀古道が政治の中心地(京・鎌倉)と奥州を結ぶ重要ルートとして認識されていたことの表れだと考えられる。

今回取り上げた直線道は、常陸国府から河内駅家に向かう古代の駅路跡と推定されている。この区間は、「五万堀」が古代の「古道」であったことと、その路線沿いに古代の「駅家」があったことが、発掘調査によって実証された大変重要な場所である。そして、道に伴う「義家伝説」が語り継がれてきたところでもある。では、この五万堀古道が古代末から中世初頭(十一～十二世紀)にかけてどのような様相であったのか、これから探ってみたい。

長元五年(一〇三二)、菅原孝標が常陸介として常陸国府へ赴任してきた。『更級日記』によると、孝標は常陸国内の官社へ神拝を行っている。つまり、新任の国司として常陸国二十八座の式内社を巡拝したわけだが、この神拝の際には五万堀古道と安侯駅家を利用したという説もある。(1)

永承六年(一〇五一)、奥州を舞台に前九年合戦が起こった。康平五年(一〇六二)まで続くこの合戦は、陸奥国司の源頼義と同国の在庁官人安倍氏が奥州の利権をめぐって争ったものだが、出羽国在庁官人清原氏の手を借りて制したのが源頼義である。『奥州後三年記』によると、頼義は奥州へ下向する途中、常陸大掾平致幹の館に立ち寄ったとされる。

続いて、永保三年(一〇八三)、また東北地方を舞台に後三年合戦が起こった。清原氏の内紛に始まったこの合戦は寛治元年(一〇八七)まで続いたが、これに介入したのが頼義の子、源義家である。義家は奥州へ下向する際に常陸国内の道を通り、菊多関を越えていったとされる。

義家が奥州で活躍したのはこの前九年・後三年合戦であるが、この歴史的事実をもとに、常陸国では五万堀古道を始めとして様々な「義家伝説」が語り継がれているのである。

天仁元年(一一〇八)、浅間山が大噴火を起こして広範囲に火山灰を降らした。この噴火の火山灰を「浅間Bテフラ」と呼んでいるが、調査された五万堀古道の側溝の覆土上層からも検出されている。これはすでに側溝の埋没が進んでいたことや、天仁元年以降も側溝の掘り直しや堀浚いが行われなかったことを示している。

治承四年(一一八〇)、富士川の戦いで勝利した源頼朝は、佐竹氏を討伐するため常陸国府に進軍してきた。『吾妻鏡』によると、まず、佐竹義政が縁者である上総広常に大矢橋に誘い出されて誅殺された。この大矢橋は園部川に架かる現在の小美玉市大谷の大谷橋に相当する橋と思われ、その先は五万堀古道へ続いていたものと考えられる。その後、金砂城の戦いと花園城の戦いを経て、佐竹氏の奥七郡の支配体制は崩壊した。

続いて、文治五年(一一八九)、頼朝は奥州藤原氏の征伐を名分に東山道・東海道・北陸道の三方向から進軍し、東海道大将軍には下総守護の千葉常胤と常陸守護の八田知家が任命され(『吾妻鏡』)、二人に率いられた東海道軍の進路は常陸国経由で菊多関を越え、陸奥国海道、つまり現在の福島県浜通りを北上するというものであった。この歴史的事実をもとに、五万堀古道には頼朝も奥州進軍に使ったという伝承とともに「頼朝様道」の呼称も伝えられてきたのである。

そもそも五万堀古道は七世紀後半に構築された古代の駅路が起源である。標高の高い台地部分では逆台形に土を削る「切り土整地」が行われており、切り通し状になった直線道はまさに「堀」のようである。一方、標高の低い低地部分では台形に土を盛る「盛り土整地」が行われており、土手状になった直線道はまさに「堤」のようである。後世、切り土整地された道が堀、盛り土整地された道が堤と呼ばれるようになり、義家と結びついて伝説となっていく。

この五万堀の「五万」とは実数であるという話と、たくさんという意味であるとの話もある。また、五万堀の「堀」とはたくさんの兵士が通っていったため堀のように窪んだという話と、たくさんの兵士が通っていくのを外から見えないように堀のように掘ったという話も聞く。いずれにせよ、「五万堀の義家伝説」は、古代から数多くの兵士がこの道を通って東北に侵攻していったことを、後世になって武家の棟梁たる八幡太郎義家に仮託したものと思われる。

五万堀の概要はほどほどに、古道を歩いてみることにしよう。

2　道筋と歴史的景観

◈巴川を越えて

巴川の右岸には小美玉市納場がある(2)。納場には泥障塚の小字名と泥障塚古墳群があって、泥障塚は義家が奥州に向かう際に馬具の泥障を埋めたところと伝えられており、直線道が古墳群の中を通っている。

巴川を渡った先の対岸は小美玉市高田である。高田は承応二年(一六五三)に新田として開かれ、貞享二年(一六八五)に安居村から分村した村である。現在、直線道は残っているが、地名としての五万堀は消滅してしまった。

続いて手堤に至る。手堤は承応三年(一六五四)に新田として開かれ、貞享二年(一六八五)に安居村から分村した村である。手堤には五万堀の小字名と手堤池・御前清水がある。

写真2　手堤池と八幡神社の森

手堤は義家が奥州に向かう際に手で堤を築かせたところと伝えられており、直線道が手堤池の堤の上を通っている。また、御前清水は義家の炊事用に清水を供したところと伝えられている。手堤池の堤を渡り終えた正面左には手堤の旧村社の八幡神社が鎮座している(写真2)。祭神は誉田別命で、創建は承応二年(一六五三)と伝えられる。

笠間市安居に入ると直線道は茨城県農業総合センターの敷地内を通っていくが[3]、現在でも敷地内の道路にその痕跡を認めることができる。農業総合センターの正面入り口から出ると直線道は山林の中を通っていき、やがて切り通し状になって谷津田に出る。

水田の向こう側の正面左は安居の吉沼である。吉沼は慶安三年(一六五〇)に新田として開かれ、貞享二年(一六八五)に安居村から分村した村である。水田に接した台地の先端部には吉沼の旧村社の厳島神社が鎮座している。祭神は厳島姫命で、弁財天宮とも称していた。創建は不詳であるが、近世は別当である妙行院の支配を受けていた。また、境内社の中には八幡神社がある。直線道は厳島神社の右、東側の谷津田の中を通っていたものと思われるが、現在はその痕跡を確認することができない。

安居の上安居に至ると台地の縁辺部を通っていく。上安居は貞享二年(一六八五)に安居村が上下に分村した際、西側つまり涸沼川の上流にあったほうの村である。右手の台

写真3　安古祖父神社

写真4　東平遺跡内を通る古道

地の先端部には上安居・下安居両方の旧村社である安古祖父神社が鎮座している（写真3）。祭神は武甕槌命で、安古祖父大明神とも称していた。創建は不詳であるが、近世は別当である妙行院の支配を受けていた。古くは参道が北の涸沼川の方を向いていたという話もある。また、境内社の中には八幡神社がある。

　台地の縁辺部を通ってきた直線道は微高地に下りていき、塚原古墳群内の山倉神社古墳（四号墳）の東側を通っていく。

この古墳の墳丘上には山倉神社が鎮座している。祭神は伊邪那岐命・伊邪那美命・須佐之男命・猿田彦命で、創建は不詳である。

　塚原古墳群と一部重なるが、涸沼川右岸の微高地上には東平遺跡がある。遺跡は東西約五〇〇メートル、南北約五〇〇メートルと広い範囲に及んでいる。直線道は遺跡の中、中央からやや西寄りを突き抜けて涸沼川の堤防まで通っており、涸沼川の渡河点に至る（写真4）。この東平遺跡が安侯駅家跡と推定されている遺跡である。

　平成十一年（一九九九）と翌十二年（二〇〇〇）に、遺跡の一部が岩間町教育委員会によって発掘調査された(4)(5)。調査の結果、直線道をはさんで左、西側からは安侯駅家の施設跡の一部と考えられる版築を伴う礎石建物跡や掘立柱建物跡が、右、東側からは駅家の周辺集落跡の一部と考えられる竪穴住居跡が確認された。

　出土した遺物は、土師器・須恵器・灰釉陶器・円面硯・紡錘車・砥石・鉄鏃・釘・鎹・炭化米などで、八世紀前半から十世紀前半にかけてのものである。その他、中世の遺物としては、ロクロかわらけ・内耳鍋などがある。

　安侯駅家は常陸国府から北、陸奥国に向かって駅路を進んできた際、最初の駅家である。『続日本紀』や『常陸国風土記』には安侯駅家の記述がみられないが、それより以北の駅家の記述があることから、養老年間(七一七〜二四)以前に設置されたことは明らかである。

　その後、承和七年(八四〇)に編纂された『日本後紀』によると、安侯駅家は弘仁三年(八一二)に廃止された。しかし、延喜五年(九〇五)から編纂が始まり、康保四年(九六七)に施行された『延喜式』によると、安侯駅家には駅馬二疋を配置することになっていた。つまり、安侯駅家は一度廃止された後、再び設置されたのである。

　この東平遺跡の付近一帯には、源義家の五万の軍勢が奥州から帰る際にこの地に住んでいた「東長者(持丸長者・朝日長者)」を焼き討ちして滅ぼしたという「義家・長者伝説」が残されている。

　下安居には直線道が通っていないが、歴史的な景観を紹介しておこう。

　下安居は貞享二年(一六八五)に安居村が上下に分村した際、東側つまり涸沼川の下流にあったほうの村で、安居全体の親村とされる。安古祖父神社と東側の谷津田を隔てた台地の先端部には妙行院が建立されている。妙行院は案智山妙行院法音寺と称する天台宗の寺院で、本尊は阿弥陀如来である。寛永九年(一六三二)に光慶が堀之内の屋敷内に開山し、初めは明性院と称していた。四世祐存の代の貞享三年(一六八六)、現在地に移して妙行院と改めた。

　妙行院と東側の谷津田を隔てた台地の下、微高地上には下安居堀之内館跡がある(写真5)。中心部は東西約一〇〇メートル、南北約八〇メートルで、土塁と空堀に囲まれた方形館の形状をしており、さらに南側にも南北に土塁が延びる。現在でも館跡一帯を「堀之内」と呼んでおり、宿の小字名を残してい

写真5　下安居堀之内館跡

る。この下安居堀之内館跡は在地領主の館跡と考えられる。館跡の周辺には下安居遺跡・池下遺跡・新屋遺跡など中世の遺跡が広がっており、常滑壺・ロクロかわらけ・内耳鍋などが採集されている。また、永享七年(一四三五)の「常陸国富有人注文写」によると、「阿子郷」には「平内三郎」なる富有人が存在していたことがわかる。安居は街道と涸沼川の両方と結びつくことによって繁栄した拠点村落であったものと思われる。

◈涸沼川を越えて

涸沼川を越えると水田地帯が広がる。明治時代の地図によると直線道はその中を通っているが、圃場整備によって現在はその痕跡を確認することができない。その道は笠間市長兎路と仁古田の大字境になっており、硬く締まっていたということである。

直線道は台地の突端までくると切り通し状になって台地上に上がっていき、枝折川まで長兎路と仁古田の大字境を進んでいく。直線道の左、西側が長兎路で、右、東側が仁古田である。長兎路・仁古田どちらにも五万堀の小字名があり、この直線道のことを「五万堀」、あるいは「五万堀古道」と呼んでいる。

平成十年から十一年(一九九八~九九)にかけて、この台地上を通る五万堀古道の一部、二八〇メートル分が茨城県教育財団によって発掘調査された。(6)

調査の結果、両側に側溝を伴う大規模な直線道の跡が確認された。道幅は約一一メートルから六メートルで、主軸方向は北から東に約三五度ふれている。巴川から涸沼川間の主軸方向は北から東に約三三度と推定されることから、涸沼川の渡河点で方向が若干東にふれたということになる。

出土した遺物は、土師器・須恵器・灰釉陶器・鉄鏃などで、七世紀後半から十世紀前半にかけてのものである。この道は調査直前まで使用されていたため、現代の路面から古代の路面までの間には上から下に、近代・近世・中世の道があったはずである。

実際の調査では古代の道跡よりも上の土層中に道跡を確認することはできたが、それを面的に調査したり、詳細な時期を特定したりすることはできなかった。したがって、中世の道跡を調査した成果として言えるわけではないが、古代よりも道幅が狭くて側溝が明確ではないことは認められた。出土した中世の遺物としては、瀬戸美濃天目茶碗・ロクロかわらけ・明道元寶などがある。

ちなみに、貞享三年(一六八六)の「常州茨城郡宍戸村長兎路村并柏井村他四箇村裁許絵図」には涸沼川の左岸から長兎路と仁古田の大字境を北東に進む直線道が描かれている(7)。特に、台地の北側半分の直線道は堀状に描かれており、脇に「五万堀」の表記が見られる。この絵図によって、貞享三年にはすでに切り通し状の道を「五万堀」と呼んでいたことがわかり、義家の五万の軍勢がこの道を通って奥州に向かったという「義家伝説」が当時からすでに語られていたと考えられる。さらに、この道には源頼朝も奥州侵攻に使ったという伝承とともに「頼朝様道」の呼称も伝えられてきた。

五万堀古道の左、西側の長兎路の歴史的景観について述べてみよう(8)。

涸沼川左岸の台地の先端部には長兎路城跡がある。水田に面する南側は切り岸状の崖になっており、西側は谷津が奥まで入り込んでいる。台地に続く東側から北側にかけては土塁と空堀がL字形にめぐらされている。この長兎路城は初め宍戸氏の出城、後に江戸氏の出城であったとされ、文禄元年(一五九二)に廃城になったといわれる。翌二年(一五九三)、城跡西側の字三島に時宗の玄中寺が再興されたが、明治二年(一八六九)に廃寺となった。

集落北側の字明神には旧村社の二所神社が鎮座している(写真6)。祭神は天鈿女命・大山祇命で、元は鈴大明神と称していた。創建は応永年間(一三九四〜一四二八)と伝えられ、長兎路城東側の字古明神に鎮座していた。享保元年(一七一六)、現在地に遷座し、明治六年(一八七三)、字三島に鎮座していた三島神社を合祀して二所神社と改称した。

写真6　二所神社

長堀橋を渡って常磐高速道路を東側に越えたあたり一帯を「塔

写真7　於伊都岐神社

頭」と呼んでおり、整備された霊園がある。元々「塔頭の墓地」と呼ばれた古くからの墓地で、中世の五輪塔・宝篋印塔などを含む石塔類が多数集められており、常滑壺・ロクロかわらけなどが採集されている。

塔頭の東側の字久保には径五メートル前後、高さ〇・六メートル前後の塚が五基南東方向へ一列に並んだ久保塚群があり、五万堀古道と同時期に調査された(9)。その結果、塚群の南西側から平行して走る溝跡が三条確認された。溝の底面や覆土の中には硬く締まったところもあったことから、この溝は道としても使用されていたものと思われる。時期は近世と考えられるが、中世の陶器や土師質土器も出土している。久保塚群は境界を示した標識として構築されたものなのか、地域の人たちの信仰のために構築されたものなのかはわからないが、これらの塚と溝の遺構群は関連があると考えられる。

五万堀古道の右、東側の仁古田の歴史的景観について述べてみよう。

涸沼川と枝折川が合流する台地の先端部には、市杵島姫命・倉稲魂命・誉田別命を祭神とする旧村社の於伊都岐神社が鎮座している(写真7)。創建は不詳であるが、明治六年(一八七三)、字戸羽に鎮座していた稲荷神社と、字高房に鎮座していた八幡神社を合祀したものである。長兎路と仁古田の大字境を進んできた五万堀古道は、A地点より先、県道石岡城里線と同じルートになる。

枝折川を渡った五万堀古道は、柏井を抜けてそのまま県道と一体化しながら北東に進む。古道の左手には向原塚群と仲丸塚がある。向原塚群は、径約七メートル前後、高さ一・一メートル前後の塚が二基並んでおり、五万堀古道と同じ時期に調査された(10)。その結果、一号塚の下から埋納孔が確認され、蔵骨器と思われる十六世紀代の在地(真壁)産の甕が出土した。向原塚群はそのころ構築された墳墓群と考えられる。もう一つの仲丸塚は、径約六メートル、高さ約一・一メートルで同じ時期に調査され、五輪塔・ロクロかわらけ・永楽通寶が出土した。(11) 仲丸塚は中世の供養塚と考えられる。

　集落の南側には旧村社の加志能為神社が鎮座している(写真8)。祭神は弥都波能売命・鳴雷神で、元は神水「鹿の井」により鹿の井大明神と称していた。創建は承久三年(一二二一)と伝えられ、親鸞が鹿島神宮の分霊を勧請したことに始まるとされる。加志能為神社の北には真言宗の南蔵院があり、現在観音堂が残っている。神社と観音堂の間にはかつて「親鸞上人袈裟掛の松」といわれる松があった。

写真8　加志能為神社

　県道石岡常北線と一体化した直線道は、水戸市鯉渕の播田実まで進み、その後は県道と分かれ、所々に残る直線道をつなぎながら水戸市渡里町まで北東方向へ進んでいく。この渡里町の台渡里の付近一帯には、義家の十万の軍勢が奥州から帰る際にこの地に住んでいた「一盛長者(一守長者)」を焼き討ちして滅ぼしたという「義家・長者伝説」が残されている。

(大関　武)

註

(1) 大関武「常陸における古代の道と駅—五万堀古道と東平遺跡を中心に—」(『菟玖波—川井正一・齋藤弘道・佐藤正好先生還暦記念論集—』二〇〇七年)。

(2) 旧美野里部町域については、『美野里町史　上巻』、『美野里町史　下巻』を参照。

(3) 旧岩間町域については、『図説　岩間の歴史—合併35周年記念誌—』、『岩間町史』を参照。

(4) 黒沢彰哉他「岩間町東平遺跡発掘調査報告」(『婆良岐考古』第22号、二〇〇〇年)。

(5) 岩間町教育委員会編『東平遺跡発掘調査報告書—推定安侯駅家跡—』。

(6) 茨城県教育財団編『仲丸遺跡・久保塚群・五万堀古道・向原遺跡・向原塚群・前原塚遺跡・仲丸塚—総合流通センター整備事業地内埋蔵文化財調査報告書—』(茨城県教育財団文化財調査報告第一六二集)。

（7）上高津貝塚ふるさと歴史の広場編『古代のみち―常陸を通る東海道駅路―』（二〇一三年）。
（8）旧友部町域については、『友部町史』を参照。
（9）前掲註（6）に同じ。
（10）前掲註（6）に同じ。
（11）前掲註（6）に同じ。

筑波山南麓の東西道

■土浦市■

1 概況

常陸国府より北に向かって走る五万堀古道とは別に、筑波山の南麓を西に向かう一本の古道があった。土浦市の旧新治村域を通る鎌倉街道とされる道である。

この道は史料上で確認できるわけではなく、『図説新治村史』[1]（以下『新治村史』と略す）と『図説土浦の歴史』[2]（以下『土浦の歴史』と略す）に採録・検討されているのみであるが、後述するように地域内の重要拠点である常陸国府と小田城跡を結ぶ街道の一部であったと位置づけることができ、鎌倉街道と呼ぶに相応しい道であったと考えられる。

なお、この道については別稿で述べたことがあり[3]、本章は前稿を再編集したもので、論旨に大きな変更はないが、発表後に触れた論考や、ご教示により修正・補強をしている。また、この道は、本書論考編の拙稿「小田城と常陸の中世道」とも関連しているので、合わせて参照いただきたい。

2 道筋と歴史的景観

筑波山南麓の鎌倉街道は、『土浦の歴史』でも述べられている通り、その路線の一部のみが残されている状態であると考えられるが、ここではひとまず採録された路線の西端から東端へ向かうことにしよう。

◆小高から粟野町へ

『新治村史』『土浦の歴史』ともに鎌倉街道は小高館跡（小高古居屋敷）付近から始まるとされている。この小高館跡の正確な場所は不明で、遺跡地図にも登録されていないが、『新治村史』では現在の小高集落の西にある台地上にあったと推測している。その台地から谷津を挟んだ南側に鎌倉街道とされる古道がある。その道沿いに中世の石塔部材が残された場所があり（写真1）、なかには十四〜十五世紀代の五輪塔空風輪も確認できる。ここに中世の小堂があったものと考えられ、北約一〇〇メートルに所在する古墳の名称が小高熊野塚古墳であることと合わせて、宗教的な景観がうかがえる。

　この小堂跡から東へ畑地中の農道を進むと田宮辻屋敷遺跡がある。遺跡名からも推測されるように、ここは鎌倉街道（東西道）と南北道とが交差する地点で、[4]周辺からは咸淳元宝（一二六五年初鋳）を最新銭とする七〇〇〇枚を超える古銭や、「清冷院」の箆書のある平瓦や石塔部材、火葬蔵骨器、さらには東西十数メートルに延びる敷石状遺構（鎌倉街道に関連するか？）などが出土している。こうした出土遺物・遺構や、村々の境を接する境界の場であることなどから、当地が特異な空間であったことが指摘されている。[5]また、この交差点の約五〇〇メートル南に田宮集落がある。この集落は中世文書にみえる「田宮郷（宿）」である。[6]田宮郷（宿）は中世常陸の宿の様相に迫ることができる貴重な事例であり、先学によりいくつかの論考が発表されている。[7]それらの成果によると、田宮郷（宿）は鎌倉時代後期には成立していたと考えられ、東西道・南北道が交差する場所付近には市の存在も想定されている。

写真１　小堂跡

　田宮辻屋敷遺跡から東は現道が一旦途切れるが、街道は新治小学校の南側を通る道へ接続し、畑地や大畑新田の集落内を通過して小山崎十三塚のある五差路を北東へ進み、道知の集落北側へ至る。この先は谷津を一つ越えて粟野町へ入るが、現在周辺はテクノパーク土浦北工業団地になっているため、様相は全く不明である。『土浦の歴史』ではその先も少し示されているが、模式的な図で詳細は分からない。おそらく土浦市とかすみがうら市の境を通って天の川を渡ると想定していると思われる。

　以上、六キロメートルほどの路線が鎌倉街道とされるものである。しかし、路線上には特筆すべき寺社や文化財は少ない。また、前後のつながりや役割も不明瞭で、どことどこを結ぶ道なのか分からない。そこで、東西それぞれの延長部を推定することで、この鎌倉街道を可能な限り地域の中に位置づけてみたい。

◈東側の路線推定

先に見たように粟野町から東の路線は不明瞭となる。『土浦の歴史』では天の川を渡り、かすみがうら市中佐谷を経て北東へ向かう、現在の常磐自動車道のような道筋を想定しているようである。常陸国府へ向かうものと思われるが、天の川を渡河した先に古道の痕跡は少なく復元が困難で、直線的に常陸国府へ向かうにはいくつかの河川や谷津を渡る必要がある。また、現在の県道つくば千代田線のような路線を通る場合は、古代・中世の寺院跡である下佐谷廃寺(8)や、源義家伝説の残る四万騎原などが近くに存在するが、やや迂回的となる。常陸国府へ至る詳細な路線推定は今後の課題としたい。

他方、それとは別の路線も検討しておきたい。それは粟野町の手前、小山崎十三塚のある五差路から始まる。この五差路を北東ではなく東へ進むと、常磐自動車道をくぐり、高速道路の側道と交差する。この交差点は古代・中世から近世にかけての道路がいくつか交わる重要な地点であると筆者は考えており、周囲の地名から「道知(どうち)の辻」と仮称している。この辻を通過する道の一つに、古代の河内郡衙(つくば市金田に所在)と常陸国府とを結ぶルートがあり、鎌倉街道は道知の辻以東、この古代道を踏襲した道を通るものと考えている(9)。

その路線上を見ていくと、辻から八〇〇メートルほど進んだところに「馬立(まだち)」という集落がある(10)。ここには源義家に関する地名伝説が二つあり、一つは義家の馬が「タタラ」を踏んだとされ名づけられた「タタライ」、二つめは馬の轡を掛けたとされる松があった場所に付けられた「くつ掛」である(11)。馬立の先には上稲吉の集落があるが、その少し手前に古道痕跡の可能性がある地形がある(写真2)。その痕跡は雑木林の中に長さ一〇〇メートルほど残存しており、断面形状は中央の道路部分がややくぼみ、左右がやや高くなる形で、上幅は約四~五メートル、下幅は二メートルほどである。この古道痕跡は途中で消えてなくなるが、上稲吉集落を挟んだ東側には須賀神社があり、その参道と軸方向を同じくする。おそらくこの参道は古道を踏襲したものと思われ、神社裏の畑地にも同一方向の土地区画が見える。

須賀神社から東は現在も道路があり、後庵城跡という方形居館の南を通過する。その先には谷津へ下りる切り通し状の道があり、これも痕跡の可能性がある。谷津を越えて台地へ上がると下稲吉集落へ至るが、この付近には明瞭な鎌倉街道の痕跡は見出せない。おそらく下稲吉集落は近世水戸道中の宿場として栄えた場所であり、その後も国道六号線が通過するなどの影響もあって地形の改変が進んだためであろう。なお、稲吉という地名の由来としてヤマトタケルの伝説が伝わっている[12]。

下稲吉集落を過ぎた東側では一部、谷津をよけるためにやや北へ膨らむ部分があるが、直線的な路線を追うことができ、果樹園内の農道を通って古東海道駅路[13]と合流する。そこには塚が築かれており、近世の石仏（道標）がいくつか置かれている（写真3）。そのうちの一つ、寛政元年（一七八九）銘の二十三夜塔が道標を兼ねており、そこには「右いなよし（稲吉）つちうら（土浦）」「左かんたつ（神立）ての（手野）」と刻まれている。つまり北（石岡方面）から見て右（筆者推定の鎌倉街道）が稲吉・土浦方面で、左（古東海道駅路）が神立・手野方面、と

写真２　古道の痕跡

写真３　道　標
（手前の車道が東海道、右奥の農道が鎌倉街道）

いうことである。これにより少なくとも近世には、この道標から稲吉宿への道が機能していたことがうかがえよう。古東海道駅路と合流して以後は、北の常陸国府へ向かうこととなる。東側の路線推定はここまでである。

◆西側の路線推定

次に、鎌倉街道が始まるとされる小高館跡付近まで戻って、そこから西側の路線を推定しよう。鎌倉街道の西側は別の古道と接続（分岐）しているという。この古道を『新治村史』では「はなだて街道」、『土浦の歴史』では「坂東街

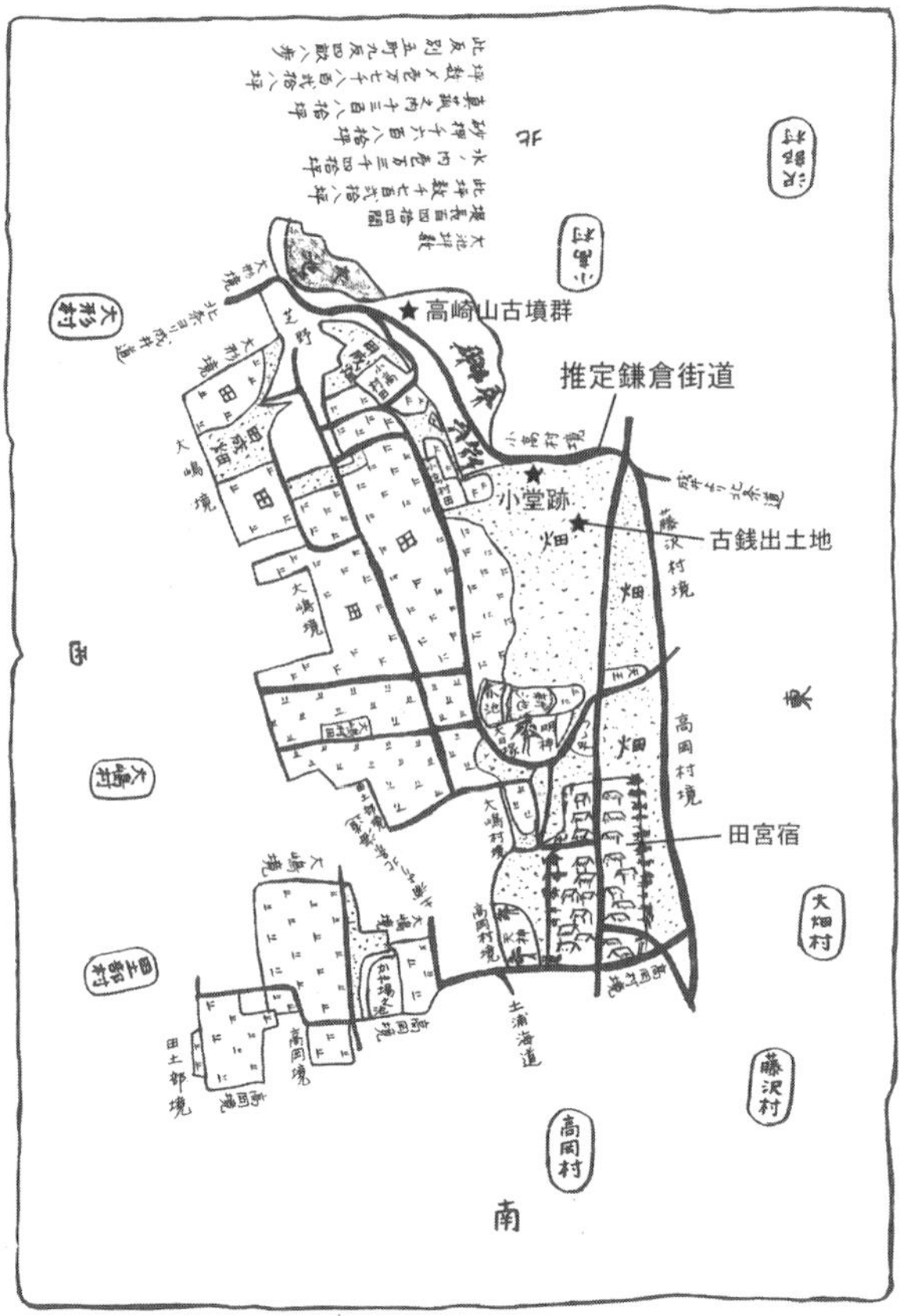

図１（註４新治村史編纂室文献から加筆して転載）

写真４　鎌倉街道の様子

道」と呼んでいるが、詳細な解説はされていない。そこで具体的な路線を推定してみたい。

小高館跡の南の小堂跡脇を通過する道は、谷津をよけるためにやや屈曲したあと切り通し状の道を下り、狭い舌状台地の上を北西へ進む。この付近の路線は非常に良好な状態で残されている（写真4）。台地の先端部には高崎山古墳群が築かれており、一部発掘調査が行われている。[14] 調査では古墳の南を通る道が二条発掘されており（1号道・2号道）、1号道の方は詳細が良くわからないが、2号道は幅広の浅い溝状の遺構で、長さ四二メートルが検出されている。2号道の幅は約三・六～六・二メートル（図2）、底面に細い溝が三条平行して刻まれており、側溝の可能性もあるがはっきりしていない。溝間の幅は一定ではないが、二～四メートル程度である。報告書では底面から刀の鍔と銅

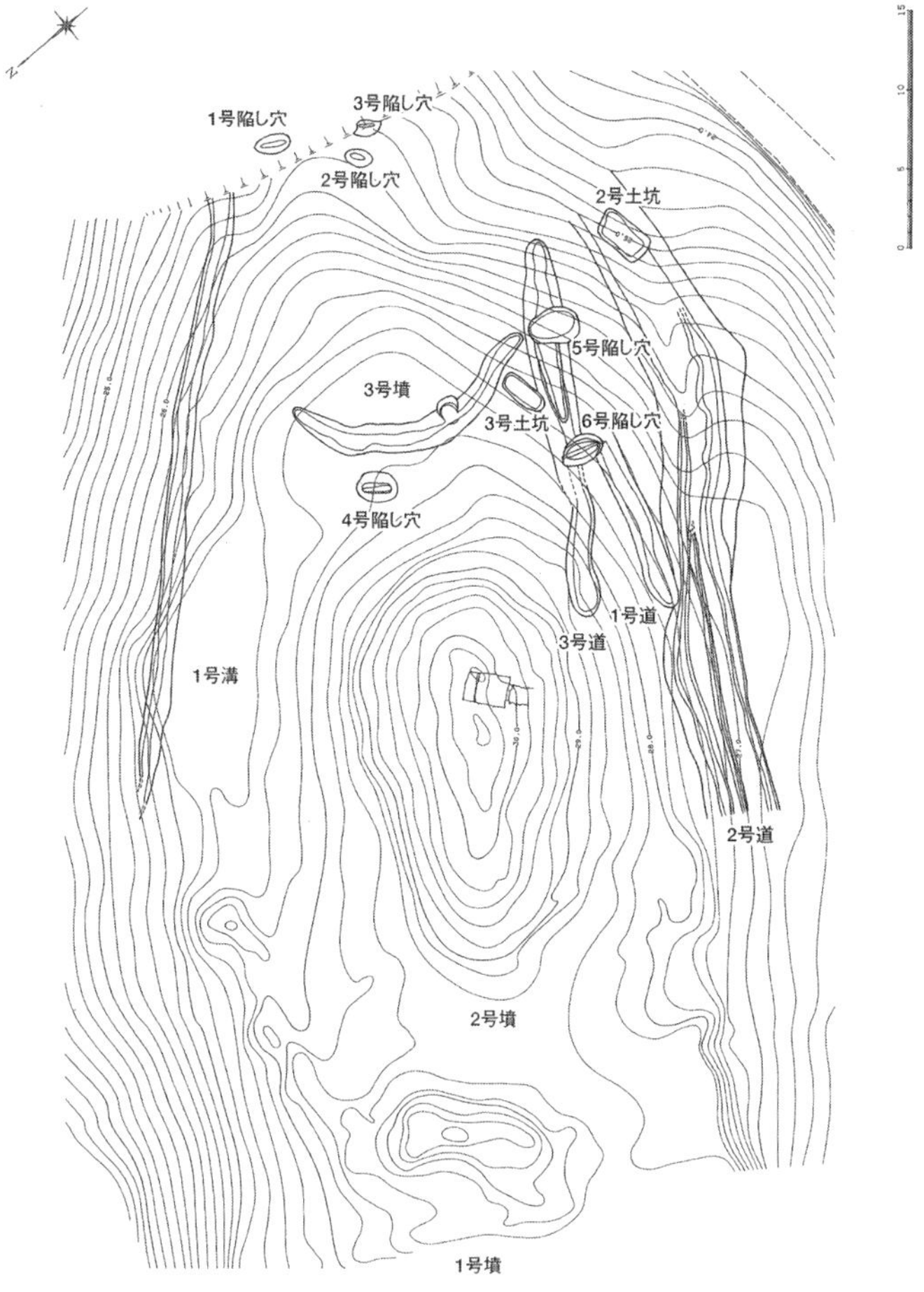

図2（註14文献から転載）

写真5　堤上の道1

写真6　堤上の道2

銭が出土しているとあるが、刀の鍔については他に記述がなく詳細不明、銅銭は寛永通宝・文久通宝六点が記載されているが、このうち、どれのことなのか、あるいは別のものなのか、これも記載がなく不明である。ただ、遺構に伴わない遺物ではあるが、道周辺から中世後半期のかわらけが六点出土している。報告書中では2号道について、「明治期の迅速図に載っており近代まで機能していた道跡」と考えている。以上のように詳細はやや不明瞭ながら、位置・方向から見てこの2号道が鎌倉街道に当たると考えたい。検出された遺構の時期は厳密にいつのものかは決定しがたいが、かわらけの出土をみると少なくとも中世後半期から近世にかけて使用されていたとみなせるだろうか。

　高崎山古墳群のある台地を下りると溜池が二つ見える。この溜池は迅速測図にも載っていて、谷津田の端部を堤で堰き止めて作られており、道は堤の上を通っていたものと思われる。ただ、堤は東の池と西の池の境部分(写真5)と、西池の南側部分(写真6)の二ヶ所にあり、どちらを通ったか判断は難しい[15]。その先は、大形集落[16]を抜け小田城跡へ至る。小田城跡は常陸南部の有力御家人であった小田氏の居城である。

　以上のように、筑波山南麓の鎌倉街道は伝承された路線を東西に延長することで、常陸国府と小田城跡を結ぶ街道であったことが推定できた。これにより筆者はこのルートを「鎌倉街道小田城線」と呼んでいる。また、前述の「田宮村絵図」には「成井より北条道」との注記もあるように、この街道は小田城跡で終わるものではなく、その先（北西）の北条へ、さらには下野方面へと通じていた主要な街道の一部であったと考えられよう(17)。

（越田真太郎）

註

（1）『図説新治村史』（新治村教育委員会、一九八六年）。

（2）『図説土浦の歴史』（土浦市教育委員会、一九九一年）。

（3）越田真太郎「常陸南部の古代・中世交通路」（『茨城県考古学協会誌』二五、二〇一三年）、「筑波山南麓の鎌倉街道」（茨城県歴史の道調査事業報告書中世編『鎌倉街道と中世の道』二〇一五年）。

（4）この南北道の北には東城寺（朝望山東光院。天台宗。延暦年間、最仙の開基という。平安中期の薬師三尊像を所蔵し、寺背の山中からは保安三年（一一二二）、天治元年（一一二四）銘の経筒が出土している）や清滝寺（南明山慈眼院。真言宗。坂東三十三箇所第二六番札所）があり、南には法雲寺（大雄山。臨済宗。復庵宗己により文和三年（一三五四）開基）などがある。前掲註（1）文献、『茨城県史　原始古代編』（茨城県史編集委員会、一九八五年）、『茨城県史　中世編』（茨城県史編集委員会、一九八六年）。また、元禄十二年（一七二二）の「田宮村絵図」（図1）が残されており、その絵図には本章で鎌倉街道として述べている道（東西道）や、南北道が描かれている（『新治村史　史料集』第三篇、新治村史編纂室、一九八四年）。東西道には「成井より北条道」との注記があり、成井は現かすみがうら市西成井、北条は現つくば市北条を示していると思われる。

（5）内山俊身「埋められなかった中世一括埋納銭—産屋・境界・銭について—」（『茨城史林』二二、一九九八年）。

（6）『茨城県史料　中世編Ⅰ』（茨城県史編さん中世部会、一九七〇年）所収「法雲寺荘主寮年貢納目録」。

（7）前掲註（5）文献、永原慶二「法雲寺荘主寮年貢納目録について—室町期の村落構造と農民経済解明のためのノート—」（『茨城県史研究』二二、一九七二年）、高橋裕文「中世東国の宿の構造と検断職—常陸国新治郡田宮宿を中心に—」（『地方史研究』三六八、二〇一四年）など。また、道路建設に伴って宿の南端部分が発掘調査され、宿を囲む堀の一部から中世後半期のかわらけや古瀬戸底卸目皿が出土している。隣接する別の堀からは十三世紀後葉〜十四世紀前半代のかわらけも出土している（斎藤弘道『茨城県教育

財団文化財調査報告第57集　田宮古墳群』財団法人茨城県教育財団、一九九〇年、比毛君男「土浦市域の中世土器様相」『土浦市立博物館紀要』一九、二〇〇九年)。

(8) 橋場君男・桃崎祐輔「常陸南部における中世瓦の検討―新資料の紹介を中心として―」(『婆良岐考古』一七、一九九五年)。

(9) 前掲註(3)文献参照。また、前述の「田宮村絵図」に注記された「成井(かすみがうら市西成井)」はこの道知の辻から分かれ東へ延びる道の先にあり、その痕跡は現在も残っている。

(10) 同じ字を書いて「またて」と読む地名が、栃木県矢板市豊田の「将軍塚」と呼ばれる独立丘付近にあるという。地元では馬立は馬館で、馬小屋を意味しているという(木本雅康『古代官道の歴史地理』同成社、二〇一一年)。

(11) 千葉隆司「かすみがうら市の鎌倉街道」(茨城県歴史の道調査事業報告書中世編『鎌倉街道と中世の道』二〇一五年)。本書資料編掲載千葉論文参照。

(12) 仲田安夫『千代田村の昔話』(崙書房、一九七九年)。

(13) この古東海道駅路もほぼ同様の路線が中世において鎌倉街道として認識されていたと推測されている。前掲註(11)文献、木下良「常陸国古代駅路に関する一考察―直線的計画古道跡の検出を主として―」(『国学院雑誌』八五―一、一九八四年)、堀部猛『古代のみち―常陸を通る東海道駅路―』(上高津貝塚ふるさと歴史の広場第12回特別展展示図録、二〇一三年)。

(14) 平岡和夫『高崎山古墳群西支群　第2号墳・第3号墳発掘調査報告書』(新治村教育委員会、二〇〇一年)。

(15) 「田宮村絵図」には東の溜池のみ描かれ、西の溜池は描かれていない(隣村のため描かれていないのか、当時はなかったのかは不明)が、道は西の溜池の南側を通るような場所に描かれている。

(16) 大形集落内にある鹿島神社にはヤマトタケルの伝承が残されている(仲田『筑波町の昔ばなし』下、筑波書林、一九八五年)。

(17) 文中では触れられなかったが、この街道の一部は別の鎌倉街道とも関連している。詳細は前掲註(11)文献参照。

下野国と奥大道をつなぐ小栗への道

■桜川市・筑西市■

薬師堂・長徳寺跡
(多田満仲供養塔)
小山寺
富谷城跡
大雲寺
高尾神社
城跡
桜川市
狐塚古墳
長辺寺山古墳
今宮神社
満願寺
白山神社
虎丸橋
元岩瀬
桜川市
大川
岩瀬城跡
桜川
日比谷稲荷
大神宮
市神
鍬田神社
結城街道
結城街道
水戸街道踏切
羽黒宿（下町）
宿
羽
足利橋
青木堰
鎌倉街道A
追分石
犬田神社
青柳熊野神社
香取神社
琵琶塚
羽田街道踏切
城街道
上宿
鎌倉街道D
御霊様
八剣神社
中郡庄司坐像
二本木橋
杉木戸
青木神社
犬田神社前遺跡
海道下
爪黒神社
街道A
道標
鎌倉街道B
法蔵院
大神田
古墳群
西山
館野家
橋本城跡
踏切
鎌倉街道C
境
薬王寺
真壁街道
羽田神社
大道
大道上
雨引山楽法寺
桜川市役所
大和庁舎
白山神社
雷神社
阿部田道
堀内
八幡神社
(真壁八幡)
弦巻塚
矢ノ根塚
1
2
3
0
1500m

高田専修寺
真岡市
根小屋
関下
浦山
小栗寺山遺跡
小栗城跡
内外大神宮
堀内
稲荷宿
田谷橋
大渡戸
太郎丸
上熊野
一向寺
熊野
河原宿
下熊野
西の坊
西城戸
下小栗
西館
東城戸
西光寺
御殿内遺跡
亥の馬場
辻堂
尾崎舘野
西前地
東前地
東御前
筑西市
鎌倉街道 A
（伝・鎌倉海道）
太陽寺跡
古舘
鎌倉
鎌倉
真壁台地
台原
新治廃寺
新治郡衙跡
小栗道
坂戸城跡
宿
満願寺
白
荒宿
元向寺
妙法寺
金谷遺跡
鎌倉街道 A2
結城街道
中泉観音堂
二本木
鎌倉街道 A
烏山街道踏切
川澄くまんどう遺跡
向川澄
1
2
3
0
1500m

1　概況

筑波山の南麓を走る「鎌倉街道小田城線」（前章からの道筋）は、小田城より北西に向きをかえて、筑波山の裾野をはうように北条から真壁を通り抜け、そして岩瀬・小栗にもつながってゆく。小田城から真壁に至る具体的なルートは明らかではないが、永禄十二年（一五六九）の手這坂合戦《てばいさかかっせん》を記した「佐竹家旧記」（東京大学史料編纂所所蔵）は、小田軍と対戦した真壁軍およそ千人が、筑波山麓の西から南を行軍し、小田城に攻め入る様子を記している。その記事は近世後期の佐竹家が編纂した伝承ではあるが、中世の筑波山麓南部から西部に広がっていた幹線ルートの存在をうかがわせるものである。

現在の茨城県西部、桜川市と筑西市にある鎌倉街道の東西二路線（図版A、B道）、南北二路線（図版C、D道）も、そうした筑波山麓のルート上にある。この地域は、常陸国と下野国との国境にも位置し、新治郡衙跡や新治廃寺（筑西市）がおかれた、古代新治郡の中心地域であった。新治郡の古代道としては、新治郡衙と真壁郡衙をつなぐ伝路「小栗道」があり、その道筋を南東方向に向かっていけば常陸国府へと達する。当時の常陸国府には東海道が通じており、小栗道を北進すると下野国の東山道へ向かうことができた。小栗道は、東山道と東海道をつなぐ道なのである。

このように、当地域は古代から交通上の要地だったが、中世においても、鎌倉街道と他の中世道（枝道）による交通網が整備された[1]。道路網の交差点付近では、城館や町場も成立した。

鎌倉街道の成立年代は定かでないが、周辺の集落遺跡からみて、中世前期以前の成立を考えたい。犬田神社前遺跡（桜川市犬田）では、十一世紀〜中世前期に集落が成立し、金谷遺跡（桜川市西飯岡）では、十三〜十四世紀になると金属加工の職能民が集住する。そして、二つの集落は中世末期まで存続していた[2]。

当地域の中世の武家としては、中郡荘の大中臣氏系・中郡氏（桜川市岩瀬地区）、真壁荘の常陸平氏・真壁氏（桜川市大和・真壁地区）、小栗御厨の常陸平氏・小栗氏（筑西市小栗）などがいた。

そのなかでも中郡荘の中郡氏は、源義家や源義朝の家人で、(3)鎌倉幕府では御家人となった(『吾妻鏡』)。その支配地域は、下野・常陸国境に位置する重要地であり、東西・南北の鎌倉街道が整備されている。

この中郡荘にあった鎌倉街道沿いには、茨城県の中世史を語るうえで、とても重要な景観が残されている。

平安~中世前期では、源頼義・義家の社寺参拝伝承の他、治承四年(一一八〇)の金砂合戦の際、源頼朝が佐竹氏を攻めた後に滞在した「小栗御厨八田館」に比定される「御殿内遺跡」(筑西市小栗)がある。

中世後期では、永享十二年(一四四〇)の結城合戦に際して、足利安王丸が願文を奉じた鴨大神御子神主玉神社(桜川市加茂部)、合戦の挙兵地と推定される中郡木所城(桜川市上城・橋本城跡)などがある。

これらの事件と関わるのは、東西道の小栗・羽黒線(仮称　鎌倉街道A道)である。その道筋は、中郡荘と小栗御厨の中心域を、約一五キロメートルにわたって延び、金砂合戦後の源頼朝が、常陸国府から「便路を以て」入御した「小栗御厨八田館」(『吾妻鏡』)に向かう「便路」の可能性がある。国府からは、筑波山東麓を北上して板敷峠(石岡市)を越え、A道を西進する中郡荘の道が想定できる。ただし、「便路」は、筑波山南西麓を通る常陸平氏本宗家・多気氏領から小栗道を通る道も有力視されている(本書序論高橋論文)。

また、結城合戦挙兵地の中郡木所城から、結城へ向かう道もA道で小栗に達し、伊佐、結城へと行軍したと思われ、広域的な交通体系の一環となっている。

南北道では真壁氏の領域や主要道との関係が想定された。青木を基点とする青木・東飯田線(仮称　鎌倉街道C道)と青木・本木線(仮称　鎌倉街道D道)である。このC道とD道は中世真壁郡に通じており、青木から羽田、阿部田、東飯田へと延びる道筋は、中世真壁荘北部の集落群をつなぎ、「真壁八幡」と呼ばれる東飯田八幡神社に達する。D道は青木から本木へと延び、真壁街道(後述)と接続している。

このように、東西・南北の鎌倉街道があったが、その機能は常陸国と下野国、東北地方との広域的な交通を意識した道であったらしく、そのことを示唆する伝承も伝えられている。桜川市本郷の妙法寺にある『妙法寺由緒書』は、東西道のA道を「武総ヲ経テ奥羽へ達スルノ駅路」と記していた。(4)これは、下総国、武蔵国、東北へ通じた鎌倉街道中道との関連を示しているようだが、「奥羽へ達する」とした記述に注目すると、当地域は、鎌倉街道とその他の道によって、下野国から東北地方への道が整備されたと考えられる。

そうした鎌倉街道と交差して北へ延びる中世道の一例として「真壁街道」がある。道筋は、中世真壁荘内の主要集落を縫うように北進し、A道と交差した後、益子街道と名を変え、富谷から下野国へ延びる。

富谷は中郡荘のほぼ中央北部に位置し、小山寺(伝・行基創建・七三五年)の周辺は、古代から開発された地域であった。山裾を通る南北道は、益子、茂木方面を経て、東北へ通じていたであろう。このような南北道は古くからあったと考えられ、中世は奥大道の脇街道としての機能が考えられよう。A道の目的地が「奥羽」であるとの伝承は、東西・南北の鎌倉街道と中世道による広域的な交通体系から生じた可能性がある。

北へ向かう道筋の重要性をうかがわせるもう一つの伝承として伝・多田満仲供養塔も紹介したい。この供養塔は、源満仲が長徳二年(九九六)に創建したという長徳寺(天台宗・廃寺)に建てられていた石塔(石塔は後世に造立・移転)で、現在は薬師堂敷地に安置されている。その場所は、富谷山東裾から栃木県茂木町へと通じる道に面した、門毛地内の「凍坂」にある。周辺の地名や遺跡から、この道は中世以前からあったと考えられる。

多田満仲は、清和源氏の祖・源経基の子であり、源氏と当地域の古くからの関わりとともに、その場所が茂木方面への交通を掌握できる道に沿った位置にあることを重視したい。

鎌倉街道は、当然ながら流通・経済を支える基盤であるが、A道の小栗から西は、下野国の鎌倉街道中道に接続し、下野国の宇都宮や小山、下総国の結城などといった、関東地方を代表する町場があった。また、平安時代から経済活動が盛んで、武家の進出と台頭がいちじるしい東北地方とは、東山道や奥大道でつながり、(5)A道は東国の政治経済には欠かせない大動脈の一つと考えられる。

東北や下野国につながる小栗・羽黒線(A道)の沿線には、

他の道が接続する交点、いわゆる辻の分岐点付近に町場がつくられた。町場は鎌倉街道や他の中世道を軸になんらかの経済圏を形づくり、地域交流によって、町場は発展したと思われる。

当地域のなかで、中郡荘にあった犬田神社前遺跡は、そうした経済活動を伝える遺跡の好例である（論考編拙稿）。遺跡は真壁街道と小栗・犬田字大坪線（B道）の交わる「辻」付近にあった。ほかにも、中世の町場は、羽黒宿、富谷山下の宿、青木上宿、西飯岡の宿、小栗の河原宿など、いずれも鎌倉街道と交わる中世道の交差点や周辺に形成されている。詳細は、論考編拙稿を参照いただきたい。

2　道筋と歴史的景観

◈小栗の景観　小栗・羽黒線

小栗・羽黒線（A道）は、筑西市小栗地内西南部の御殿内遺跡付近から東方へ延びる道で、小栗から桜川市青木を経て、桜川市友部の羽黒宿に通じる。

この道の根拠となる史料は、『妙法寺由緒書』のほか「古郡村久地楽村裁許絵図」（正徳四年〔一七一四〕）があり、筑西市小栗字鎌倉付近の道を鎌倉海道とも記している。[6] また、明治時代の郷土資料『杉山私記』の青木村の項では「往古羽黒駅より当村を経て小栗駅」への「相州鎌倉街道」と記している。[7]

現代の小栗地域は、東の真壁台地や南の筑波台地からみると、一段下がる水田地帯で、大半が低湿地にみえる。しかし、この景観は明治四十五年の耕地整理以降のものである。『協和町史』によれば、ここは「協和台地」という低位台地上にあり、明治初期まで畑地が多かった。低位台地の基盤は、古鬼怒川の流路があった四万五千年前頃から、河川堆積物の砂利で形成された。分厚い砂利層は、強固な地盤と水はけのよさ、豊富な地下水をもたらし、小貝川の水流は水運を担ったであろう。

平安末期以降、伊勢神宮領の小栗御厨や小栗氏の拠点が形成された背景は、この好条件があった。鎌倉街道は、御殿内遺跡の南から、台地が最も広がるところを通って東に延び、道筋は旧小栗村と旧新治村の村境となった。なお、図版の路線は、明治期の迅速測図や旧村境で復元し、旧状に近い道路を実線で、推定部分を破線で示した。

御殿内遺跡は、鎌倉街道の北に接する城館跡で、先述のように源頼朝が滞在した「小栗十郎重成小栗御厨八田館」との説がある。(8)遺跡は周囲より一メートルほど高い地形が残り、『協和町史』の略測図等からその規模をみると、東西一二〇メートル、南北一八〇メートルほどあった。館跡は年代不詳だが、堀を方形に巡らし、その平面形は北辺が狭く屈曲部を持ち、南辺が広い台形状である。その特徴は、白石遺跡(水戸市)など、十四世紀から十五世紀頃の県内の例と類似している。

航空写真でみた小栗は、北から小栗城、稲荷宿、小栗の町場、御殿内遺跡が南北にならび、西辺に河道跡が認められる。小栗城から御殿内遺跡の南北地帯は、河道沿いに開発された水辺の都市的な場であろう。

御殿内遺跡周囲の小字は「東御前」「西前地」「東前地」「辻堂」、西に「亥の馬場」「長町」「尾崎館野」等が並ぶ。街道の南には井出海老沢の「古舘」、街道の北に広がる小栗の町場は「下小栗」を中心に「東城戸」「西城戸」「西館」「河原宿」がある。年代不詳だが、このあたりは複数の城館と関連施設が集中していた。宗教施設は、室町時代の小栗氏の菩提寺という太陽寺(曹洞宗・廃寺)や北の小字「西の坊」がある。太陽寺跡は、南北朝期の九重層塔と中世の五輪塔を伝えている(市指定文化財)。

以上から、御殿内遺跡周辺は、鎌倉街道と小貝川に面した協和台地西辺の拠点地区の一つと考えられる。

御殿内遺跡の北にある小栗の町場は、先述の小字以外に「上町」「仲町」等の町地名や、「大渡戸」「田谷橋」といった河川関連地名、熊野社の存在を想わせる「熊野」等がある。南北道を軸に形成された町場の宗教施設は、鎌倉時代創建、時衆・一向俊聖開基と伝わる一向寺と西光寺があり、一向寺には貞治三年(一三六四)銘の一尊種子板碑がある(市指定文化財)。

小貝川西岸の川澄地区には、小栗氏の一族、川澄氏の居館跡で熊野社があったという川澄くまんどう遺跡がある。遺跡からは、三村山極楽寺(つくば市)系の瓦(鎌倉時代)が出土しており、同系瓦が出土した小栗寺山遺跡との関連性がうかがえる。他に大字の太郎丸、向川澄なども、川澄地区の領主層や関係地を示す地名であろう。

さて、小栗の町場から東へ進めば、真壁台地の手前に小字鎌倉がある。その場所は台地に沿った低湿地で、南北に流れた古鬼怒川の河道跡とされる。街道の北側から山地にかけては「太郎丸」「堀内」「権現」「古屋敷」等、武家との関わりを想起させる小字がある。また、小字「浦山」中腹にあった先述の小栗寺山遺跡は鎌倉時代の寺院跡である。その西方は、大同元年以前創建を伝える内外大神宮や拠点城館の小栗城跡がみえる。このあたりは古墳群が点在し、台地上にあって古代に起源を持つ小栗道など、古代以前に開発された景観が目立つ。『協和町史』は、「堀内」を小栗氏居館と推定している。

◈上野原地新田から青木へ　小栗・羽黒線

鎌倉街道A道は、真壁台地の小栗字台原から東進し、桜川市の上野原地新田、中泉、長方から青木へ至る。

上野原地新田周辺は、近世の上野沼開発で改変され、道筋は不明だが、付近の伝承は妙法寺に残っていた。

桜川市本郷の妙法寺(延暦年間開山、天台宗)は戦国期に上野原地新田から移転した寺院である。『妙法寺由緒書』は、旧寺地の「上野原旧寺跡」について、台原にあった平将門の「牙堡」が天慶の兵火で焼けた際に延焼したと伝える。その場所は、上野原地新田西側の小栗字台原で、小栗道との交差点周辺と思われる。同由緒書は、この旧寺地西方の道について「西ノ方里人鎌倉街道ト云ウ」と記し、上野原地新田から小栗への鎌倉街道A道の伝承を記している。

中泉付近からは、鎌倉街道の北側に平行して結城街道が通っている。結城街道は近世・笠間藩の江戸参勤交代の道で、結城、小山を経て江戸へ向かった。

小栗・羽黒線は、結城街道古期ルート(元禄期)と一致する部分があり[9]、民俗調査[10]によれば、結城街道とは、鎌倉街道の付け替え道で、結城街道沿いの長方・中泉住民は本郷からの移住者と伝わる。

結城街道の中泉観音堂は由緒不明だが、延命観世音を祀り、天明八年(一七八八)の二十三夜供養塔、弘化三年(一八四六)の延命観世音碑等がある[11]。ここは、小栗の町場北部に向かう道と鎌倉街道の分岐点である。

中泉から東に進むと、長方南の山林に古道らしい景観が残り、付近の住民は、鎌倉街道の伝承を伝えている。伝承

写真１　鎌倉街道(長方南の古道)

地付近から北へ延びる南北道は、坂戸城下や鎌倉~戦国時代の集落跡「金谷遺跡」に達する道(Ａ2道)となっている。坂戸城と城下は鎌倉街道とつながっていた可能性がある。(12)

長方と青木境の桜川には二本木橋がかかるが、その由緒は不明である。

◆青木の分岐点　小栗・羽黒線と青木・犬田字大坪線

ＪＲ水戸線にある長方街道踏切(青木地内)を越えると、南北の分岐点がある。付近の小字は「杉木戸」と言い、青木上坪や上宿への木戸口を想起させる。この分岐点には、明治二十九年の道標を兼ねた石造の馬頭尊があり「右あまびき　かば山、左二本木」とある。

分岐点から南路線は、小栗・羽黒線から分岐した青木・犬田字大坪線(Ｂ道)である。道筋は青木の村社・青木神社門前を経て、二宮尊徳と青木堰設営に尽力した近世名主の館野勘右衛門宅付近を通り、犬田西山の尾根を越える。犬田西山では、南北道の青木・本木線と交差する。付近の大神田(おおかんだ)古墳群に面した路線は鎌倉道と呼ばれていた。(13)

大正四年の地形図「真壁」によれば、犬田西山から東の道は微高地を通り、現・県道つくば益子線付近で分岐し、犬田神社への道と犬田神社前遺跡の南辺を通る道に分かれていた。犬田神社は、もと香取神社で、大和武尊、平将門、源義家、佐竹氏の伝承があり、現社殿造営は笠間藩主・浅野長重と伝わる。明治六年に村内の八幡神社(創建文正元年・一四六六)を合祀し、犬田神社となった。犬田神社前遺跡は平安時代から戦国時代の集落跡で、方形竪穴、地下式坑等が多数出土し、はかりの錘「権」が出土した。ここは商業や流通にかかわる都市的な場と考えられる。遺跡南側に沿った現道が鎌倉街道だが、発掘によって幅六メートルほどの十五世紀以前の古道跡も出土した。これが古期の鎌倉街道で、現道は十六世紀に付け替えた新規の鎌倉街道と考えられる(14)。道筋は犬田の法蔵院北側の山道から山地へと延びる。伝承はないが、橋本城跡、上城、松田への山越え道を想定したい。

次に、青木の分岐点から北は、小栗・羽黒線（A道）の続きである。路線は青木集落を北上後、足利橋を通過し、鍬田で東へ折れ、JR水戸線に沿って岩瀬駅方面へ進む。途中の日比谷稲荷と平島医院南西付近の住民が、鎌倉街道の伝承を伝えている。

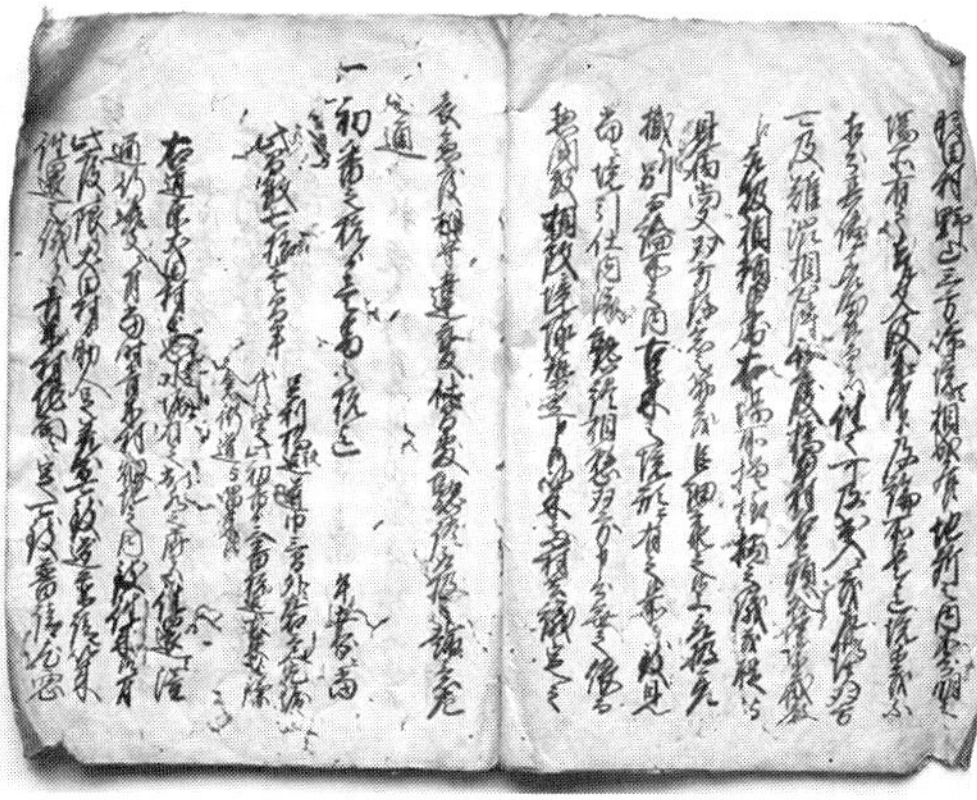

写真２　為取替議定書之事（仲田家文書）

足利橋付近の史料は、旧犬田村と青木村の間で交わされた「為取替議定書之事」（嘉永元年・一八四八）がある。同書は地境、水路、道路等の管理項目の一つとして鎌倉街道を記し、鎌倉街道と周辺施設の規模・構造を記す貴重なものである。同書では道幅は三間、足利橋は六枚石の橋であった。青木・本木線との分岐点にある「追分石」も記されている（『岩瀬町史』史料編）。

この足利橋は、足利氏が休息したという橋で、現在も橋と街道の分岐点、追分石の景観が残されている。また、橋から北へ向かい現道丁字路のやや南には、東へ伸びる細い道がある。この道は鍬田と犬田の大字境であり、これを鎌倉街道の道筋と推定した。東へ進むと近世・結城街道と合流し、付近には天明元年（一七八一）の二十三夜供養塔等がある。鎌倉街道は鍬田神社（由緒不詳）の南で結城街道と分かれ、犬田と岩瀬の大字の境を通る。途中、大神宮（創建室町時代・祭神大日霊貴命）へ向かう参道が分岐している。

さらに東進すると、真壁街道との交差点付近に、地区管理の日比谷稲荷が祭られている。北には結城街道と真壁街道の交差点があり、その東には、天保八年の二十三夜斎璽碑と「市の神」の箱型祠があって（明治時代）、周辺に市場があったことを想像させる。ここでも中泉・長方と同様、近世の結城街道の南を鎌倉街道が並走する状況をみることができる。

ＪＲ水戸線の岩瀬駅前を過ぎると、緩やかな坂道となり、岩瀬幼稚園の南で高台に上がった後、北へ曲がって低地に戻り、東へ曲がって青柳方面へと東進する。

◈青柳から友部へ　小栗・羽黒線

青柳地区のＪＲ水戸線・水戸街道踏切を越えると青柳の熊野神社に至る。水戸街道は桜川市の「大字水戸」から付された名称である。熊野神社は保元二年（一一五七）創建と伝わり、江戸時代には樹齢五〇〇年超の「青柳の糸桜」があった（現木は後年の植え替え）。熊野神社から上城の橋本城下へは、直線道から屈曲道となり、城下集落に沿う道筋となる。水戸地区の祭神・大和武尊、応永年中創立という八剣神社の東には上城地区の橋本城跡がみえる。

橋本城跡は吉所城との別称があり、応永十二年、太田伊勢守貞経の築城という。城跡は結城合戦の挙兵地、中郡木所城（「享徳四年筑波潤朝軍忠状写」『諸家文書纂』）の推定地で、堀、曲輪、土塁等が残る山城である。筑波潤朝は、父・玄朝が進軍したルートを、中郡から小栗、伊佐、結城と順に記しており、その道筋は小栗・羽黒線であった可能性が高い。現地踏査では、十五世紀後半の土鍋片を採集している。

写真3　橋本城跡

橋本城の城下には、橋本城の鬼門の備えという爪黒神社（応永三十二年（一四二五）創建）や、字琵琶塚の室町時代の地蔵石仏と五輪塔、鎌倉街道北側の字南前田に鎌倉権五郎を祭る御霊塚古墳がある。古墳には御霊様と呼ばれる祠に豆腐を供える風習もある。城下の寺院は、法相宗の徳一開山を伝える月山寺（天台宗）が、中世まで橋本城下にあった。

同寺は江戸時代になって西小塙に移転したと伝わる。

橋本城から東は友部地区に入り、西友部農事集落センターの西、水田の小字が海道下という。東へ進むと室町時代の中郡庄司坐像（市指定文化財）を所蔵する萩原家の北を通り、ＪＲ水戸線・岩瀬街道踏切を越えれば香取神社がある。同社は神亀元年（七二四）、下総香取大神御分霊と伝える。

ＪＲ羽黒駅に達すると、北に羽黒宿がある。町場は下町（西小塙）と上町（加茂部）からなり、近世以降の結城街道（笠間街道）の宿場であった。鎌倉街道や羽黒山城と関わる中世の宿と考えられ、西小塙の「宿」、加茂部の「根古屋、御城代、古町、浦町」などの地名がある。小栗・羽黒線は、羽黒宿を東端の調査地とした。

しかし、北の鍬柄峠にも鎌倉街道の伝承があり、途中、山口の八幡神社（由緒不詳）、坂本に室町時代の木造如意輪観世音菩薩坐像（県指定文化財）を安置する坂本観音があって、鍬柄峠から笠間市大郷戸を経て、笠間城下へ通じ、石井大明神で、鎌倉街道の伝承をもつ県道宇都宮笠間線と合流する。笠間城下の鎌倉街道は、鉄砲町付近から延び、石井大明神で宇都宮方面と桜川市方面に分岐するようだ。

◈南北の街道　青木・東飯田線と青木・本木線

南北の鎌倉街道は、青木の足利橋を北の起点とする。先述の「取為替議定書」に記された足利橋は『杉山私記』によれば、鎌倉橋とある。現存の追分石は慶応三年（一八六七）、日輪摩利支天等を祀り、道標を併記したもので、議定書の追分石の後身である。道標は「右　あふき　左　あまひき　つくば」とあるが、議定書は、追分石から南を見て「右ハ鎌倉街道　左りハ雨引、真壁往来」と記している。追分石から右、すなわち西側の鎌倉街道が青木・東飯田線（Ｃ道）であ

写真４　南北の鎌倉街道の分岐点（青木地区）

る。足利橋から直線的に南下し、JR線の羽田街道踏切をわたり、青木上宿、上坪、下坪から羽田山の西麓を通り、羽田集落に入る。青木の薬王寺は大同元年(八〇六)、法相宗の徳一開基と伝わる。羽田神社は正暦四年(九九三)創建で、西北の字大社塚から移転したという。南へ進むと鎌倉街道の東が字大道上、西が字大道で、字大道から南は山裾の斜面に沿った切通しの坂道となり、桜川市役所大和庁舎の西に出る。ここからの道筋は南へ下り、弘仁二年(八一一)創建という白山神社北側から阿部田集落を抜け、東飯田へと至る。この辺りは真壁荘領(真壁文書)である。

　東飯田の鎌倉街道の南には、真壁八幡と呼ばれ、慶雲元年(七〇四)創建という八幡神社がある。源頼義・義家が後三年合戦で同社を参拝し、帰路に社殿を修築、周囲に弦巻塚、矢ノ根塚を築いたという。塚は現存しないが『大和村史』によれば、文政期の「笠間藩領地図」の記載や地元の伝承がある。阿部田から東飯田への道は「笠間藩領地図」に「アベタミチ」とあるのが鎌倉街道で、八幡神社の北東で真壁街道と交差した後、東進して加波山参詣道へと接続する。(15)

　さて、足利橋に戻り、追分石から左、すなわち東側の道が青木・本木線(D道)である。追分石の南は幅二メートルほどの道で、北関東自動車道を挟み、犬田西山への直線路となる。山林内は切通し状となり、西山で東西道の青木・犬田字大坪線(B道)と交差し、本木字境で真壁街道と合流する。道は短いが、旧西茨城郡と旧真壁郡の郡境ともなっており、古くからの道であろう。

(宇留野主税)

註

(1) 茨城県教育委員会『茨城県歴史の道調査事業報告書　古代編』(二〇一五年)、同『茨城県歴史の道調査事業報告書　中世編』(二〇一五年)を参照。
(2) 二遺跡の年代と景観変遷は、拙稿「鎌倉街道沿いの中世集落」(『茨城県考古学協会誌』二五号、二〇一三年)参照。
(3) 野口実『源氏と坂東武士』(吉川弘文館、二〇〇七年)。
(4) 旧岩瀬町の歴史は、岩瀬町『岩瀬町史』の史料編と通史編参照。
(5) 木村茂光『頼朝と街道』(吉川弘文館、二〇一六年)。
(6) 小栗地内の史料と歴史景観は『協和町史』を参照。
(7) 杉山三右衛門『杉山私記』(一八九四年)。

（8）『吾妻鏡』治承四年十一月八日条、網野善彦「平安時代末期の常陸・北下総」（『茨城県史　中世編』一九八六年）。
（9）茨城県教育委員会『茨城県歴史の道調査事業報告書　近世編Ⅱ』（二〇一四年）。
（10）岩瀬町『岩瀬町民俗資料緊急調査報告書』（一九七四年）。
（11）本稿の石造物類は『真壁町の石仏・石塔　野の仏』、『真壁町の石造物　寺社編』、『やまとの石仏・石塔』、『いわせの石仏石塔』参照。
（12）前掲註（2）と同じ。
（13）古山孝『いわせものがたり』（二〇〇六年）を参照。
（14）前掲註（2）拙稿。
（15）東飯田と鎌倉街道、真壁街道付近の詳細は、拙稿「中世都市の開発と塚」（東京学芸大学『アーキオ・クレイオ』一一号、二〇一四年）参照。

あとがき

二〇一〇年度から二〇一三年度までの四年間をかけて、茨城県教育委員会は「茨城県歴史の道調査事業」を実施した。県内全域にわたり、古代から近世にかけて機能した古道を周辺の歴史的環境とともに把握し、保存・活用の計画を策定するための基礎資料を作ることが、その目的として掲げられている。

調査の実施・指導にあたるため調査委員会が組織され、そのもとに古代・中世・近世の三つの部会が設置された。中世部会は私が部会長(専門委員)を勤め、内山俊身・宇留野主税・大関武・越田真太郎・清水亮・千葉隆司・飛田英世・額賀大輔・比毛君男・廣木達也・前川辰徳・森木悠介の各氏が調査員として、実際の調査の実施にあたった。

それぞれの古道については、すでに関連する業績を持つ研究者を、報告書執筆まで見越した調査担当者として選任した。事前に文献や地図資料を整え、部会調査員が現地に赴き、踏査を繰り返し、道筋を確認していった。事業開始翌年に東日本大震災を経験するという不幸もあったが、調査員の献身的な努力により、調査は予定通り終了し、二〇一三年度末には茨城県歴史の道調査事業報告書 中世編『鎌倉街道と中世の道』を完成することができた。参考までに、次にその目次を掲げておく。

Ⅰ総論
　茨城の鎌倉街道と中世道(高橋修)
Ⅱ各論

1利根町の鎌倉街道（前川辰徳）
2牛久市・阿見町の鎌倉街道（額賀大輔）
コラム　鎌倉権五郎の道（廣木達也）
3土浦市の鎌倉街道（比毛君男）
4かすみがうら市の鎌倉街道（千葉隆司）
5五万堀古道（大関武）
6筑波山南麓の鎌倉街道（越田真太郎）
コラム　つくば市真瀬の「鎌倉」と筑波街道（大関武）
7筑西市・桜川市の鎌倉街道（宇留野主税）
8結城市・古河市周辺の鎌倉街道（内山俊身）
9『廻国雑記』の道―小栗道―（宇留野主税）

Ⅲ特論

中世下総国毛呂郷域の「鎌倉大道」（清水亮）

文献や伝承に語られる県域の鎌倉街道、およびその他の中世道の歴史が解説され、周辺の文化財や寺社の所在とともにその路線が具体的に地形図上に示され、たいへん利用価値の高い報告書となった。ところが茨城県教育委員会の事情により、当初、わずかな部数が印刷されたのみで、一般への頒布のための増刷や電子データの公開などはまったく行われることはなかった。県立図書館をはじめとする県内公立図書館には備え付けられてはいるものの、この成果を手元に置き活用したいという要望が、われわれ専門委員や調査員にまで寄せられるようになった。

文化庁や県教育委員会の了解を取り付け、こうした意義のある報告書を必要とする方々に届けるための出版を模索していたところ、高志書院の濱久年さんに、調査事業の趣旨を引き継ぐ書籍の出版を引き受けていただくことができた。刊行にあたっては、報告書の成果は精選・全面改稿し、地図を含めた図版も作成し直すこと、県域を越えたより大きな視点から関連する論稿を集めることなど、新たな方針が確認・追加された。

図版の再編集など、私には手に負えない業務を担っていただくため、宇留野主税氏に編者に加わっていただいた。報告書で鎌倉街道各路線について執筆していただいた諸氏には、そのまま本書の資料編としての原稿の執筆をお願いした。また鎌倉街道の政治史的な位置づけについて近年、成果をまとめられた木村茂光氏、北関東の鎌倉街道中道について考える際に落とすことができない下野の路線について体系的な業績のある江田郁夫氏に、それぞれ寄稿をお願いした。さらに越田真太郎氏には小田城を起点とする常陸南部の交通体系に関する論文を、比毛君男氏には県域中世道の考古学的位置づけについての論文を加えていただくことになった。

こうして歴史の道調査事業を起点としつつも、新たな内容と構成をもつ研究書として本書を上梓することができた。同調査事業以来の現地踏査にご協力いただいた地元の皆様、図版掲載等につきご理解をいただいた皆様に、この場を借りて厚く御礼申し上げたい。また多忙な業務の傍ら、執筆に参加していただいた皆様にも、末尾ながら、心より謝意を表したいと思う。

二〇一七年四月

高橋　修

執筆者一覧

高橋　修　奥付上掲載

木村茂光（きむら しげみつ）　一九四六年生れ、東京学芸大学名誉教授。［主な著書］『初期鎌倉政権の政治史』（同成社）、『日本中世百姓成立史論』（吉川弘文館）、『頼朝と街道―鎌倉政権の東国支配―』（吉川弘文館）

宇留野主税　奥付上掲載

越田真太郎（こしだ しんたろう）　一九七五年生れ、桜川市教育委員会。［主な著書論文］「常陸国の地域開発―真壁郡の集落の展開―」（『古代文化』第五九巻第二号）、「国指定史跡真壁城跡の調査―近年の発掘調査から―」（『常総の歴史』第三七号）、「常陸南部の古代・中世交通路」（『茨城県考古学協会誌』第二五号）

江田郁夫（えだ いくお）　一九六〇年生れ、栃木県立博物館学芸部長。［主な著書］『室町幕府東国支配の研究』（高志書院）、『下野の中世を旅する』（随想舎）、『下野長沼氏』（戎光祥出版）

内山俊身（うちやま としみ）　一九五四年生れ、茨城大学人文学部非常勤講師。［主な著書論文］「征夷事業における軍事物資の輸送について」（『茨城県立歴史館報』25号）、「戦国期東国の首都性について」（江田郁夫・簗瀬大輔編『北関東の戦国時代』高志書院）、「陸奥との物流から見た平将門の乱」（『常総中世史研究』3号）

清水　亮（しみず りょう）　一九七四年生れ、埼玉大学教育学部准教授。［主な著書論文］『鎌倉幕府御家人制の政治史的研究』（校倉書房）、『東北の中世史2　鎌倉幕府と東北』（共著・吉川弘文館）、『常陸真壁氏』（編著・戎光祥出版）

比毛君男（ひけ きみお）　一九七〇年生れ、土浦市上高津貝塚ふるさと歴史の広場学芸員。［主な論文］「考古資料からみた中世常陸・下総の道」（『常総中世史研究』2号）、「三村山極楽寺跡出土瓦の諸問題」（『茨城県史研究』94号）、「常陸における中世瓦の様相」（『東国の地域考古学』六一書房）

前川辰徳（まえかわ たつのり）　一九八一年生れ、茨城大学中世史研究会会員。［主な論文］「常陸一の宮・鹿島社の武士たち」（高橋修編『実像の中世武士団』高志書院）、「鹿島神宮文書の成立と伝来」（『茨城県史研究』95号）、「佐竹氏と下野の武士」（高橋修編『佐竹一族の中世』高志書院）

額賀大輔（ぬかが だいすけ）　一九八三年生れ、笠間市教育委員会。［主な論文］「牛久の鎌倉街道―水と戦乱の中世道―」（『市史跡小坂城跡―城跡公園整備に伴う調査報告書―』）、「中近世移行期における笠間城跡について」（大田原市那須与一伝承館特別企画展『野州大田原城　奥州に臨む城』展示図録）

千葉隆司（ちば たかし）　一九七一年生れ、かすみがうら市歴史博物館学芸員。［主な論文］「茨城の鏡像と懸仏」（『茨城県史研究』87号）、「中世常陸国の高野山信仰の一例」（『筑波学院大学紀要』第一集）、「中世「出島」の宗教文化」（『中世東国の内海世界』高志書院）

大関　武（おおぜき たけし）　一九六五年生れ、つくば市立要小学校教頭。［主な著書論文］『筑波山―神と仏の御座す山―』（茨城県立歴史館）、「中世筑波北条の歴史的景観―小泉館跡を中心に―」（『中世東国の内海世界』高志書院）、「常陸における古代の道と駅―五万堀古道と東平遺跡を中心に―」（『苑玖波―川井正一・齋藤弘道・佐藤正好先生還暦記念論集―』）

【編者略歴】
高橋　修（たかはし おさむ）
1964年生れ、茨城大学人文社会科学部教授
〔主な著書〕
『中世武士団と地域社会』（清文堂出版）
『熊谷直実－中世武士の生き方－』（吉川弘文館）
『常陸平氏』（編著・戎光祥出版）
『信仰の中世武士団－湯浅一族と明恵－』（清文堂出版）
『佐竹一族の中世』（編著・高志書院）

宇留野 主税（うるの ちから）
1973年生れ、桜川市教育委員会生涯学習課副主査
〔主な論文〕
「戦国期真壁城と城下町の景観」（『茨城県史研究』第92号）
「中世城館の成立過程」（『アーキオ・クレイオ』第10号、東京学芸大学）
「堀・堀内障壁〔障子堀〕」（『中世城館の考古学』高志書院）

鎌倉街道中道《なかつみち》・下道《しもつみち》

2017年5月30日第1刷発行

編　者　高橋　修・宇留野主税
発行者　濱　久年
発行所　高志書院
〒101-0051 東京都千代田区神田神保町2-28-201
TEL03(5275)5591　FAX03(5275)5592
振替口座　00140-5-170436
http://www.koshi-s.jp

印刷・製本／亜細亜印刷株式会社
ISBN978-4-86215-170-4